会计领域前沿问题研究系列丛书

会计信息披露与资本市场定价
——基于投资者视角的研究

张然 ◎ 著

图书在版编目(CIP)数据

会计信息披露与资本市场定价:基于投资者视角的研究/张然著. --上海:立信会计出版社,2020.3
ISBN 978-7-5429-6432-8

Ⅰ.①会… Ⅱ.①张… Ⅲ.①会计信息—信息管理—研究②资本市场—定价—研究 Ⅳ.①F230②F830.9

中国版本图书馆 CIP 数据核字(2020)第 047977 号

策划编辑	张巧玲
责任编辑	张巧玲
封面设计	南房间

会计信息披露与资本市场定价——基于投资者视角的研究
Kuaiji Xinxi Pilu yu Ziben Shichang Dingjia — Jiyu Touzizhe Shijiao de Yanjiu

出版发行	立信会计出版社
地　　址	上海市中山西路 2230 号　　邮政编码　200235
电　　话	(021)64411389　　传　真　(021)64411325
网　　址	www.lixinaph.com　　电子邮箱　lixinaph2019@126.com
网上书店	http://lixin.jd.com　　http://lxkjcbs.tmall.com
经　　销	各地新华书店
印　　刷	江苏凤凰数码印务有限公司
开　　本	710 毫米×1000 毫米　　1/16
印　　张	14.75　　插　页　1
字　　数	270 千字
版　　次	2020 年 3 月第 1 版
印　　次	2020 年 3 月第 1 次
书　　号	ISBN 978-7-5429-6432-8/F
定　　价	58.00 元

如有印订差错,请与本社联系调换

前　言

1990年12月,上海证券交易所开业,随后深圳证券交易所获批成立,标志着中国证券市场的正式形成。在30年的实践与创新中,A股市场已发展成为全球第二大股票市场,总市值超过50万亿元。

除了为公司提供融资,证券市场的另一个重要功能是为资产定价。在发现价值的过程中,投资者需要充分了解公司基本面情况,掌握公司运营动态和财务状况。但在上市公司与投资者之间存在信息不对称问题,解决该问题的重要原则是保证上市公司信息披露的质量和丰富度。在我国,有会计准则作为指导以保障信息披露的规范性和全面度,但公司的主观意愿和行为又影响着信息披露。2006年2月15日,财政部颁布了包括1项基本准则和38项具体准则在内的一整套新的企业会计准则体系,要求上市公司从2007年1月1日起执行。新准则的颁布对上市公司产生了一系列影响,如遏制了亏损公司使用减值准备进行"大清洗"的现象。本书同时发现,融资需求高、管理者利益协同程度高、会计业绩好的上市公司更有动机自愿披露业绩预告,并且国有上市公司相对于非国有上市公司自愿披露动机更弱,此类对公司行为的研究有助于投资者完善信息分析角度,增加投资分析的厚度,有效提高决策准确性。

需要说明的是,很多投资者并非金融科班出身,在获取、分析、理解信息方面会存在阻碍,这时候往往需要证券分析师去传递和解释信息。投资者花费大量成本获取分析师研究报告,目的是希望能从中得到有价值的信息,从而做出明智的投资决策。在此基础上,研究分析师的行为和其对盈余预测的准确性具有重要意义。本书的研究可以帮助投资者更好地理解分析师预测的误差,找到分析报告中最具投资价值的信息,从而进行合理准确的投资决策,以增强证券市场有效性,促进资源合理配置。

鉴于此,本书基于投资者视角,重点考察了以下几个议题:①A股市场投资者对财务报表信息的利用状况;②会计准则变迁对信息披露的影响;③分析师预测对信息披露质量的影响;④公司自愿信息披露的动机;⑤SEC意见信对分析中概股的意义。

1. A股市场投资者对财务报表信息的利用状况

本书的实证证据表明,基于季度财务报表的基本面分析在中国A股市场十分有效,基于季度财务报表构建的六组基本面指标(异常存货、异常应收款、异常其他应收款、异常预收款、异常销售管理费用和异常毛利润)能够有效预测未来盈余,因此,利用基本面指标不仅能够预测分析师盈余预测偏差,还能够预测未来股票收益。

但当前分析师和投资者都没有充分意识到基本面指标的价值。国外研究表明,即便在成熟的资本市场,分析师也不能完全解读基本面信息。从市场效率的角度而言,基本面指标能够预测未来股票收益,反映出我国资本市场的低效率。市场参与者由于缺少对季度财务报表信息的充分关注和解读,从而导致错误定价没有及时被套利行为所纠正。本书也发现,在当前阶段,投资者是无法充分理解盈余信息的,在利用季度和年度盈余信息时存在显著差异。一方面,投资者对季度盈余信息反应不足,从而产生季度盈余公告后的股价漂移现象;另一方面,投资者对年度盈余信息过度反应,从而产生年度未预期盈余公告后的股价反转现象。

2. 会计准则变迁对信息披露的影响

本书重点研究了两项准则的变迁,以观察新准则下公司行为和信息披露的细度与质量变化。《企业会计准则第8号——资产减值》规定已确认的长期资产减值2007年之后不得转回。本书发现,上市公司在准则颁布以后实施以前,并没有由于会计准则变迁而集中转回大量长期资产减值准备。但由于以后将不允许转回,上市公司对长期资产减值准备的计提明显更加谨慎,数额有所减少。新准则的颁布对亏损公司使用减值准备进行"大清洗"的现象有一定的遏制作用。2006年,《企业会计准则第33号——合并财务报表》对旧准则作出修改,规定少数股东权益在合并资产负债表所有者权益项目下单独列示;少数股东损益在合并利润表中净利润项目下单独列示。本书发现,新会计准则的实施使少数股东权益的价值相关性显著提高,且提高程度显著高于新准则对净资产其他组成部分的影响。少数股东损益在新会计准则下信息含量显著增加,且增加量显著高于盈余的其他组成部分由新会计准则影响带来的信息增加量。研究结论说明,新会计准则的实施使得合并财务报表具有更多信息含量。

3. 分析师预测对信息披露质量的影响

对分析师议题的探讨,主要目的在于加深我们对分析师行为的理解,而对分析师行为的充分了解可以帮助投资者更好的理解分析师预测误差。

研究结论表明,我国分析师行业存在本地优势现象,即与公司在同地的分析师的盈余预测更准确,这表明分析师进行盈余预测时,不仅依赖公司披露的公共信息,还依赖自身凭借本地优势获取的私有信息;分析师针对现金流信息需求高的公司发布现金流预测的可能性更大,且更可能对非国有控股的公司发布现金流预测。这表明投资者对应计项目占比越大、盈余波动性越强和资本密集度越高的公司,越需要了解其现金流信息。证券分析师在出具国有控股公司的OP报告时,更有动机在首次盈余预测时发布乐观报告而在末次盈余预测时发布悲观报告,目的在于获取私有信息,提高预测准确性;分析师发布的盈余预测修正和投资评级修正最具信息含量,而投资者既未充分意识到两类修正的信息含量,也未充分意识到明星分析师和普通分析师能力的差别。

4. 公司自愿信息披露的动机

随着业绩预告制度的实施和演进,我国资本市场上逐步出现了越来越多的上市公司自愿业绩预告,这对于缓解管理层与投资者、机构投资者与中小投资者之间的信息不对称具有重要意义。

通过借鉴西方的自愿信息披露理论,并结合我国转轨经济的制度背景,本书提出了我国上市公司自愿业绩预告的三类动机:资本市场交易、管理层股票收益和管理层能力信号传递,并以2001—2008年我国上市公司业绩预告数据为研究样本对此进行了检验。研究结果显示,融资需求高、管理者利益协同程度高、会计业绩好的上市公司更有动机自愿披露业绩预告,并且国有上市公司相对于非国有上市公司自愿披露动机更弱。管理层对内部控制的自我评价能够释放公司内部控制有效性的信息,有助于公司外部利益相关者的决策;而由审计师出具的内控鉴证报告则是对管理层所披露的内控信息公允性的鉴证。研究表明,在控制其他因素的情况下,披露内控自我评价报告的公司资本成本相对较低,且进一步披露内控鉴证报告的公司资本成本更低。这种结论无论对于国有控股还是非国有控股的公司同样成立。

5. SEC意见信对分析中概股的意义

本书以中概股危机为背景,研究SEC意见信对于财务造假的预测作用。研究发现,相较于没有收到SEC意见信的企业,收到SEC意见信的企业更有可能成为问题公司。SEC意见信提出的问题数量越多,解决难度越大,企业越有可能成为问题公司。本书的研究对于帮助投资者理解如何解读SEC意见信,识别财务造假有重要意义,也为SEC制定合理的意见信披露制度提供政策性建议。

本书的研究贡献主要体现在以下几个方面:

第一,本书提供了市场参与者没有充分意识到基本面指标价值的更有力证据,丰富了关于分析师盈余预测的研究,发现了利用基本面指标能够预测分析师盈余预测偏差,还指出了未充分考虑基本面指标是造成分析师盈余预测偏差的重要原因。

第二,本书针对会计准则变迁的实操性影响和意义进行了理论延展和实证分析,首次以实证方法研究会计准则变迁过程中新准则正式实施以前对上市公司长期资产减值行为的影响。国外以往的文献多研究在准则允许范围内,公司出于各种目的,自身会计方法选择的变化及其后果,而很少有文献直接研究准则变迁期间由于新旧会计准则的差异而导致的公司行为不同。此外,本书还比较了两种合并报表理论对投资者的决策有用性,是对合并报表理论发展的贡献,同时也验证了我国合并报表编制的理论依据与国际趋同的合理性与重要意义。

第三,在分析师盈利预测议题上,本书提供了跟以往国内文献不同的研究角度。国内以往的文献主要从公司层面讨论跟踪公司的所有分析师预测的平均水平,进而研究它与信息披露质量之间的关系,而本书从分析师层面研究分析师个体进行预测时所依赖的公共信息和私有信息,检验这两种信息对预测的影响。本书实现首次基于中国证券市场的制度环境研究分析师发布现金流预测的动因,国外文献主要从公司盈余和经营特征角度来考察这一问题,至今还未有文献从股权性质角度考察分析师研究领域的这一重要问题。本研究有助于理解新兴市场体制下的分析师现金流预测行为,以及中国独特的国有股权制度背景如何影响这一预测等问题,并为此提供了有力的实证依据。本书构建统一的研究框架,同时考虑分析师盈余预测水平、投资评级水平、盈余预测修正和投资评级修正,并指出在A股市场分析师盈余预测修正和投资评级修正具有独特的信息含量,对未来股票收益的预测作用最为明显。这一发现有助于投资者更全面地理解分析师行为的信息含量。

第四,通过全面分析我国上市公司业绩预告制度实施情况,本书首次检验了我国上市公司自愿披露盈余预测信息的动机,为自愿信息披露理论提供了经验证据;从自愿性盈余预测信息披露角度检验了管理者持股的利益协同作用,为管理者持股利益协同方面的文献提供了新的视角;考察了产权性质对于自愿性盈余预测信息披露的影响,为理解政府干预带来的激励机制扭曲所导致的经济后果提供新的证据。本书首次利用我国上市公司的数据研究了披露内控自我评价和鉴证报告对资本成本的影响以及影响的差异,不仅丰富了资本成本影响因素的研究,还丰富了内部控制信息披露经济后果的研究,同时也拓展了自愿性信息披露的研究范畴。

Preface

In December 1990, the Shanghai Stock Exchange opened and the Shenzhen Stock Exchange got approved. This marked the official formation of the Chinese securities market. With past 30 years of practice and innovation, the A-share market has developed into the world's second largest stock market with a total market capitalization of more than 50 trillion yuan.

In addition to financing companies, another important function of the securities market is to price assets. In the process of discovering value, investors need to fully understand the company's fundamentals, master the operational dynamics and financial status. But there is information asymmetry between listed companies and investors. One significant principle to solve this problem is to ensure the quality and richness of information disclosure of listed companies. In China, there are accounting standards as a guide to ensure the standardization and comprehensiveness of information disclosure, but the company's subjective behavior still affects information disclosure. On February 15, 2006, the Ministry of Finance promulgated a new set of accounting standards system including one basic standard and 38 specific standards, requiring listed companies to implement from January 1, 2007. The promulgation of the new standard has had a series of effects on listed companies, such as the phenomenon that the negative-profit companies use the impairment provision for "big bath". At the same time, we also found that listed companies with high financing requirements, high degree of managerial interest coordination, and good accounting performance are more motivated to voluntarily disclose performance forecasts. And state-owned companies are less motivated to voluntarily disclose compared to non-state-owned listed companies. Our research can help investors improve the angle of information analysis, increase the thickness of investment analysis, and effectively improve the accuracy of decision-making.

It is worth mentioning that many investors are not financial experts, and there are obstacles in acquiring, analyzing and understanding information. At this time, securities analysts are often required to pass and interpret information. Investors spend a lot of money on analyst research reports in the hope of getting valuable information from them to make informed investment decisions. On this basis, it is important to study the behavior of analysts and their accuracy in earnings forecasts. The research in this book can help investors better understand the error of analysts' prediction and find the most valuable investment information in the analysis report, so as to make reasonable and accurate investment decisions. This can also help enhance the effectiveness of the securities market and promote rational allocation of resources.

In view of this, this book focuses on the following topics based on the investor's perspective: ① How do A-share market investors use financial statement information; ② The impact of accounting standards changes on information disclosure; ③ Research analysts' behavior and the reasons behind; ④ The motivation of the company's voluntary information disclosure; ⑤ The significance of the SEC opinion letter for the analysis of the stocks.

1. How do A-share market investors use financial statement information

The empirical evidence in this book shows that the fundamental analysis based on quarterly financial statements is very effective in China's A-share market. Six sets of fundamental indicators based on quarterly financial statements (abnormal inventory, abnormal receivables, abnormal other receivables, abnormalities, advance receipts, abnormal sales management fees, and abnormal gross margins) can effectively predict future earnings. Therefore, using fundamental indicators can not only predict analyst earnings forecast bias, but also predict future stock returns.

However, currently analysts and investors are not fully aware of the value of fundamental indicators. Foreign studies have shown that even in mature capital markets, analysts cannot fully interpret fundamental information. The book also found that at current stage, investors are unable to fully understand the earnings information, and there are significant differences in the use of quarterly and annual earnings information. On the one hand, investors have insufficient response to quarterly earnings information, resulting in a stock price drift after the announcement of the quarterly earnings; on the other hand, investors overreact to the annual earnings information, resulting in a stock price reversal after the announcement of the annual unanticipated earnings.

2. The impact of accounting standards changes on information disclosure

This book focuses on the changes of two specific criteria in accounting rules to observe the fineness and quality of corporate behavior and information disclosure under the new standard. The new "asset impairment" standard stipulates that the confirmed long-term asset impairment cannot be reversed after 2007. The book finds that listed companies did not concentrate on returning a large amount of long-term asset impairment preparations due to changes in accounting standards before the implementation of the standards. However, due to the fact that it will not be allowed to be reversed in the future, the listed company's provision for long-term asset impairment provision is obviously more cautious and the amount has decreased. The promulgation of the new standard has a certain deterrent effect on the phenomenon that the negative-profit company uses the "preparation" of the impairment provision. In 2006, The new "Consolidated Financial Statements" guidelines have revised the old standards: the minority shareholders' equity is separately presented under the owner's equity of the consolidated balance sheet; the minority shareholders' gains and losses are separately presented under the net profit item in the consolidated income statement. The book finds that the implementation of the new accounting standards significantly increases the value relevance of minority shareholders' equity. And the degree of improvement is significantly higher than the impact of the new standard on other components of the net assets. Minority shareholders' profit and loss increased significantly under the new accounting standards, and the increase was significantly higher than the increase in information caused by the new accounting standards for other components of the surplus. The study concluded that the implementation of the new accounting standards made the consolidated financial statements more informative.

3. Research analysts' behavior and the reasons behind

The main purpose of the discussion of analyst issues is to deepen our understanding of analyst behavior, and a full understanding of analyst behavior can help investors better understand analyst prediction errors.

The research conclusion shows that there is a local advantage in the analyst industry in China, that is, the analysts in the same place with company have more accurate earnings forecasts, which indicates that analysts rely not only on the public information disclosed by the company, but also rely on their own local private information acquired by advantage. Analysts are more likely to issue cash flow forecasts for companies with high demand for cash, and analysts are more likely to issue cash flow forecasts for non-state-controlled companies. Also, securities analysts are more motivated to give a positive earning forecast when issuing OP reports on state-owned enterprises. The forecast is released with an optimistic view and further corrected in later earnings review, with the aim of obtaining private information from the company and improving the accuracy of the forecast. Thus, the earnings forecast corrections and investment rating corrections released by the analysts have the most informative content. However, investors are not fully aware of the two types of corrections, and are not fully aware of the differences in the capabilities of star analysts and general analysts.

4. The motivation of the company's voluntary information disclosure

With the implementation and evolution of the performance forecast system, more and more listed companies' voluntarily forecast their performance in China's capital market, which alleviates the information asymmetry between management and investors, institutional investors and small and medium investors. It is of great significance.

By drawing on the Western voluntary information disclosure theory and combining the institutional background of China's transitional economy, this book proposes three types of motives for the voluntary performance forecast of listed companies in China: capital market transactions, management stock returns, and management capability signal transmission. From 2001 to 2008, the performance forecast data of listed companies in China was tested for the research sample. The research results show that listed companies with high financing demand, high degree of managerial interest coordination and good accounting performance are more motivated to voluntarily disclose performance forecasts, and state-owned companies are less motivated to voluntarily disclose relative non-state-owned listed companies. The management's self-evaluation of internal control can release the information of the internal control effectiveness of the enterprise and help the decision of the external stakeholders of the enterprise; and the internal control assurance report issued by the auditor is the fairness of the internal control information disclosed by the management. Studies have shown that under the control of other factors, the company's cost of capital for disclosure of internal control self-evaluation reports is relatively low, and the company's capital cost for further disclosure of internal control assurance reports is lower. This conclusion is equally true for both state-owned and non-state-controlled companies.

5. The significance of the SEC opinion letter for the analysis of the stocks

This book examines the predictive role of SEC opinion letters on financial fraud in the context of the stock market crisis. The study found that companies that received a letter of advice were more likely to become problem companies than companies that did not receive a letter from the SEC. The more questions raised by the SEC's letter of advice, the more difficult it is to resolve, and the company is more likely to become a problem company. The research in this book is of great significance to help investors understand how to interpret the SEC opinion letter, identify financial fraud, and provide policy advice for the SEC to develop a reasonable opinion disclosure system.

The research contribution of this book is mainly reflected in the following aspects: First, it provides more powerful evidence that market participants are not fully aware of the value of fundamental indicators, and enriches the research on analysts' earnings forecast. This book finds the use of fundamental indicators. We also point out that some specific indicators are not fully considered, which is an important reason for the analyst's earnings forecast bias.

Second, this book performed empirical analysis on the issues of accounting standards changes. We first empirically study the impact of the new standards changes on the long-term asset impairment of listed companies. In the past, many foreign literatures have studied the changes in the choice of accounting methods and their consequences for various purposes within the scope of the guidelines. Few articles directly study the enterprises affected by the differences between the old and new accounting standards during the change of the standards.

Third, on the issue of analysts' earning forecast, this book provides a different perspective from previous domestic literature. In the past, the domestic literature mainly discusses the relationship between the average level of all analysts' forecasts and the quality of information disclosure from the company level. While this book studies the individual analysts' predictions from the analyst level. We examined the impact of two types of information, public information and private information, on predictions. For the first time, this book finds out the motivation of research analysts to release cash flow forecasts in China. The foreign literature mainly examines this issue from the perspective of corporate earnings and operating characteristics. So far, there has not been a literature review of analyst research from the perspective of equity nature. The study helps to understand the analysts' cash flow forecasting behavior under the emerging market system, and how China's unique state-owned equity system background affects this forecast. This book builds a unified research framework, taking into account the analyst's earnings forecast level, investment rating level, earnings forecast correction and investment rating correction, and points out that the A-share market analyst earnings forecast correction and investment rating correction have unique information content. This finding helps investors fully understand research analyst behavior.

Fourth, for the first time, this book examines the motivation of China's listed companies to voluntarily disclose earnings forecast information through a comprehensive analysis of the implementation of the performance forecasting system. We provide empirical evidence of management earnings forecast incentives for Chinese listed firms. Our research also provides evidence on the mitigation effect of manager stock compensation to the disclosure agency problem. What's more, it provides evidence that political interferences affect management earnings forecast behavior.

目　录

第一部分　引言 ... 1

第一章　基本面分析在A股市场的价值 ... 3
第一节　研究背景与研究意义 ... 3
第二节　理论分析与研究假设 ... 5
第三节　样本数据与描述性统计 ... 8
第四节　实证结果分析 ... 12
第五节　结论与启示 ... 25

第二章　投资者利用财务报表盈余信息：现状、问题与启示 ... 26
第一节　研究背景与研究意义 ... 26
第二节　研究设计 ... 28
第三节　实证结果分析 ... 31
第四节　结论与启示 ... 37

第二部分　会计准则变迁及其影响 ... 39

第一章　会计准则变迁与长期资产减值 ... 41
第一节　研究背景与研究意义 ... 41
第二节　研究假设 ... 43
第三节　样本数据与描述性统计 ... 44
第四节　研究设计与实证结果 ... 47
第五节　结论与总结 ... 56

第二章　新会计准则中合并报表理论变革的经济后果研究 ... 58
第一节　研究背景与研究意义 ... 58
第二节　文献综述与研究假设 ... 60
第三节　研究设计 ... 61
第四节　样本、数据来源与描述性统计 ... 63
第五节　实证结果分析 ... 67
第六节　研究结论 ... 71

第三部分 分析师预测与信息披露 ········· 73

第一章 本地优势、信息披露质量和分析师预测准确性 ········· 75
第一节 研究背景与研究意义 ········· 75
第二节 文献回顾与假设提出 ········· 76
第三节 变量定义及研究设计 ········· 78
第四节 样本选择及描述性统计 ········· 81
第五节 实证结果分析 ········· 82
第六节 研究结论 ········· 86

第二章 分析师选择性发布现金流预测的原因 ········· 88
第一节 研究背景与研究意义 ········· 88
第二节 文献回顾 ········· 90
第三节 理论分析与假设提出 ········· 91
第四节 变量定义及研究设计 ········· 94
第五节 样本选择及描述性统计 ········· 95
第六节 实证结果分析 ········· 99
第七节 研究结论 ········· 102

第三章 "先扬后抑"的盈余预测：现象、原因及后果 ········· 104
第一节 研究背景与研究意义 ········· 104
第二节 理论分析和研究假设 ········· 106
第三节 研究设计 ········· 108
第四节 实证结果分析 ········· 111
第五节 稳健性检验 ········· 116
第六节 研究结论 ········· 122

第四章 分析师修正信息、基本面分析与未来股票收益 ········· 123
第一节 研究背景与研究意义 ········· 123
第二节 理论分析与研究假设 ········· 125
第三节 样本选取与研究设计 ········· 127
第四节 实证结果分析 ········· 132
第五节 研究结论 ········· 141

第四部分 信息披露质量 ········· 143

第一章 中国上市公司自愿业绩预告动机研究 ········· 145
第一节 研究背景与研究意义 ········· 145
第二节 文献综述 ········· 146

第三节　研究背景和假设提出 …………………………………… 148
　　第四节　业绩预告数据描述 ……………………………………… 151
　　第五节　实证检验 ………………………………………………… 153
　　第六节　研究结论 ………………………………………………… 159
第二章　披露内部控制自我评价与鉴证报告对公司资本成本的影响 … 161
　　第一节　研究背景与研究意义 …………………………………… 161
　　第二节　文献回顾 ………………………………………………… 162
　　第三节　假设提出 ………………………………………………… 163
　　第四节　研究设计 ………………………………………………… 164
　　第五节　实证检验 ………………………………………………… 165
　　第六节　进一步分析 ……………………………………………… 169
　　第七节　研究结论 ………………………………………………… 172
第三章　SEC 意见信与财务造假——基于中概股危机的实证分析 …… 174
　　第一节　研究背景与研究意义 …………………………………… 174
　　第二节　相关背景及案例分析 …………………………………… 176
　　第三节　文献回顾 ………………………………………………… 177
　　第四节　研究假设 ………………………………………………… 178
　　第五节　样本和数据 ……………………………………………… 180
　　第六节　研究设计和实证结果 …………………………………… 182
　　第七节　结论及意义 ……………………………………………… 187

第五部分　研究结论与政策建议 …………………………………… 189

第一章　研究结论 ………………………………………………………… 191
第二章　主要建议 ………………………………………………………… 195

参考文献 ………………………………………………………………… 197

第一部分

引　言

第一章

基本面分析在 A 股市场的价值

第一节 研究背景与研究意义

基本面分析的核心是预测未来盈余(Penman,1992)。公司未来盈余是公司价值的重要组成部分,也是较难估计的部分。由于会计信息的价值相关性,当期盈余变化和当期股票收益存在显著的正相关,如果能提前精准预测未来盈余,就可以在未来获取显著的超额收益。因此,无论是分析师还是投资者,都会花费大量的时间和精力分析财务报表、搭建估值模型,希望通过基本面分析对未来盈余做出精准预测,从而做出更有价值的投资决策。

在成熟资本市场,基本面分析的投资价值被大量文献证实。Ou 和 Penman(1989)利用统计模型,将构建的 68 组基本面指标对未来股票收益涨跌的概率进行回归,发现根据回归结果确定的投资策略能够在未来获得显著的超额收益。Abarbanell 和 Bushee(1997)利用理论分析构建 12 组基本面指标,发现大部分指标能够预测未来盈余。Abarbanell 和 Bushee(1998)进一步发现利用这些基本面指标构建投资组合,能获得年化收益约 13.2% 的超额收益。Piotroski(2000)利用 9 组基本面指标构建综合指标 FSCORE,发现 FSCORE 能够显著提升价值股的未来股票收益。类似地,Mohanram(2005)利用 8 组基本面指标构建综合指标 GSCORE,发现 GSCORE 能够显著提升成长股的未来股票收益。Asness 等(2014)综合考虑了公司的盈利性、成长性、安全性和支付比率构建衡量公司质量的综合指标 QMJ(quality minus junk),发现 QMJ 能够显著预测未来股票收益。总而言之,这些文献不仅说明基本面指标能够预测未来盈余,还说明市场价格没有充分包含基本面指标的信息含量,因此利用基本面指标构建投资组合,可以在未来获得超额收益。

中国 A 股市场已经发展成为全球第二大股票市场,总市值超过 50 万亿元。但由于中国股票市场成立时间晚、相关制度不完善、散户比例过大,中国 A 股市场的定价效率相对较低。从理论上来讲,在效率较低的A股市场,利用基本面指标应该更能捕捉市场的非有效性,从而带来显著的超额回报。然而国内文献对于基本面指标是否能够带来超额收益存在争论。具体而言,陆正飞和宋小华(2006)发现,对于A股上市公司整体而言,利用财务比率分析无法有效预测股票超额收益;孔宁宁等(2010)、姚辉和武婷婷(2014)虽然指出将基本面指标和估值指标相结合能够获得超额收益,但均未指出单独使用基本面指标是否存在超额收益,也缺少必要的横截面回归和月度投资组合检验。

本章认为,直接借鉴国外文献采用年度财务报表而非季度财务报表进行分析,可能是国内文献没有发现基本面指标能够带来超额收益的重要原因。这是中国A股市场的特殊环境造成的:首先,上市公司管理层对年度财务报表具有强烈的盈余操纵动机,例如,新股发行、配股、公开增发和分红等制度安排,均和年度盈利能力有密切关联,但和季度盈利能力关系不大(徐焱军、刘国常,2010),因此年度盈余信息可能存在较大噪音,预测年度盈余的价值相关性也因此减弱;其次,A股市场换手率极高(饶品贵、姜国华,2008),年报中的信息含量在长达1年的投资期间内很可能被噪音投资者干扰,而季度财务报表的信息发布更为及时;最后,A股市场投资者会对年度财务报表信息过度反应,而对季度财务报表信息反应不足(张然、汪荣飞,2017)。因此基于年度财务报表的基本面指标,其信息含量可能会被投资者提前反映在股价中,未来甚至出现股价的反转;而基于季度财务报表构建的基本面指标,则难以被投资者充分识别,从而存在超额收益。基于上述分析,季度财务报表信息的相关性、及时性更高,并且投资者对其反应不足,因此预期比年度财务报表信息更具投资价值。

本章利用2004—2014年季度财务报表,证实了基本面分析在中国A股市场的价值。具体而言,本章利用季度财务报表构建的6组基本面指标:异常存货、异常应收款、异常其他应收款、异常预收款、异常销售管理费用和异常毛利润,发现6组基本面指标均能够有效预测未来盈余。进一步研究发现,分析师和投资者均没有充分意识到基本面指标的价值,因此利用基本面指标能够有效预测分析师盈余预测偏差和未来股票收益。这些结论在横截面回归和月度投资组合检验中均显著符合预期,在一系列稳健性测试中保持不变,并且具有可观的经济意义。利用基本面综合指标构建投资策略,套利组合可获得约12.7%的年化收益。

本章对文献的贡献体现在以下几个方面:

第一,本章丰富了关于市场效率的研究。姜国华(2005)指出,会计学者是证券市场中对会计信息了解最透彻的,我们的研究应当帮助投资者发现市场的错误定价和非效率,使市场向更高效率的方向靠拢。本章通过对6组基本面指标的分析,系统展示了利用季度财务报表在A股市场进行基本面分析的有效性,同时通过分析师盈余预测和未来股票收益两个维度,说明市场参与者未能充分意识到基本面分析的价值。

第二,本章丰富了关于季度财务报表的研究。我国季度财务报表从2002年才开始发布,经历时间较短,国内少有研究基于季度财务报表信息。张昕(2008)发现上市公司会在第四季度进行盈余管理;徐焱军和刘国常(2010)发现上市公司盈余管理的季度分布特征明显;张然和汪荣飞(2017)发现投资者使用季度财务报表和年度财务报表时存在差异。本章发现基于季度财务报表的基本面指标能够获得显著的超额收益,说明基于季度财务报表的实证资产定价研究在中国A股市场具有广阔空间。

第三,本章丰富了关于分析师盈余预测的研究。虽然与简单统计模型得出的盈余预测相比,分析师的盈余预测具有一定的优势(岳衡、林小驰,2008),但我国证券分析师行业发展较晚,分析师的分析和预测能力与成熟的资本市场相比还有差距(姜国华,2004)。本章发现利用基本面指标能够预测分析师盈余预测偏差,不仅提供了市场参与者没有充分意识到基本面指标价值的更有力证据,还指出了未充分考虑基本面指标是造成分析师盈余预测偏差的重要原因。

第二节 理论分析与研究假设

本章选取基于存货、应收款、其他应收款、预收款、销售管理费用和毛利润的6组基本面指标。选取依据如下:第一,选取的指标具有代表性,涵盖资产负债表和利润表的主要项目,且均与公司未来盈余直接或间接相关;第二,选取的指标具有理论和文献基础,从而避免测试过多指标带来的数据挖掘和样本过度拟合的问题;第三,选取的指标具有样本覆盖度较高,其他指标(如研发支出、投资收益等)虽然也可能有效果,但是样本覆盖程度过低,会降低测试结果的一致性和可靠性;第四,选取的指标具有中国特色,Jiang等(2010)发现中国A股市场存在大股东通过其他应收款进行利益输送的现象,本章特别考虑其他应收款这一指标。需要指出,基本面分析的指标还有很多,发现新的有预测能力的基本面指标,本身就是一个庞大的研究领域,本章的目的并不在于罗列所有的基本面指标,而在于以典型的指标为例,说明在A股市场进行基本面分析的有效性,以及A股市场的分析师和投资者是否意识到了基本面分析的价值。下面逐一分析 6 组基本面指标对未来盈余变化的影响。

1. 异常存货

异常存货(ABINV)的增长通常是不利信号,会对未来盈余造成负面影响。原因可能是:第一,公司的产品销售遇到障碍,导致存货积压;第二,当期管理层具有向上盈余操纵的动机,将更多的生产成本归集到存货而非主营业务成本中;第三,管理层的成本控制出现问题,当期产品成本过高,当销售价格没有随之变化的情况下,当期存货也会异常增长。

2. 异常应收款

和异常存货类似,异常应收款(ABREC)的增长也通常是不利信号。原因可能是:第一,公司在供应链中的地位下降,未来销售收入和利润的持续性都会下降;第二,当期管理层具有向上盈余操纵的动机,管理层通过虚构交易等方式确认销售收入和利润,以应收款的增加作为粉饰财务报表的手段。

3. 异常其他应收款

异常其他应收款(ABOREC)的增长通常是不利信号。一方面,异常其他应收款是大股东主要的利益输送途径(Jiang 等,2010)。控股股东从上市公司套取现金和其他优质资源,被"掏空"的上市公司未来盈余更差,也更可能陷入财务危机。另一方面,其他应收款的异常增加也可能是管理层向上盈余操纵的手段之一,公司虚高资产甚至实际不存在的资产都可能通过其他应收款反映在财务报表中。

4. 异常预收款

异常预收款(ABPREC)的增长通常是有利信号。一方面,预收账款的异常增长可能预示着公司在供应链中的话语权上升;另一方面,预收账款的异常增长可能是管理层向下盈余操纵的手段,公司延迟将销售收入确认到利润表,转而放在预收款作为下一期的盈余储备(刘媛媛、刘斌,2012)。

5. 异常销售管理费用

异常销售管理费用(ABSGA)的增长通常是不利信号。一方面,销售管理费用成本黏性较高,一旦增加在未来就很难减少(Anderson 等,2003;Chen 等,2012);另一方面,销售费用的异常增长可能反映出管理层费用控制能力的下降。

6. 异常毛利润

异常毛利润(ABMAR)的增长通常是有利信号。毛利润增长大于销售增长,说明毛利率在提升,这可能是由于公司产品的市场竞争力提高(售价提升),也可能是由于公司成本控制的改进(成本降低)。此外,毛利润也被认为是较为干净的盈利能力衡量指标(Novy-Marx，2013)，因此其信号的指示作用预期更显著。

上述分析表明，基本面指标预期能够显著影响公司未来的盈余，影响的渠道既可能是恶化或好转的经营状况，也可能是向上或向下的盈余操纵。虽然大多数时候这两种渠道解释的方向一致(如前四种基本面指标)，但也可能出现竞争性解释。例如，异常销售管理费用(ABSGA)的增加既可能代表恶化的经营状况，此时未来盈余预期降低；也可能代表向下的盈余操纵，此时未来盈余预期提升。异常毛利润(ABMAR)的情形则恰好相反[①]。因此，基本面指标对未来盈余是否具有预测效果、预测方向是否符合预期，都是实证检验需要解答的问题。本章提出假设1：

假设1：利用基本面指标能够预测未来盈余。

如果基本面指标能够预测未来盈余，那么作为资本市场中基本面信息的解读者和传播者，卖方分析师是否能够意识到这一点？国外研究表明，即便在成熟的资本市场，分析师也不能完全解读基本面信息。Bradshaw等(2001)发现分析师盈余预测偏差(真实值减预测值)与公司应计利润占比显著负相关，说明分析师没有意识到应计利润对未来公司盈余的负向指示作用；Erickson等(2013)发现存在亏损退税动机的公司未来盈余更低，并且分析师同样没有在盈余预测中考虑退税动机，从而导致盈余预测偏差。相比而言，中国卖方分析师行业成熟度更低，因此分析师在发布盈余预测时，很可能没有充分考虑基本面指标对未来盈余的影响。本章提出假设2：

假设2：利用基本面指标能够预测分析师盈余预测偏差。

本章接下来考察投资者是否能够充分意识到基本面指标的价值。相比于价值相关性类型的研究而言，预测股票未来收益的研究能更直接地反映出基本面指标的信息含量和投资价值，也更直接地体现出会计信息的决策有用性。当控制相关风险变量后，如果基本面指标仍能够预测未来股票收益，说明：①基本面指标有增量信息含量；②投资者不能及时充分地理解这些信息。由于中国A股市场成熟度较低，专业的机构投资者占比很少，总体而言市场的有效性较低。因此，投资者可能无法及时充分理解基本面指标对公司未来盈余的预测作用，股价会在之后阶段逐渐反映这一信息，从而带来股票的超额收益。本章提出假设3：

假设3：利用基本面指标能够预测未来股票收益。

[①] 出现竞争性解释时，本书均认为基本面指标对未来经营状况的影响占主导作用，并在后续实证结果中得以证实。因此基本面分析指标的有效性无法完全通过盈余操纵(或盈余管理)的理论所解释。

第三节 样本数据与描述性统计

本章使用的公司财务报表数据和股票交易数据来自国泰安(CSMAR)数据库,分析师数据来自朝阳永续(GO-GOAL)数据库,三因子数据来自锐思(RESSET)数据库。由于A股上市公司从2002年开始披露季度资产负债表和利润表,从2003年开始披露季度现金流量表,为保证变量所需的数据可得,本章财务数据的样本期间为2004年至2014年;由于朝阳永续数据库从2006年开始披露分析师盈余预测数据,本章分析师数据的样本期间为2006年至2014年。

本章对样本进行如下筛选:保留在A股上市、连续披露季度财务报表、总资产和营业收入均大于零的公司样本;同时剔除财务年度末处于ST或PT状态、关键变量缺失,以及金融行业公司样本。除股票收益数据外,所有连续变量均在1‰~99‰处进行缩尾处理。对于分析师数据而言,只保留国内券商对于A股上市公司年度盈余发布的正式研究报告,并要求研究报告需要包含非空的盈余预测。

接下来阐述本章关键变量的构建。在构建基本面指标时,本章统一采用单季度数据,将指标方向调整为与预期盈余变化的方向一致,并考察指标的异常变动,各组指标的详细定义见表1。为了衡量指标的异常变动,本章以通过销售商品、提供劳务收到的现金[①](CSALES)的季度同比变动作为正常增长乘数(FACTOR),超过正常增长乘数的变动即定义为异常变动。以异常存货(ABINV)为例,定义如下:

$$ABINV_t = -(INV_t - INV_{t-4} \times FACTOR_t)/ASSET_t \tag{1}$$

其中,$ABINV_t$为第t季度异常存货;INV_t为第t季度末存货净额;INV_{t-4}为第$t-4$季度末(即上一财务年度同季度末)存货净额;$FACTOR_t$为正常增长乘数,等于第t季度销售商品、提供劳务收到的现金除以第$t-4$季度销售商品、提供劳务收到的现金;$ASSET_t$为第t季度末总资产。存货的异常增长预期会降低未来盈余,因此将公式乘以-1以使指标变化方向与未来盈余变化方向一致。

---

① 这里不用营业收入计算正常增长乘数,是因为现金流量表中的销售商品、提供劳务收到的现金预期能够比营业收入更真实地反映公司的销售增长状况。

表1 核心指标定义

变量名	变量定义
$FACTOR_t$	正常增长乘数。它等于第 t 季度销售商品、提供劳务收到的现金除以第 $t-4$ 季度销售商品、提供劳务收到的现金
$ABINV_t$	异常存货。它等于第 t 季度存货净额减去第 $t-4$ 季度存货净额与正常增长乘数之积,除以第 t 季度末总资产,再乘以 -1 以调整变量变化方向与预期盈余变化方向一致
$ABREC_t$	异常应收款。它等于第 t 季度应收款减去第 $t-4$ 季度应收款与正常增长乘数之积,除以第 t 季度末总资产,再乘以 -1 以调整变量变化方向与预期盈余变化方向一致。其中,应收款项等于应收账款净额与预付款项净额之和
$ABOREC_t$	异常其他应收款。它等于第 t 季度其他应收款减去第 $t-4$ 季度其他应收款与正常增长乘数之积,除以第 t 季度末总资产,再乘以 -1 以调整变量变化方向与预期盈余变化方向一致
$ABPREC_t$	异常预收款。它等于第 t 季度预收款项减去第 $t-4$ 季度预收款项与正常增长乘数之积,除以第 t 季度末总资产
$ABSGA_t$	异常销售管理费用。它等于第 t 季度销售管理费用减去第 $t-4$ 季度销售管理费用与正常增长乘数之积,除以第 t 季度末总资产,再乘以 -1 以调整变量变化方向与预期盈余变化方向一致。其中,销售管理费用等于销售费用和管理费用之和
$ABMAR_t$	异常毛利润。它等于第 t 季度毛利润减去第 $t-4$ 季度毛利润与正常增长乘数之积,除以第 t 季度末总资产。其中,毛利润等于营业收入减去营业成本
$FARATIO_t$	基本面综合指标。它等于将异常存货、异常应收款、异常其他应收款和异常毛利润在横截面标准化后求和,再转换成均值为0、方差为1的标准化变量

在考察基本面指标的价值时,关键的因素是避免指标构建的"前视偏差"(look-ahead bias),即投资者可以利用当前公开可得的财务报表信息构建基本面指标,预测未来的盈余和股票收益。本章采用单季度总资产收益率(ROA)衡量公司盈余,其等于第 t 季度营业利润除以第 t 季度末总资产;采用月度原始收益(RET)衡量股票收益。由于在A股市场,上市公司会在每年的4月底前披露上年度年报和本年度一季报,8月底前披露本年度半年报,10月底前披露本年度三季报。因此,基于季度财务数据的基本面指标在每年的4月底、8月底和10月底统一更新(其中4月底更新一季报数据),并且指标均为同比比率形式,预期能够消除季节因素的影响。在预测未来盈余时,采用第 t 季度的基本面指标预测第 $t+1$ 季度的盈余;在预测未来股票收益时,采用时间日历组合法(calendar time portfolio)构建投资组合,用第 t 月末最近公开可得的基本面指标预测第 $t+1$ 月股票收益。

由于 A 股市场绝大多数分析师只发布年度盈余预测,在考虑基本面指标对分析师盈余预测偏差的影响时,重点考察分析师发布的第 t 年盈余预测是否考虑了基于第 t 年三季度的基本面指标。分析师盈余预测偏差(FE)定义如下:

$$FE_t = (E_t - F_t)/P_{t-1} \tag{2}$$

其中,E_t 为实际披露的第 t 年归属于母公司所有者的净利润;F_t 为截至特定预测日的过去 6 个月分析师对第 t 年的盈余预测的中位数;P_{t-1} 为距离预测日最近交易日的流通市值。为使得结果稳健,本章分别考虑分析师及时反应模型和滞后反应模型下的盈余预测偏差,记为 FE1 和 FE2。及时反应模型假设分析师会及时对新增信息作出反应,因此 FE1 采用第 t 年 10 月底(即第 t 年三季报披露截止日期)作为预测日;滞后反应模型则假设分析师会滞后反应新增信息含量,因此 FE2 采用距离第 t 年年报实际披露日最近月的月底作为预测日①。

表 2 描述性统计

Panel A：样本数量		
财务年度	公司数量	样本覆盖比例
2004	900	66%
2005	980	72%
2006	1 054	73%
2007	1 072	69%
2008	1 199	75%
2009	1 319	75%
2010	1 363	65%
2011	1 568	67%
2012	1 911	77%
2013	2 182	87%
2014	2 317	88%

---

① 例如,某上市公司 2013 年年报的实际披露日为 2014 年 3 月 26 日,则 FE1 采用的预测日为 2013 年 10 月 31 日,FE2 采用的预测日为 2014 年 2 月 28 日。

(续表)

Panel B：描述性统计量								
变量	样本量	均值	标准差	最小值	25%	中位数	75%	最大值
ROA_t	52 026	0.011	0.019	−0.053	0.002	0.008	0.019	0.077
$ABINV_{t-1}$	52 026	0.009	0.145	−0.404	−0.032	−0.001	0.027	0.848
$ABREC_{t-1}$	52 026	0.013	0.104	−0.257	−0.029	0.000	0.035	0.533
$ABOREC_{t-1}$	52 026	0.003	0.034	−0.118	−0.004	0.000	0.006	0.183
$ABPREC_{t-1}$	52 026	0.001	0.043	−0.204	−0.006	0.000	0.008	0.170
$ABSGA_{t-1}$	52 026	0.001	0.012	−0.038	−0.004	0.000	0.004	0.057
$ABMAR_{t-1}$	52 026	−0.001	0.020	−0.087	−0.008	0.000	0.007	0.063
$FE1$	7 556	−0.015	0.038	−0.240	−0.017	−0.005	0.000	0.051
$FE2$	6 941	−0.007	0.018	−0.107	−0.008	−0.002	0.000	0.029
RET	168 928	0.024	0.144	−0.680	−0.063	0.014	0.099	2.672

表 2 的 Panel A 展示了样本数量。样本数量从 2004 年的 900 家上市公司增长至 2014 年的 2 317 家上市公司,样本覆盖比例(样本公司占 A 股所有上市公司比例)也保持在 70% 左右,并在 2014 年达到 88%。表 2 的 Panel B 展示了样本描述性统计。在预测未来盈余时,共选取 52 026 个公司季度样本。6 组基本面指标的标准差都远大于均值的绝对值,说明指标具有较好的变异性。在预测盈余预测偏差时,根据研究设计(及时反应模型和滞后反应模型),分别选取 7 556 和 6 941 个公司年度样本。$FE1$ 的均值为 −0.015,中位数为 −0.005;$FE2$ 的均值为 −0.007,中位数为 −0.002,说明我国分析师发布的盈余预测普遍过于乐观,同时越接近报表披露日,盈余预测偏差的程度会越小。在预测未来股票收益时,共选取 168 928 个公司月度样本,样本期间为 2005 年 5 月至 2015 年 4 月,共 120 个交易月。月度原始收益(RET)的均值为 0.024,中位数为 0.014,说明在样本期间内股票投资存在正的风险溢价。

在未列示的相关系数表中①,我们还考察了预测未来盈余所用变量的 Pearson 相关系数。除异常预付款($ABPREC$)外,其他 5 组基本面指标均与未来总资产收益率(ROA)显著正相关,这初步证实了基本面分析的有效性。此外,由

---

① 由于篇幅所限,此处未列示相关系数表,感兴趣的读者可向作者索取。

于同比比率指标能够消除季节因素的影响、和未来盈利能力的变化最相关,并且在实际分析中最常见,因此本章选取的 6 组基本面指标均为同比比率指标,指标间的相关性略高(但在可接受的范围内),而与其他变量的相关性均较低。为了避免可能存在共线性问题,我们之后在进行多元回归分析时,主要将展示单个基本面指标的回归结果。

第四节　实证结果分析

一、利用基本面指标能否预测未来盈余

参考 Jiang 等(2010)、Hou 等(2012)以及饶品贵和岳衡(2012),本章设定如下模型以探究基本面指标对未来盈余的预测效果:

$$
\begin{aligned}
ROA_{i,t} = &\beta_0 + \beta_1 R\_FUNDA_{i,t-1} + \beta_2 ROA_{i,t-4} + \beta_3 LNAT_{i,t-4} + \beta_4 DIV_{i,t-4} + \\
&\beta_5 DD_{i,t-4} + \beta_6 LEV_{i,t-4} + \beta_7 ACCQ_{i,t-4} + \beta_8 LOSS_{i,t-4} + Firm\ dummy + \\
&Time\ dummy + \varepsilon_{i,t}
\end{aligned} \quad (3)
$$

其中,$ROA_{i,t}$ 为第 t 季度总资产收益率;$R\_FUNDA_{i,t-1}$ 为第 $t-1$ 季度基本面指标的分组变量,先将各指标在横截面从小到大分成 10 组,再将取值范围限定为 0.1 到 1 之间①;$ROA_{i,t-4}$ 为第 $t-4$ 季度总资产收益率②;$LNAT_{i,t-4}$ 为第 $t-4$ 季度末总资产的自然对数;$DIV_{i,t-4}$ 为上年度实际发放的现金股利除以上年度末总资产;$DD_{i,t-4}$ 为是否发放现金股利的虚拟变量,当上年度发放现金股利时取 1,否则取 0;$LEV_{i,t-4}$ 为第 $t-4$ 季度末资产负债率;$ACCQ_{i,t-4}$ 为第 $t-4$ 季度应计利润;$LOSS_{i,t-4}$ 为是否亏损的虚拟变量,当第 $t-4$ 季度净利润小于 0 时取 1,否则取 0。此外,我们还加入了公司和财务季度的固定效应,并将回归估计的标准误在公司维度和财务季度维度进行双重聚类(two-way cluster)处理。为了便于结果展示,在回归中,统一将因变量乘以 100。

---

① 此处采用分组变量的目的是便于比较基本面指标的经济含义。在未列示的稳健性检验中,我们采用原值进行回归,结论不变。

② 此处采用第 $t-4$ 季度的 ROA 作为控制变量,目的是消除 ROA 的季节效应。在未列示的检验中,我们还加入了第 $t-1$ 季度的 ROA 作为额外控制变量,结论不变。此外,由于现金股利主要按财务年度进行发放,因此关于现金股利的控制变量取上一财务年度的数据。

表 3　预测未来盈余

变量	ROA						
	(1)	(2)	(3)	(4)	(5)	(6)	(7)
R_ABINV	0.317***						0.324***
	(10.04)						(9.93)
R_ABREC		0.224***					0.223***
		(6.55)					(5.36)
R_ABOREC			0.215***				0.109***
			(7.17)				(3.80)
R_ABPREC				0.057*			0.212***
				(1.83)			(6.22)
R_ABSGA					0.230***		0.562***
					(6.90)		(10.13)
R_ABMAR						0.598***	1.076***
						(15.15)	(17.80)
ROA	38.541***	38.523***	38.433***	38.444***	38.371***	38.710***	39.381***
	(14.77)	(14.77)	(14.73)	(14.76)	(14.67)	(14.94)	(15.27)
LNAT	−0.360***	−0.363***	−0.361***	−0.365***	−0.360***	−0.346***	−0.312***
	(−8.19)	(−8.20)	(−8.15)	(−8.23)	(−8.20)	(−8.03)	(−7.62)
DIV	4.711***	4.530***	4.616***	4.508***	4.671***	4.816***	5.881***
	(3.35)	(3.22)	(3.28)	(3.19)	(3.35)	(3.53)	(4.52)
DD	−0.007	−0.007	−0.007	−0.012	−0.011	0.001	0.018
	(−0.20)	(−0.19)	(−0.21)	(−0.33)	(−0.31)	(0.02)	(0.54)
LEV	0.580***	0.578***	0.597***	0.600***	0.593***	0.502***	0.390**
	(3.40)	(3.36)	(3.46)	(3.47)	(3.44)	(3.02)	(2.43)
ACCQ	−2.828***	−2.853***	−2.883***	−2.914***	−2.939***	−2.859***	−2.551***
	(−11.11)	(−11.15)	(−11.43)	(−11.56)	(−11.70)	(−11.13)	(−9.99)
LOSS	0.055	0.059	0.062	0.061	0.059	0.048	0.026
	(1.48)	(1.60)	(1.66)	(1.66)	(1.60)	(1.31)	(0.72)
Firm FE	Yes	Yes	Yes	Yes	Yes	Yes	Yes
Time FE	Yes	Yes	Yes	Yes	Yes	Yes	Yes
N	52 026	52 026	52 026	52 026	52 026	52 026	52 026
Adj. R^2	0.488	0.486	0.486	0.485	0.487	0.494	0.507

注：R_* 为分组变量，首先将变量在横截面排序分成10组，再将取值范围限定为0到1之间。括号内为 t 检验值。***、**和*分别表示在1%、5%和10%的水平上显著。

表3展示了回归结果。列(1)至列(6)分别检验了6组基本面指标,在加入控制变量后,系数均显著为正。以异常存货为例,在加入控制变量后,R_ABINV的系数为0.317(t值为10.04)。这里需要小心解释系数的含义:由于异常存货指标在构建时调整了符号方向,此处R_ABINV的系数显著为正,说明存货的异常增长会显著降低未来盈余。如果构建对冲组合,异常存货最高组(R_ABINV取值1)和最低组(R_ABINV取值0.1)下季度ROA相差0.285% [(1−0.1)×0.317=0.285%],如果换算成年度ROA为1.140%,这一结果的经济意义十分显著。在6组基本面指标中,只有异常预收款的系数不在1%的水平显著,R_ABPREC的系数为0.057(t值为1.83,在10%的水平显著为正),这说明异常预收款对未来盈余的预测效果较为有限。除异常预收款外,利用其他指标构建对冲组合,最高组和最低组下季度ROA的差异在0.194%至0.538%之间(换算成年度ROA,则在0.776%至2.152%之间),均具有显著的经济意义。

表3的列(7)同时考察了6组基本面指标对未来盈余的预测效果。虽然指标间存在一定的相关关系,但6组基本面指标均在1%水平显著为正,至少能够说明基本面指标各自具有独立的信息含量,无法被其他基本面指标完全解释。此外,回归拟合优度、控制变量系数与显著性与Jiang等(2010)、饶品贵和岳衡(2012)等研究基本一致,其中$LOSS$系数为正(但不显著),可能因为公司存在"洗大澡"等向下盈余操纵的行为。

总而言之,利用本章构建的任何一组基本面指标均能显著预测未来盈余,这证实了基本面分析的核心价值——预测未来盈利能力。接下来,本章关注分析师和投资者是否能够意识到这一价值。

二、分析师的盈利预测是否考虑了基本面指标

如果分析师没有充分意识到基本面指标能够预测未来盈余,那么本章构建的分析师盈余预测偏差指标将与基本面指标显著正相关。以异常存货指标为例,如果异常存货指标越高,说明存货在异常减少,根据上一节的结论,存货的异常减少会带来更高的未来盈余;如果分析师没有充分考虑到这一点,就会发布相对保守的盈余预测,从而导致较高的盈余预测偏差(FE,真实值减预测值)。因此,异常存货指标和盈余预测偏差预期呈正相关。

参考Erickson等(2013),本章设定如下模型,以探究基本面指标对分析师盈余预测偏差的预测效果:

$$FE_{i,t} = \beta_0 + \beta_1 R\_FUNDA_{i,t} + \beta_2 FE_{i,t-1} + \beta_3 NEG_{i,t} + \beta_4 LNMV_{i,t-1} +$$
$$\beta_5 LNCOV_{i,t} + \beta_6 BM_{i,t-1} + \beta_7 PRERET_{i,t} + \beta_8 ACC_{i,t-1} +$$
$$Industry\ dummy + Time\ dummy + \varepsilon_{i,t} \quad (4)$$

其中，$FE_{i,t}$ 是分析师对第 t 年年报的盈余预测偏差，根据研究设计（及时反应模型和滞后反应模型），分别采用 $FE1$ 和 $FE2$；$R\_FUNDA_{i,t}$ 为第 t 年三季报基本面指标的分组变量，先将各指标在横截面从小到大分成 10 组，再将取值范围限定为 0.1 到 1 之间；$FE_{i,t-1}$ 是分析师对第 $t-1$ 年年报的盈余预测偏差；$NEG_{i,t}$ 是发布亏损盈余预测的虚拟变量，当第 t 年分析师盈余预测的中位数为负时取 1，否则取 0；$LNMV_{i,t-1}$ 是第 $t-1$ 年末流通市值的自然对数；$LNCOV_{i,t}$ 是发布第 t 年盈余预测的分析师人数的自然对数；$BM_{i,t-1}$ 是第 $t-1$ 年末账面市值比；$PRERET_{i,t}$ 是分析师预测日前 12 个月的股票累计收益；$ACC_{i,t-1}$ 是第 $t-1$ 年年度应计利润。特别需要指出，为了避免前视误差，所有自变量的选取时点需要确保在分析师发布盈余预测时公开可得。此外，我们还加入了行业和财务年度的固定效应，并将回归估计的标准误在公司维度和财务年度维度进行双重聚类处理。为了便于结果展示，在回归中，统一将因变量乘以 100。

表 4 预测分析师盈余预测偏差

Panel A：分析师及时反应模型

变量	FE					
	(1)	(2)	(3)	(4)	(5)	(6)
R_ABINV	1.303*** (3.22)					
R_ABREC		0.474*** (3.30)				
R_ABOREC			0.641*** (5.44)			
R_ABPREC				−0.167 (−0.78)		
R_ABSGA					0.632*** (3.01)	
R_ABMAR						1.135*** (6.36)
FE1	8.452** (2.46)	7.958** (2.29)	7.821** (2.26)	7.776** (2.26)	7.953** (2.25)	7.985** (2.33)
NEG	−3.302*** (−6.33)	−3.242*** (−6.57)	−3.232*** (−6.66)	−3.250*** (−6.56)	−3.231*** (−6.49)	−3.089*** (−6.49)

(续表)

变量	FE					
	(1)	(2)	(3)	(4)	(5)	(6)
LNMV	−0.065	−0.066	−0.063	−0.065	−0.070	−0.053
	(−0.46)	(−0.46)	(−0.45)	(−0.46)	(−0.49)	(−0.38)
LNCOV	0.217***	0.228***	0.224***	0.224***	0.225***	0.203***
	(3.16)	(3.04)	(3.05)	(2.99)	(3.01)	(2.76)
BM	−0.455***	−0.464***	−0.464***	−0.465***	−0.466***	−0.459***
	(−4.47)	(−4.33)	(−4.42)	(−4.37)	(−4.28)	(−4.47)
PRERET	0.616***	0.666***	0.668***	0.678***	0.652***	0.644***
	(3.38)	(3.36)	(3.33)	(3.31)	(3.38)	(3.25)
ACC	−3.185***	−3.180***	−3.185***	−3.257***	−3.341***	−2.665***
	(−3.78)	(−3.72)	(−3.70)	(−3.78)	(−3.68)	(−3.21)
INTERCEPT	−0.402	−0.035	−0.223	0.295	−0.009	−0.655
	(−0.13)	(−0.01)	(−0.07)	(0.09)	(−0.00)	(−0.20)
Industry FE	Yes	Yes	Yes	Yes	Yes	Yes
Year FE	Yes	Yes	Yes	Yes	Yes	Yes
N	7 556	7 556	7 556	7 556	7 556	7 556
Adj. R^2	0.202	0.193	0.194	0.192	0.194	0.199

注：R_*为分组变量，首先将变量在横截面排序分成10组，再将取值范围限定为0到1之间。计算 FE1时采用第 t 年10月底的分析师一致预期。***、**和*分别表示在1%、5%和10%的水平上显著。

Panel B：分析师滞后反应模型

变量	FE					
	(1)	(2)	(3)	(4)	(5)	(6)
R_ABINV	0.348***					
	(2.72)					
R_ABREC		0.178**				
		(2.41)				
R_ABOREC			0.219***			
			(4.24)			
R_ABPREC				−0.006		
				(−0.06)		
R_ABSGA					0.104	
					(1.49)	

(续表)

变量	FE					
	(1)	(2)	(3)	(4)	(5)	(6)
R_ABMAR						0.289***
						(3.75)
Controls	Yes	Yes	Yes	Yes	Yes	Yes
Industry FE	Yes	Yes	Yes	Yes	Yes	Yes
Year FE	Yes	Yes	Yes	Yes	Yes	Yes
N	6 941	6 941	6 941	6 941	6 941	6 941
Adj. R^2	0.129	0.127	0.127	0.126	0.126	0.128

注：R_* 为分组变量，首先将变量在横截面排序分成10组，再将取值范围限定为0到1之间。计算 FE2 时采用距离第 t 年报实际披露日最近月月底的分析师一致预期。***、**和*分别表示在1%、5%和10%的水平上显著。

表4展示了回归结果。Panel A 为分析师及时反应模型，假设分析师会及时对新增信息作出反应，并采用第 t 年10月底的分析师一致预期计算盈余预测偏差 FE1。回归结果显示，除异常预收款外，其他5组基本面指标均与分析师盈余预测偏差显著正相关，系数均在1%的水平显著，说明分析师的盈余预测没有充分考虑这5组基本面指标。以异常存货为例，在加入控制变量后，R_ABINV 的系数为 1.303（t 值为 3.22）。如果构建对冲组合，异常存货最高组（R_ABINV 取值1）和最低组（R_ABINV 取值0.1）第 t 年的盈余预测偏差相差 0.012[(1−0.1)×1.303/100=0.012]，考虑到 FE1 的上四分位数和下四分位数相差 0.017，这一结果的经济意义十分显著。对于异常预收款而言，R_ABPREC 的系数为−0.167（t 值为−0.78），说明分析师的盈余预测充分考虑了异常预收款的信息含量。

从 Panel A 还可以看出，本年度盈余预测偏差（$FE_{i,t}$）与上年度盈余预测偏差（$FE_{i,t-1}$）、本年度分析师覆盖人数（$LNCOV_{i,t}$）和过去股票收益（$PRERET_{i,t}$）显著正相关，说明上年度盈余预测相对保守、本年度分析师覆盖人数更多、过去股票收益涨幅更大时，本年度分析师的盈余预测相对真实盈余更为保守（$FE_{i,t}$ 更大）；同时，本年度盈余预测偏差（$FE_{i,t}$）与本年度发布亏损盈余预测（$NEG_{i,t}$）、上年度账面市值比（$BM_{i,t-1}$）和上年度应计利润（$ACC_{i,t-1}$）显著负相关，说明本年度发布亏损盈余预测、上年度账面市值比更大（呈现价值股特征）、上年度应计利润更大时，本年度分析师的盈余预测相对真实盈余更为激进（$FE_{i,t}$ 更小）。这些结果与 Erickson 等（2013）基本一致。表4的 Panel B 为分析师滞后反应模型,假设分析师会滞后反应新增信息含量,并采用距离第 t 年年报实际披露日最近月的月底作为预测日计算盈余预测偏差 $FE2$。结果显示,在给予分析师更长的反应时间后,分析师对基本面指标的理解能力有了明显提升。分析师不仅充分考虑了异常预收款的信息含量(R_ABPREC 的系数为 -0.006,t 值 -0.06),还充分考虑了异常销售管理费用的信息含量(R_ABSGA 的系数为 0.104,t 值为 1.49)。其他 4 组基本面指标系数虽然仍然显著为正,但经济显著性有所下降。仍以异常存货为例(列 1),在加入控制变量后,R_ABINV 的系数为 0.348(t 值为 2.72)。如果构建对冲组合,异常存货最高组(R_ABINV 取值 1)和最低组(R_ABINV 取值 0.1)第 t 年的盈余预测偏差相差 $0.003[(1-0.1)\times 0.348/100=0.003]$。由于 $FE2$ 的上四分位数和下四分位数相差 0.008,对冲组合的广度(spread)占上下四分位数差的比例约为 38%($0.003/0.008=0.38$);而在 Panel A 中,对应的比例约为 71%($0.012/0.017=0.71$)。

以上结果说明,利用基本面指标能够有效预测分析师盈余预测偏差。虽然给予分析师更长的反应时间后,分析师对基本面指标的理解有所提升,但分析师仍然没有充分意识到大部分基本面指标对未来盈余的指示作用。

三、利用基本面指标能否预测未来股票收益

为了探究投资者是否意识到基本面指标的价值,本章采用如下 Fama-MacBeth 回归模型:

$$RET_{i,t+1} = \beta_0 + \beta_1 FUNDA_{i,t} + \beta_2 SIZE_{i,t} + \beta_3 BM_{i,t} + \beta_4 INV_{i,t} + \beta_5 PROFIT_{i,t} + \beta_6 ACC_{i,t} + \beta_7 REV_{i,t} + \beta_8 MOM_{i,t} + \beta_9 TURN_{i,t} + \varepsilon_{i,t} \quad (5)$$

其中,$RET_{i,t+1}$ 为第 $t+1$ 月股票原始收益;$FUNDA_{i,t}$ 为第 t 月底最近可得的基本面指标;控制变量包括规模($SIZE_{i,t}$,第 t 年 4 月底流通市值的自然对数)、账面价值比($BM_{i,t}$,第 t 年末净资产除以第 t 年末总市值)、投资($INV_{i,t}$,第 t 年末总资产除以第 $t-1$ 年末总资产)、盈余($PROFIT_{i,t}$,第 t 年营业利润除以第 t 年末净资产)、应计利润($ACC_{i,t}$,第 t 年营业利润减去第 t 年经营活动产生的现金流量净额,除以第 t 年末总资产)、价格反转($REV_{i,t}$,最近 1 个月股票收益)、价格动量[$MOM_{i,t}$,最近 12 个月(除去最近 1 个月)股票累计收益]和换手率($TURN_{i,t}$,最近 1 个月日均换手率的平均值)。估计标准误采用 Newey-West 方法进行调整。为了便于结果展示,所有自变量均在横截面调整为均值为 0、方差为 1 的标准化变量,并统一将因变量乘以 100。

表 5　预测未来股票收益：横截面回归测试

变量	RET						
	(1)	(2)	(3)	(4)	(5)	(6)	(7)
ABINV	0.133***						
	(3.80)						
ABREC		0.128***					
		(4.48)					
ABOREC			0.120***				
			(4.16)				
ABPREC				0.027			
				(0.88)			
ABSGA					0.055*		
					(1.88)		
ABMAR						0.160***	
						(4.75)	
FARATIO							0.273***
							(7.49)
SIZE	−0.647***	−0.644***	−0.644***	−0.646***	−0.645***	−0.649***	−0.644***
	(−4.38)	(−4.36)	(−4.36)	(−4.38)	(−4.36)	(−4.40)	(−4.36)
BM	0.136	0.138	0.139	0.136	0.135	0.134	0.143
	(1.23)	(1.25)	(1.25)	(1.22)	(1.22)	(1.21)	(1.29)
INV	0.035	0.027	0.030	0.025	0.025	0.029	0.036
	(0.90)	(0.70)	(0.78)	(0.67)	(0.65)	(0.77)	(0.93)
PROFIT	0.070	0.074	0.069	0.064	0.067	0.073	0.093
	(0.90)	(0.95)	(0.88)	(0.82)	(0.86)	(0.93)	(1.20)
ACC	0.026	0.023	0.024	0.028	0.020	0.042	0.033
	(0.55)	(0.47)	(0.50)	(0.59)	(0.42)	(0.87)	(0.68)
REV	−0.375***	−0.374***	−0.373***	−0.374***	−0.375***	−0.378***	−0.383***
	(−3.38)	(−3.38)	(−3.38)	(−3.37)	(−3.39)	(−3.41)	(−3.46)
MOM	0.019	0.021	0.024	0.029	0.024	0.010	−0.010
	(0.14)	(0.16)	(0.18)	(0.21)	(0.18)	(0.07)	(−0.07)
TURN	−0.702***	−0.704***	−0.703***	−0.702***	−0.701***	−0.701***	−0.700***
	(−7.02)	(−7.03)	(−7.01)	(−7.02)	(−6.99)	(−7.06)	(−7.00)
INTERCEPT	2.336**	2.336**	2.336**	2.336**	2.336**	2.336**	2.336**
	(2.45)	(2.45)	(2.45)	(2.45)	(2.45)	(2.45)	(2.45)
N	168 928	168 928	168 928	168 928	168 928	168 928	168 928
Adj. R^2	0.113	0.113	0.113	0.113	0.113	0.113	0.114

注：回归采用 Fama-MacBeth 方法，所有自变量均在横截面调整为均值为 0、方差为 1 的标准化变量。
***、** 和 * 分别表示在 1%、5% 和 10% 的水平上显著。

表5展示了横截面回归结果。在加入控制变量后,异常存货(ABINV)、异常应收款(ABREC)、异常其他应收款(ABOREC)和异常毛利润(ABMARGIN)的系数均在1%水平显著为正,说明投资者没有充分意识到这四组基本面指标的价值。以异常存货(ABINV)为例,标准化异常存货的系数为0.133(t值为3.80),这说明标准化异常存货每增加一个标准差,下月股票收益预期增加0.133%。另外,异常预收款(ABPREC)的系数不显著(系数为0.027,t值为0.88);异常销售管理费用(ABSGA)的系数只在10%的水平显著(系数为0.055,t值为1.88)。这些结果和上节讨论分析师盈余预测偏差时的结果非常接近,说明分析师和投资者均能较为充分地理解异常应收款和异常销售管理费用对未来盈余的指示作用,但均没有充分理解其他4组基本面指标的价值。和以往研究一致,本章也发现在A股市场存在显著的规模异象(SIZE)、价格反转异象(REV)和换手率异象(TURN)(饶品贵、姜国华,2008;胡聪慧等,2015)。

为了更直接地展现基本面指标的投资价值,本章将异常存货、异常应收款、异常其他应收款和异常毛利润在横截面标准化后求和,再转换成均值为0、方差为1的标准化变量,构建基本面综合指标(FARATIO)。这4组基本面指标均能预测未来盈余,具有相对独立的信息含量,并且分析师和投资者都没有充分意识到这些指标对未来盈余的指示作用,因此最能够代表基本面分析的投资价值。表5的列(7)展示了横截面回归结果,基本面综合指标(FARATIO)系数为0.273(t值为7.49),结果符合预期且十分稳健。同时,不论是系数还是t统计量,均高于任何单一指标,这说明综合使用多个具有相对独立信息含量的基本面指标,所获得的超额收益更大。

四、进一步分析:投资组合检验

在本节中,我们按基本面综合指标(FARATIO)排序构建投资组合,分别检验各组未来盈余变化、分析师盈余预测偏差和未来股票收益的大小。为了更直观地展示经济含义,对于每个检验,我们都设定了相应的基准组合。

表6的Panel A展示了基本面综合指标(FARATIO)对未来盈余变化的分组检验结果,其中未来盈余变化用总资产收益率季度变动(DROA)衡量。在构建投资组合时,每年年末按基本面综合指标将样本从低到高分成5组,基准组则直接按最近可得的总资产收益率季度变动将样本从低到高分成5组,投资组合按等权平均计算DROA,样本期间为2005年至2014年。从Panel A可以看出,FARATIO最低组未来DROA为−0.96%(t值为−3.09),最高组未来DROA为0.36%(t值为1.33),对冲组合未来DROA为1.32%(t值为9.96),这说明基本面综合指标能够有效预测

未来盈余变化,并且在预测未来盈余下降的公司时效果更为明显。基准组合展示了事后(ex-post)$DROA$ 的实际值,对冲组合 $DROA$ 为7.39%(t 值15.81),说明利用 $FARATIO$ 约能预测 $DROA$ 实际变动的 18%(1.32%/7.39%=0.18)。

表6 投资组合检验

Panel A:未来盈余变化

Group	Low	2	3	4	High	Hedge
$DROA$	−0.96	−0.51	−0.14	0.12	0.36	1.32***
	(−3.09)	(−2.00)	(−0.58)	(0.42)	(1.33)	(9.96)
BENCHMARK	−4.08	−0.86	−0.10	0.61	3.31	7.39***
	(−8.09)	(−3.83)	(−0.64)	(3.26)	(8.31)	(15.81)
N	262	262	262	262	262	

注:每年年末按基本面综合指标($FARATIO$)将样本从低到高分成5组,基准组(BENCHMARK)按最近可得的总资产收益率季度变动($DROA$)将样本从低到高分成5组。样本期间为2005年至2014年。为了便于结果展示,统一将 $DROA$ 乘以100。***、** 和 * 分别表示在1%、5%和10%的水平上显著。

Panel B:分析师盈余预测偏差

Group	Low	2	3	4	High	Hedge
$FE2$	−1.05	−0.80	−0.61	−0.55	−0.45	0.60***
	(−3.92)	(−2.88)	(−4.93)	(−2.84)	(−4.72)	(3.15)
BENCHMARK	−3.16	−0.80	−0.27	0.00	0.76	3.92***
	(−4.78)	(−3.97)	(−4.07)	(0.06)	(11.42)	(5.80)
N	173	173	173	173	173	

注:每年距离年报实际披露日最近月月底,按基本面综合指标($FARATIO$)将样本从低到高分成5组,基准组(BENCHMARK)按分析师盈余预测偏差($FE2$)将样本从低到高分成5组。为了便于结果展示,统一将 $FE2$ 乘以100。***、** 和 * 分别表示在1%、5%和10%的水平上显著。

Panel C:未来股票收益

Group	Low	2	3	4	High	Hedge
RET	1.26	1.64	1.79	2.09	2.27	1.00***
	(1.44)	(1.95)	(2.18)	(2.53)	(2.59)	(4.71)
MAR	−0.43	−0.06	0.09	0.39	0.57	1.00***
	(−1.92)	(−0.31)	(0.51)	(1.79)	(2.21)	(4.71)
SAR	−0.41	−0.15	0.00	0.28	0.44	0.85***
	(−2.57)	(−1.01)	(−0.02)	(2.03)	(2.60)	(4.35)
$FF3ALPHA$	−0.81	−0.29	−0.09	0.16	0.22	1.03***
	(−4.42)	(−1.58)	(−0.60)	(0.94)	(1.08)	(4.76)
MV	137	139	143	132	121	
BM	0.48	0.52	0.54	0.52	0.46	
N	271	271	271	271	271	

注:每月末按最近可得的基本面综合指标($FARATIO$)将样本从低到高分成5组。样本期间为2004年5月至2015年4月。为了便于结果展示,统一将股票收益乘以100。***、** 和 * 分别表示在1%、5%和10%的水平上显著。

表6的Panel B展示了基本面综合指标(FARATIO)对分析师盈余预测偏差的分组检验结果,并采用滞后反应模型中的分析师盈余预测偏差(FE2)。在构建投资组合时,每年距离年报实际披露日最近月月底,按基本面综合指标(FARATIO)将样本从低到高分成5组,基准组(BENCHMARK)则直接按分析师盈余预测偏差(FE2)将样本从低到高分成5组,投资组合按等权平均计算FE2,样本期间为2007年至2014年。从Panel B可以看出,FARATIO最低组未来FE2为－0.0105(t值为－3.92),最高组未来FE2为－0.0045(t值为－4.72),对冲组合未来FE2为0.0060(t值为3.15),这说明虽然分析师普遍存在盈余预测过度乐观的情形,但利用基本面指标仍能够有效预测分析师盈余预测偏差。基准组合展示了事后FE2的实际值,对冲组合FE2为0.0392(t值为5.80),说明利用FARATIO约能预测FE2实际变动的15%(0.0060/0.0392＝0.15)。

表6的Panel C展示了基本面综合指标(FARATIO)对未来股票收益的分组检验结果,并同时考虑月度原始收益(RET)、经市场调整收益(MAR)、经规模调整收益(SAR)和经三因子模型调整收益(FF3ALPHA)。在构建投资组合时,每月末按最近可得的基本面综合指标将样本从低到高分成5组,投资组合按流通市值加权计算未来股票收益,样本期间为2004年5月至2015年4月,MV为股票流通市值,BM为市账比,N为每月每组平均股票数量。从Panel C可以看出,对冲套利组合未来MAR、SAR和FF3ALPHA分别为1.00%、0.85%和1.03%(t值分别为4.71、4.35和4.76),年化收益约12.7%$[(1+1.00\%)^{12}-1=12.7\%]$,同时各组未来股票收益随FARATIO单调递增,这说明利用基本面指标能够有效预测未来股票收益。同时,各组MV和BM并不随FARATIO单调增减,说明规模和市账比预期不会对策略收益产生较大影响。

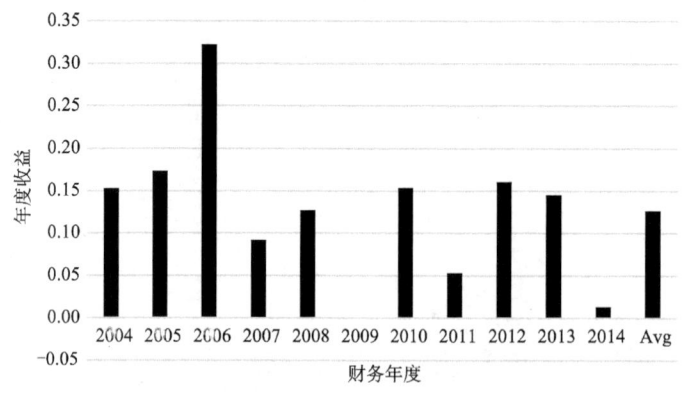

图1　基本面综合指标与未来股票收益

注:图1展示了根据基本面综合指标构建的套利组合(第5组减第1组)的年度收益,横轴为构建投资组合所用财务报表的财务年度(2004—2014年),纵轴为套利组合年度收益。

五、稳健性检验

本章进行如下稳健性检验[①]：

第一，为了充分考虑规模的影响，我们在每个横截面将样本按流通市值分为两组，对表5的列(7)进行分组回归。回归结果显示，基本面指标在大规模公司同样显示出了良好的预测能力，并且和小规模公司的效果相当（大规模公司 FARATIO 的系数为 0.268，t 值为 5.44；小规模公司 FARATIO 的系数为 0.279，t 值为 6.53）。反观规模异象（SIZE）、价格反转异象（REV）和流动性异象（TURN），均在小规模股票中表现更好。此外，小规模公司回归的平均 R^2 只有 0.084，而在大规模公司则达到 0.135，说明小规模公司股票收益能被模型解释的部分更少。在未列示的分析中，我们还考虑加入规模和基本面综合指标的交乘项对表5的列(7)进行回归，结果显示交乘项的系数不显著（系数为 0.023，t 值为 0.68），说明基本面指标对未来股票收益的预测能力不受规模的影响。

第二，由于一季报和年报均截至4月底披露，因此在前述检验中，我们只用最近可得的一季报信息，而没有使用基于年报得到的四季报信息。为了探究使用一季报和四季报信息有何差异，我们只采用二、三、四季报的信息，对表5的模型进行重新估计。具体而言，基于季度财务报表的基本面指标会在第 t 年的4月底、8月底和10月底分别更新第 $t-1$ 年年报、第 t 年半年报和第 t 年三季报信息，样本期间为 2004 年 9 月至 2015 年 8 月。回归结果显示，除异常预收款和异常销售管理费用外，利用二、三、四季报的信息构建的基本面指标对未来股票收益仍然有显著的预测效果。同时，所有具有显著效果的基本面指标的系数都有一定程度的下降，其原因可能是因为第 $t-1$ 年四季报相比第 t 年一季报而言，信息更为滞后。

第三，本章使用年度财务报表构建了基本面指标以检验其对未来股票收益的预测效果。具体而言，第 t 年 4 月底统一更新第 $t-1$ 年财务报表，持有股票区间为第 t 年 5 月至第 $t+1$ 年 4 月，样本期间为 2005 年 5 月至 2006 年 4 月。回归结果显示，绝大部分基本面指标在基于年度财务报表计算时均不再显著[②]，这与陆正飞和宋小华（2006）的发现一致，即基于年度财务报表的基本面指标无法有效预测未来股票收益。我们注意到，大部分指标甚至与未来股票收益负相关，这与张然和汪荣飞（2017）的结论一致，即投资者可能对年度盈余信息过度反应，从而造

[①] 由于篇幅所限，此处未列示相关系数表，感兴趣的读者可向作者索取。

[②] 基于年度财务报表计算的异常预收款（ABPREC）系数为 0.092（t 值 2.56），该系数在 5% 水平显著的原因可能是预收款的周转天数较长，因此会在较长的年度财务期间预测未来盈余和股票收益。

成年度盈余公告后反转现象。这进一步说明在 A 股市场,采用年度财务报表而非季度财务报表进行分析,是以往文献没有发现基本面指标能够带来超额收益的关键。

第四,由于基本面指标与公司当期盈余状况相关,在利用基本面指标预测未来分析师盈余预测偏差和未来股票收益时,可能存在遗漏变量的内生性问题。为了考虑当期盈余状况这一遗漏变量的影响,我们在回归中加入最近季度 ROA ($ROAQ$)作为控制变量,进行稳健性检验。回归结果显示,和表 4 的 Panel B 相比,4 组显著的基本面指标仍然显著,但系数均有所降低,如 $ABINV$ 的系数从 0.348 降低至 0.313(t 值从 2.72 降低至 2.66)。$ROAQ$ 的系数显著为正,说明最近季度盈利能力越好,分析师的盈余预测越保守;和表 5 的结果相比,基本面指标的系数仍然显著,但同样有所降低,如 $ABINV$ 的系数从 0.133 降低至 0.117(t 值从 3.80 降低至 3.39)。$ROAQ$ 的系数显著为正,说明最近季度盈利能力越好,未来超额收益越大。综合上述结果,说明季度盈利能力同样具有信息含量,并且分析师和投资者同样低估了其信息含量,但是在控制季度盈利能力之后,基本面指标的系数仍然显著,本章主要结论保持不变。

第五,为了进一步说明基本面指标的投资价值,我们考察了基本面指标在较长期间的预测效果,即第 t 季度构建的基本面指标对第 $t+2$ 季度盈余的预测效果,与表 3 的结果相比,各基本面指标的系数均有所降低,但显著性保持不变。我们还比较了第 $t+1$ 季度至第 $t+4$ 季度的预测效果,基本面指标对未来盈利能力的预测效果随着预测期间的变长而逐渐降低,但对第 $t+4$ 季度仍然具有显著的预测效果。此外,我们还考虑了截至第 t 月末公开可得的基本面指标对第 $t+2$ 月股票收益的预测效果,与表 5 相比,基本面指标的系数有所降低,但结论保持不变。我们进一步比较了基本面综合指标($FARATIO$)对第 $t+1$ 月至第 $t+6$ 月股票收益的预测效果,$FARATIO$ 的系数从第 $t+1$ 月的 0.273 降低至第 $t+6$ 月的 0.116(t 值从 7.49 降低至 2.85)。这说明随着时间的延长,基本面指标的超额收益虽然逐渐被套利活动所捕捉,但仍在较长期间内显著存在。

第六,由于基本面指标可以有效预测未来盈余,可能会导致公司受到分析师关注度提高,从而降低盈余预测偏差。为了探究该机制是否存在,我们借鉴周开国等(2014)的研究设计,引入分析师关注度和基本面指标的交乘项,如果交乘项的系数显著为负,说明随着分析师关注度的增加,基本面指标对盈余预测偏差的正影响逐渐减弱。回归结果显示,所有交乘项的系数均不显著为负,这说明分析师在其关注度较高的公司中,仍然无法有效识别基本面指标对未来盈余的预测效果。我们认为,该结果正是 A 股市场有效性较低的体现。

需要指出，虽然本章在计算未来股票收益时未考虑交易成本，但我们认为交易成本无法解释基本面指标对未来股票收益的预测能力，理由有三：首先，本章采用的是季度财务报表数据，投资组合的换手率很低；其次，本章采用流通市值加权构建投资组合，对小市值股票的依赖程度低；最后，本章结论在大规模公司中仍然显著存在，说明超额收益产生的原因不能通过套利有限性解释。

此外，本章还尝试了采用季度净资产收益率作为未来盈余的衡量指标，在回归检验中采用原值而非分组或标准化值，在预测未来股票收益的横截面回归中控制行业固定效应，在投资组合检验中采用等权平均而非流通市值加权等其他稳健性检验，主要结论均保持不变。

第五节　结论与启示

本章利用 2004—2014 年的季度财务报表，展示了基本面分析在中国 A 股市场的价值。基于季度财务报表构建的 6 组基本面指标（异常存货、异常应收款、异常其他应收款、异常预收款、异常销售管理费用和异常毛利润）能够有效预测未来盈余，并且分析师和投资者都没有充分意识到基本面指标的价值。因此，利用基本面指标不仅能够预测分析师盈余预测偏差，还能够预测未来股票收益。这些结论在横截面回归和月度投资组合检验中均显著符合预期，在一系列稳健性测试中保持不变，并且具有可观的经济意义。利用基本面综合指标构建投资策略，套利组合可获得约 12.7% 的年化收益。总结来看，本章的实证证据表明，基于季度财务报表的基本面分析在中国 A 股市场十分有效。

从市场效率的角度而言，基本面指标能够预测未来股票收益，反映出了我国资本市场的低效率。市场参与者由于缺少对季度财务报表信息的充分关注和解读，从而导致错误定价没有及时被套利行为所纠正。要使市场向更高效率的方向靠拢，需要多方的共同努力：投资者需要提高对季度财务报表的关注和基本面分析能力，合理构建投资组合；分析师不仅需要在盈余预测时考虑基于季度财务报表的基本面指标，还需要主动发布季度盈余预测，向市场传递更多的季度财务报表信息；上市公司需要更加详尽地披露季度财务报表，以降低信息的不对称性；监管部门需要完善监管和披露机制，以降低信息的不确定性；学术研究需要更加关注对未来股票收益预测的研究，尤其是基于基本面分析的投资策略研究，以帮助市场参与者发现市场的错误定价和非效率，纠正价格偏离价值的现象。

第二章

投资者利用财务报表盈余信息：
现状、问题与启示

第一节 研究背景与研究意义

Ball 和 Brown 在 1968 年对盈余公告后的价格漂移现象进行了研究，至今，盈余公告后的价格漂移（post-earnings announcement drift, PEAD）现象一直是会计研究的重要话题。该现象指在盈余公告后，股票价格会沿着未预期盈余的方向继续移动。学术界对 PEAD 现象十分关注，因其挑战了有效市场假说，说明市场无法及时充分地将公开信息反映在股价中；投资者对该现象也很感兴趣，因其能够带来显著、稳定和持续的超额回报（Bernard 和 Thomas，1989；Doyle 等，2006）。Fama（1998）曾批评关于预测横截面股票收益的研究，认为许多所谓的市场异象实际并不存在，但同时强调 PEAD 现象所带来的超额收益"毋庸置疑"（above suspicion）。

PEAD 现象虽在过去的近半个世纪被广泛证实，但关于该现象为何能够带来超额收益，有诸多不同的解释（于李胜，2011）。其中，影响最为广泛的解释是投资者未能充分理解盈余信息：Foster（1977）首先发现季度未预期盈余存在明显的自相关关系，季度未预期盈余与过去第 1 季度至第 3 季度的未预期盈余显著正相关，而与过去第 4 季度未预期盈余显著负相关；Rendleman 等（1987）指出投资者可能没有意识到这种自相关关系，因此无法充分利用过去盈余信息形成对未来盈余的合理预期；Bernard 和 Thomas（1990）继而指出，正是投资者对未来盈余的预期偏差，使得盈余公告窗口期的超额收益可以根据过去盈余进行预测，从而导致 PEAD 现象；Ball 和 Bartov（1996）利用季度随机游走模型，进一步指出投资者并非完全忽视季度未预期盈余的自相关结构，但的确低估了自相关系数，低估的程度约为 50%。

本章关心的问题是：如果在美国市场，投资者尚且无法充分理解盈余信息，那么在市场成熟度低得多的中国 A 股市场，投资者又会如何利用盈余信息？特别地,投资者会忽视未预期盈余的自相关结构吗?盈余是最常见的会计信息,该问题的研究对于理解 A 股市场投资者行为、提升资本市场对会计信息的传递效率具有重要意义。

本章利用 2004 年至 2014 年 A 股上市公司财务报表数据,根据季度财务报表构建未预期盈余指标,发现在 A 股市场,投资者更加低估季度未预期盈余的一阶自相关系数,却高估季度未预期盈余的高阶(二至四阶)自相关系数。该结果表明,投资者非理性地利用了季度财务报表和年度(半年度)财务报表盈余信息,并且两者存在显著差异。

为了具体说明投资者在利用不同类型财务报表时存在的差异,本章以年度盈余公告为样本,同时考虑季度未预期盈余和年度未预期盈余在盈余公告窗口期前后的超额收益。在加入相关控制变量后,季度未预期盈余与盈余公告前后的超额收益显著正相关,说明投资者对季度盈余信息反应不足,符合经典的盈余公告后漂移现象;而年度未预期盈余与盈余公告前的超额收益显著正相关,却与盈余公告后的超额收益显著负相关,说明投资者在盈余公告前对年度盈余信息过度反应,从而造成年度盈余公告后的股价反转现象。

为了探究投资者对年度盈余信息过度反应的原因,本章将样本按照是否披露年度业绩预告分成两组进行分组回归,发现年度盈余公告的股价反转现象只存在于披露年度业绩预告的公司中。进一步地,本章还检验了年度未预期盈余与年度业绩预告公告窗口期超额收益的关系,发现年度未预期盈余与业绩预告窗口期的超额收益显著正相关,并与业绩预告窗口期前后的超额收益无显著关系。结合上述经验证据和中国 A 股市场特殊的业绩预告披露制度,本章认为,由于年度业绩预告过于强调本年度的业绩变动,缺少对单季度业绩变动的披露,使得投资者非理性关注年度盈余信息,从而导致对年度盈余信息的过度反应。

本章对文献的贡献体现在以下几个方面:

第一,本章丰富了关于盈余公告后漂移现象成因的研究。以往研究从框架依赖偏差、信息风险、自相关结构和系统性定价偏误等角度进行探讨(吴世农、吴超鹏,2005;于李胜、王艳艳,2006;杨德明等,2007;陆婷,2010),本章重点考察不同财务报表期间的未预期盈余,指出 A 股市场投资者在利用不同类型财务报表时存在显著差异,从而产生相应的盈余公告后股价漂移和股价反转的现象。

第二,本章丰富了关于季度财务报表的研究。张昕(2008)发现上市公司会在第四季度进行盈余管理实现当年的扭亏或为下一年扭亏做准备;徐焱军和刘国常(2010)发现上市公司盈余管理的季度分布特征明显,盈余管理的动机是造成该特征的主要原因。本章首次从资本市场效率的角度考虑投资者如何利用季度财务报表,填补了该领域文献的空白。

第三,本章丰富了关于业绩预告的研究。现有文献基本支持业绩预告具有信息含量:薛爽(2001)发现发布预亏公告时市场反应显著;罗玫和宋云玲(2012)发现业绩预告和业绩预告修正都具有显著的信息含量。然而,现有文献并未讨论投资者对业绩预告信息的利用是否理性。本章指出,投资者对业绩预告信息的利用并非理性,业绩预告制度是造成投资者对年度盈余信息过度反应的重要原因。

第二节 研究设计

一、样本选择与核心变量定义

本章使用的公司财务数据和股票交易数据均来自 CSMAR 数据库,由于 A 股上市公司从 2002 年开始披露季报信息,为保证所有滞后期间的未预期盈余变量可得,本章的样本区间为 2004 年至 2014 年。我们对样本进行如下删选:保留在 A 股上市、过去 4 个季度连续披露财务报表且净资产大于零的公司样本;剔除年末处于 ST 或 PT 状态、关键变量缺失以及金融行业公司的样本。除股票收益外,所有连续变量均在 1% 和 99% 处进行缩尾处理。最终得到公司季度、半年度和年度样本的数量分别为 53 349、28 280 和 14 340。

本章的关键变量为标准化未预期盈余(standardized unexpected earnings,Sue)。以往文献对该变量的定义有所差异,同时存在按年度数据(于李胜、王艳艳,2006)、半年度数据(吴世农、吴超鹏,2005;孔东民、柯瑞豪,2007;杨德明、林斌和辛清泉,2007;于忠泊、田高良和张咏梅,2012;陆婷,2012)和季度数据计算的未预期盈余指标。由于本章需要同时考虑季度、半年度和年度样本计算的未预期盈余指标,因此统一采用如下定义:季度未预期盈余(Sue_{qtr})等于第 t 季度营业利润减去第 $t-4$ 季度营业利润,再除以第 $t-4$ 季度末流通市值;半年度未预期盈余(Sue_{sem})等于第 t 半年度营业利润减去第 $t-2$ 半年度营业利润,再除以第 $t-2$ 半年度末流通市值;年度未预期盈余(Sue_{ann})等于第 t 年度营业利润减去第 $t-1$ 年度营业利润,再除以第 $t-1$ 年度末流通市值。

另一组关键变量为累计超额收益率(cumulative abnormal return,Car)。本章首先采用同规模投资组合收益率对日度股票收益进行调整,每年年初将所有股票按规模排序分成 10 组,第 t 个交易日的经规模调整的超额收益率等于第 t 个交易日个股股票收益率减去该交易日个股所在规模分组的等权平均收益率。T个交易日的累计超额收益率根据日度超额收益率按复利计算得到,公式如下:

$$Car_{j,T} = \prod_{t=1}^{T}(1+Ar_{j,t})-1 \tag{1}$$

二、未预期盈余的自相关结构

以往文献指出,季度未预期盈余存在自相关关系(Forster,1977;Bernard 和 Thomas,1990),具体可用下式表示:

$$Sue_{i,t} = b_0 + b_1 Sue_{t-1} + b_2 Sue_{t-2} + b_3 Sue_{i,t-3} + b_4 Sue_{i,t-4} + \varepsilon_{i,t} \tag{2}$$

其中,b_1,b_2,$b_3 > 0$,$b_4 < 0$,$\varepsilon_{i,t}$ 为白噪音,即季度未预期盈余与过去第 1 季度至第 3 季度的未预期盈余显著正相关,而与过去第 4 季度未预期盈余显著负相关,未预期盈余自相关性呈现[+,+,+,−]的结构。如果投资者能够充分意识到未预期盈余的序列相关性,那么盈余公告窗口期的股票收益将只会反映新增信息,即:

$$Car_{i,t} = \alpha + \beta\varepsilon_{i,t} + \omega_{i,t} \tag{3}$$

其中,$Car_{i,t}$ 为季度盈余公告[−2,0]窗口期的累计超额收益,$\beta > 0$。
将式(2)和式(3)迭代,得到式(4):

$$Car_{i,t} = \alpha^* + \beta(Sue_{i,t} - b_1 Sue_{t-1} - b_2 Sue_{t-2} - b_3 Sue_{t-3} - b_4 Sue_{t-4}) + \omega_{i,t} \tag{4}$$

其中,$\alpha^* = \alpha - b_0\beta$。

式(4)即在控制当期未预期盈余 $Sue_{i,t}$ 的基础上,$Car_{i,t}$ 对滞后期间的未预期盈余回归。注意式(2)和式(4)中,滞后期间的未预期盈余系数符号相反。该模型可得 $Sue_{i,t}$ 的系数 β 和 Sue_{t-1} 的系数 $-b_1\beta$,两者相除的负数即为市场模型估计的一阶自相关性 b_1^*,类似地,我们能够得到市场估计的高阶自相关性 b_2^*,b_3^* 和 b_4^*。将式(4)中得到的市场估计值 b^* 与式(2)中得到的时间序列估计值 b 进行比较,就可以分析出市场在多大程度上意识到了未预期盈余的自相关性。

三、未预期盈余与盈余公告窗口期收益

为了说明投资者在利用不同类型财务报表时的差异,我们以年度盈余公告为样本,同时考虑季度未预期盈余和年度未预期盈余对盈余公告窗口期前后累计超额收益的影响。估计模型如下:

$$Car_{i,t} = b_0 + b_1 Sueqtr_{i,t} + b_2 Sueann_{i,t} + b_3 Size_{i,t}$$
$$+ b_4 B/M_{i,t} + b_5 Owner_{i,t} + \varepsilon_{i,t} \quad (5)$$

其中,累计超额收益率的窗口期选择3组,分别为[−20, −3]、[−2, 0]和[1, 20]。第1组代表盈余公告前,第2组代表盈余公告事件窗口期,第3组代表盈余公告后。$Sueqtr_{i,t}$为季度未预期盈余,$Sueann_{i,t}$为年度未预期盈余,其他控制变量包括公司规模($Size$,第t年4月底流通市值的自然对数)、账面价值比(B/M,第t年净资产除以第t年底总市值)和机构投资者持有比例($Owner$)。同时,模型还考虑了行业和年度的固定效应,采用Huber-White方法计算t值,并将标准误在公司层面进行聚类处理。

由于年度和季度的未预期盈余之间存在较高的相关性,为了减小估计偏差,我们还采用如下横截面回归模型,将年度未预期盈余对季度未预期盈余进行中性化处理,估计模型如下:

$$Sueann_{i,t} = b_0 + b_1 Sueqtr_{i,t} + \varepsilon_{i,t} \quad (6)$$

式(6)对每期样本进行横截面回归,回归得到的拟合值记为$Sueann\_pdt_{i,t}$,代表年度未预期盈余中能够被季度未预期盈余解释的部分;残差值记为$Sueann\_res_{i,t}$,代表年度未预期盈余中无法被季度未预期盈余解释的部分,这部分为没有信息增量的冗余信息。进而对式(5)采用如下改进模型:

$$Car_{i,t} = b_0 + b_1 Sueann\_pdt_{i,t} + b_2 Sueann\_res_{i,t} + b_3 Size_{i,t}$$
$$+ b_4 B/M_{i,t} + b_5 Owner_{i,t} + \varepsilon_{i,t} \quad (7)$$

为了探究业绩预告对年度盈余信息过度反应的影响,我们采用以下两组研究设计:首先,定义虚拟变量$Disclosure$,当公司在年度盈余公告前披露年度业绩预告时取1,否则取0,对式(5)和式(7)进行分组回归;其次,直接检验年度未预期盈余与年度业绩预告公告窗口期超额收益的关系。和年度盈余公告类似,我们定义3组窗口期为[−20, −3]、[−2, 0]和[1, 20]。第1组代表业绩预告前,第2组代表业绩预告事件窗口期,第3组代表业绩预告后。为了避免年度业绩预告窗口期与盈余公告窗口期存在交叉,我们只采用财务年度结束后最新修正的年报业绩预告,并要求业绩预告披露日同时满足距离第3季度报表披露日和年度报表披露日20个交易日以上。由于CSMAR该数据从2005年开始提供业绩预告数据,该部分检验的样本区间为2005—2014年。

第三节 实证结果分析

一、描述性统计

表1展示了主要变量的描述性统计。季度、半年度和年度未预期盈余的均值和中位数均为正值,这说明样本期间内过半公司的盈利能力都在增长。$Sueann\_res$ 为横截面回归的残差项,因此均值为0,代表年度未预期盈余中不能被季度未预期盈余解释的冗余信息。$Car_{[-20,-3]}$ 为盈余公告前20日至盈余公告前3日的累计超额收益,$Car_{[-2,0]}$ 为盈余公告前2日至盈余公告当日的累计超额收益,$Car_{[1,20]}$ 为盈余公告后1日至盈余公告后20日的累计超额收益。$Disclosure$ 均值为0.563,说明约56%的公司年样本在年度盈余公告前披露了年度业绩预告。

表1 描述性统计

变量	观测值	均值	标准差	25%	中位数	75%
$Sueqtr$	53 349	0.004	0.045	−0.007	0.001	0.010
$Suesem$	28 280	0.010	0.078	−0.011	0.002	0.020
$Sueann$	14 340	0.018	0.125	−0.018	0.006	0.037
$Sueann\_pdt$	14 285	0.016	0.091	−0.013	0.009	0.033
$Sueann\_res$	14 285	0.000	0.073	−0.021	−0.003	0.018
$Car_{[-20,-3]}$	14 099	0.003	0.099	−0.054	−0.008	0.046
$Car_{[-2,0]}$	14 285	0.000	0.051	−0.029	−0.004	0.023
$Car_{[1,20]}$	14 281	0.002	0.123	−0.068	−0.013	0.051
$Disclosure$	13 396	0.563	0.496	0.000	1.000	1.000

二、投资者是否意识到未预期盈余的自相关结构

表2展示了利用季度未预期盈余的分析结果。Panel A 的列(1)是对模型(2)的估计,结果显示,A股市场中季度未预期盈余同样存在明显的[+,+,+,−]自相关结构。其中,当期 Sue 与滞后第1至第3季度 Sue 显著正相关,系数分别为 0.281、0.116 和 0.027;并与滞后第4季度 Sue 显著负相关,系数为−0.300。回归模型调整后的 R^2 为23.4%,所有系数均在1%的水平显著。这一结果和美国市场的结果十分相似:Ball 和 Bartov(1996)中滞后第1至第4季度的回归系数分别为 0.443、0.133、0.054 和−0.215,回归调整后的 R^2 为28.6%。

Panel A 的列(2)是对模型(4)的估计。可以看出,当期 Sue 与 Car 显著正相关,当控制了当期 Sue 后,滞后第 1 至第 4 季度 Sue 的系数呈现[−,−,−,+]结构,这说明投资者至少正确意识到了未预期盈余的自相关系数的方向。

表 2 的 Panel B 比较了模型(2)和模型(4)的估计系数,两者的比值代表市场在多大程度上意识到了未预期盈余的自相关结构。结果显示,在形成盈余预期时,投资者分别考虑了滞后 1 季度至 4 季度 17%、159%、237%和 99%的自相关性。和美国市场相比,投资者低估了未预期盈余的一阶自相关性(只意识到 17%,美国市场为 45%),却高估了未预期盈余的高阶自相关性(滞后第 2 至第 4 季度分别意识到了 159%、237%和 99%,美国市场分别为 50%、119%和 22%)。由于高阶自相关性对应的是第 $t-2$ 季度至第 $t-4$ 季度的盈余信息,以上结果表明,在中国 A 股市场,投资者在利用季度财务报表和年度(半年度)财务报表盈余信息时存在显著差异。特别地,在盈余公告窗口期内,投资者在试图理解之前反应不充分的季度未预期盈余,并纠正之前对半年报和年报未预期盈余的过度反应。

表 2 季度未预期盈余序列相关性

Panel A:回归模型				
	$Sueqtr_t$ (1)		$Car_{[-2,0]}$ (2)	
	系数	t 值	系数	t 值
$Sueqtr_t$			0.117***	21.22
$Sueqtr_{t-1}$	0.281***	31.97	−0.006	−1.08
$Sueqtr_{t-2}$	0.116***	14.33	−0.022***	−4.46
$Sueqtr_{t-3}$	0.027***	3.82	−0.007	−1.62
$Sueqtr_{t-4}$	−0.300***	−35.19	0.035***	7.27
行业/年度	控制		控制	
N	53 349		53 349	
Adj. R²	0.234		0.016	
Panel B:系数比较				
	时间序列估计	市场估计	比例	美国市场比例
Lag 1	0.281	0.049	17%	45%
Lag 2	0.116	0.185	159%	50%
Lag 3	0.027	0.064	237%	119%
Lag 4	−0.300	−0.296	99%	22%

注:美国市场比例数据来自 Ball 和 Bartov(1996)。***、**和*分别表示在 1%、5%和 10%的水平上显著。

三、投资者利用不同类型盈余信息时的差异

为了进一步说明投资者在利用不同类型盈余信息时存在的差异及其经济后果,我们以年度盈余公告为样本,比较季度和年度未预期盈余对盈余公告前后累计超额收益的影响。

表3 未预期盈余与年报盈余公告窗口期股票收益

	$Car_{[-20,-3]}$ (1)		$Car_{[-2,0]}$ (2)		$Car_{[1,20]}$ (3)		$Car_{[-20,-3]}$ (4)		$Car_{[-2,0]}$ (5)		$Car_{[1,20]}$ (6)	
	系数	t值	系数	t值	系数	t值	系数	t值	系数	t值	系数	t值
$Sueqtr$	0.076***	3.84	0.050***	4.62	0.101***	4.14						
$Sueann$	0.043***	4.42	−0.001	−0.22	−0.060***	−5.05						
$Sueann\_pdt$							0.095***	9.34	0.033***	5.67	0.014	1.09
$Sueann\_res$							0.044***	3.76	−0.003	−0.40	−0.080***	−5.92
$Size$	−0.002**	−1.99	0.001**	2.15	−0.004***	−2.86	−0.002**	−2.02	0.001**	2.17	−0.004***	−2.73
B/M	0.011***	3.54	0.004**	2.28	0.005	1.46	0.011***	3.48	0.004**	2.26	0.005	1.39
$Owner$	−0.009**	−2.05	0.003	1.50	−0.007	−1.36	−0.009**	−2.06	0.003	1.50	−0.007	−1.35
行业/年度	控制		控制		控制		控制		控制		控制	
N	14 099		14 285		14 281		14 099		14 285		14 281	
Adj. R^2	0.012		0.012		0.007		0.012		0.012		0.008	

注:***、**和*分别表示在1%、5%和10%的水平上显著。

表3的列(1)至列(3)展示了未预期盈余与年报盈余公告前后累计超额收益率的关系。在盈余公告前,$Sueqtr$和$Sueann$的系数分别为0.076和0.043(t值分别为3.84和4.42);而在盈余公告后,$Sueqtr$和$Sueann$的系数分别为0.101和−0.060(t值分别为4.14和−5.05)。该结果表明,投资者一方面对季度盈余信息反应不足,因此季度未预期盈余与盈余公告前后累计超额收益均显著正相关;另一方面对年度盈余信息过度反应,从而导致年度未预期盈余呈现明显的股价反转。

表3的列(4)至列(6)展示了年度未预期盈余对季度未预期盈余进行中性化处理后的结果。结果显示,年度未预期盈余中能够被季度未预期盈余解释的部分和累计超额收益在盈余公告前后均呈正相关关系,而不能被季度未预期盈余解释

的部分(Sueann_res)为出现了明显的价格反转。以列(4)和列(6)为例,盈余公告前 Sueann_res 的系数为 0.044(t 值为 3.76),盈余公告后 Sueann_res 的系数为 -0.080(t 值为 -5.92)。这说明投资者在盈余公告前对年度未预期盈余中的冗余信息过度反应,从而导致盈余公告后的股价反转。

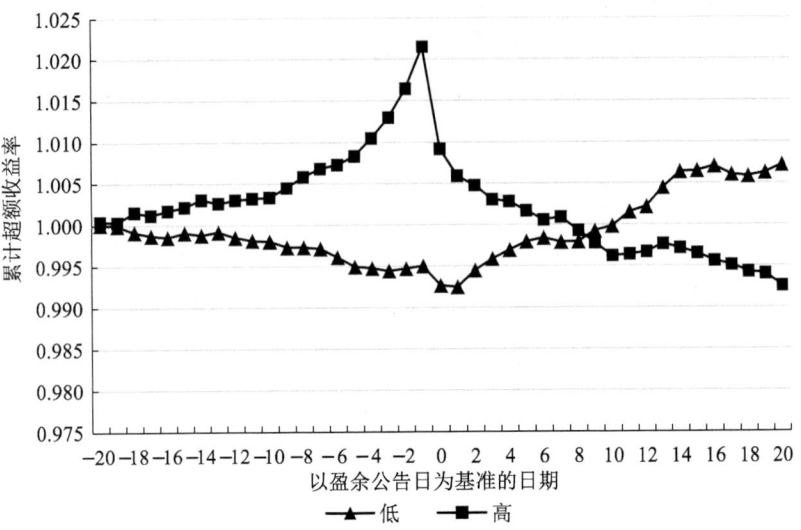

图 1　年度盈余公告后反转现象

图 1 更加直观地展示了投资者非理性利用冗余信息所造成的股价反转现象。我们按照 Fama-MacBeth 的方法构建投资组合:每期将样本按冗余信息排序分成 10 组,最高组记为 High,最低组记为 Low,用股票日度超额收益的均值作为投资组合的日度超额收益,再用各期投资组合的算数平均值作为该组的日度超额收益,最后再按复利计算窗口期累计超额收益率。图 1 展示了盈余公告窗口期 [-20,$+20$] 的累计超额收益情况。可以看到,冗余信息最高组在盈余公告前累计超额收益一直上升,而在盈余公告后快速下降;而冗余信息最低组在盈余公告前累计超额收益逐渐下降,而在盈余公告后则出现明显反弹。从图 1 中我们还可以发现,投资者在盈余公告前,对冗余信息的"好消息"反应更为激烈。图 1 所示的年度盈余公告后反转现象与传统的盈余公告后漂移现象恰好相反,是中国 A 股市场中的特殊现象。

四、投资者为什么对年度盈余信息过度反应

考虑到中国特有的业绩预告制度和以散户为主的投资者结构,本章认为,业

绩预告制度是造成投资者对年度盈余信息过度反应的重要原因。根据上交所和深交所的相关规定,预计报告期内出现以下四种业绩变动情况时,上市公司需要披露业绩预告:分别是预增、预减、亏损和扭亏。如果业绩预告出现较大偏差,上市公司还会发布相应的修正报告(罗玫、宋云玲,2012)。然而在现有的披露规定中,业绩预告中的所有业绩变动期间均为本报告期(第 1 季度、半年度、前 3 季度、年度),而非最近单季度。这将导致业绩变动存在之前季度的已披露信息,从而存在信息冗余。如果投资者无法区分业绩预告中的冗余信息和新信息,错误地将业绩预告中本报告期的业绩变动全部当作新信息,便会导致对本报告期盈余信息的过度反应。[①]

表 4 未预期盈余与盈余公告窗口期股票收益:业绩预告的影响

	$Disclosure=1$				$Disclosure=0$			
	$Car_{[-20,-3]}$ (1)		$Car_{[1,20]}$ (2)		$Car_{[-20,-3]}$ (3)		$Car_{[1,20]}$ (4)	
	系数	t 值	系数	t 值	系数	t 值	系数	t 值
$Sueqtr$	0.080***	3.10	0.075**	2.36	0.054	1.45	0.178***	4.16
$Sueann$	0.034***	2.71	−0.056***	−3.94	0.013	0.55	−0.044	−1.49
$Size$	−0.002	−1.27	−0.004*	−1.87	0.000	0.04	−0.002	−1.28
B/M	0.006	1.31	−0.001	−0.09	0.017***	3.54	0.016***	2.90
$Ownership$	−0.001	−0.20	−0.009	−1.19	−0.024***	−3.62	−0.004	−0.47
行业/年度	控制		控制		控制		控制	
N	74 23		7 547		5 787		5 845	
Adj. R^2	0.013		0.008		0.010		0.013	

注:***、**和*分别表示在 1%、5%和 10%的水平上显著。

表 4 展示了按照是否提前披露年度业绩预告(虚拟变量 $Disclosure$)分组回归的结果。在提前披露年度业绩预告的组($Disclosure=1$)中,年度未预期盈余($Sueann$)呈现明显的股价反转,盈余公告前后期间 $Sueann$ 的系数分别为 0.034

[①] 以大湖股份(股票代码 600257)为例,2015 年 1 月 31 日,该公司发布 2014 年度业绩预减公告,预计 2014 年度归属上市公司股东的净利润与上年同期相比减少 97%到 99%。根据之前披露的 2014 年三季度报表显示,前三季度归属上市公司股东的净利润为 153.65 万元,下降幅度为 99.30%;之后披露的 2014 年年报显示,年度归属上市公司股东的净利润为 160.16 万元,下降幅度为 98.96%。由此推算出,2014 年第 4 季度归属上市公司股东的净利润为 6.51 万元,上年同期为 −6 673.33 万元。虽然公司 2014 年年度业绩大幅降低,但 2014 年第 4 季度业绩却扭亏为盈并大幅增长,并且投资者从 2014 年度业绩预告中无法获得 2014 年第 4 季度业绩增长的信息。从本例可以看出,业绩预告制度可能会使投资者过度关注公司 2014 年的年度业绩变动,从而导致对年度盈余信息的过度反应。

和 -0.056（t 值分别为 2.71 和 -3.94）；但在没有提前披露年度业绩预告的组（$Disclosure=0$）中，不存在显著的股价反转现象，盈余公告前后期间 $Sueann$ 的系数分别为 0.013 和 -0.044（t 值分别为 0.55 和 -1.49）。在未列示的考虑年度未预期盈余冗余信息的回归中，得到的结果类似。

表 5 未预期盈余与年报盈余公告窗口期股票收益

	$Car_{[-20,-3]}$ (1)		$Car_{[-2,0]}$ (2)		$Car_{[1,20]}$ (3)		$Car_{[-20,-3]}$ (4)		$Car_{[-2,0]}$ (5)		$Car_{[1,20]}$ (6)	
	系数	t 值	系数	t 值	系数	t 值	系数	t 值	系数	t 值	系数	t 值
$Sueqtr$	0.119***	3.38	0.083***	5.10	-0.009	-0.29						
$Sueann$	0.014	0.79	0.055***	6.98	-0.018	-1.13						
$Sueann\_pdt$							0.097***	5.40	0.113***	12.47	-0.026	-1.58
$Sueann\_res$							0.025	1.28	0.060***	6.22	-0.011	-0.59
控制变量	控制		控制		控制		控制		控制		控制	
行业/年度	控制		控制		控制		控制		控制		控制	
N	3 998		4 018		4 015		3 998		4 018		4 015	
Adj. R^2	0.045		0.074		0.018		0.045		0.073		0.018	

注：***、** 和 * 分别表示在 1%、5% 和 10% 的水平上显著。

表 5 进一步展示了业绩预告窗口期累计超额收益的回归结果。列(1)至列(3)同时考虑季度和年度未预期盈余，在业绩预告事件窗口期 $[-2,0]$，年度未预期盈余的系数显著为正（系数为 0.055，t 值为 6.98），而在业绩预告前后，年度未预期盈余的系数均不显著。列(4)和列(6)区分了年度未预期盈余中的冗余信息，得到的结果类似。这说明在业绩预告事件窗口期，投资者对年度盈余及其冗余信息过度反应。该现象在业绩预告披露前不显著存在，并在业绩预告披露后未发生显著反转。以上证据表明，业绩预告作为年度盈余信息的公开披露渠道，虽然在一定程度上起到了传递盈余信息的作用，但是也引起投资者对年度业绩变动中冗余信息的过度反应。

五、稳健性检验

本章进行了以下稳健性检验：

在研究投资者是否意识到未预期盈余的自相关结构时，我们还考虑了半年度和年度未预期盈余的自相关结构,结果显示,投资者对年度(半年度)盈余信息存在过度反应。我们还采用非线性联立方程式对式(2)和式(4)进行联合估计(Mishkin 检验),投资者仍然表现出低估季度未预期盈余的一阶自相关性,高估季度未预期盈余的高阶自相关性。

在研究投资者对不同类型财务报表利用是否存在差异时,我们还以半年报盈余公告为样本,同时考虑了半年度和季度未预期盈余。结果表明,半年度未预期盈余在盈余公告前后与累计超额收益相关性相反,同样呈现出股价反转现象。

在研究未预期盈余与年度盈余公告窗口期股票收益的关系时,我们考虑了盈余公告前后 10、20、30 个交易日等不同的窗口期长度,并分别加入公司和年度固定效应进行检验。结果表明,投资者在不同的窗口期长度中,均呈现出对季度盈余信息反应不足,而对年度盈余信息过度反应的特征。

投资者过度关注年度盈余信息,可能是由于年度盈余信息更具价值相关性。为考虑该因素的影响,我们采用价格模型比较了年度财务报表与季度财务报表的价值相关性,被解释变量为第 $t+1$ 年 4 月末公司每股股价,解释变量为每股盈利和每股净资产,回归模型的调整 R^2 用来衡量会计信息的价值相关性。结果显示,基于年度财务报表的模型调整 R^2 为 0.402,基于季度财务报表的模型调整 R^2 为 0.423,均值检验表明后者的调整 R^2 显著更高。

为了更稳健地说明业绩预告制度是投资者对年度盈余信息过度反应的原因,我们还采用安慰剂检验(placebo test),分别考察年度未预期盈余与年度业绩预告公告窗口期、年度业绩快报公告窗口期和年度盈余公告窗口期股票收益的关系。如果业绩预告作为公告类型的一种,与投资者对年度盈余信息的过度反应并无关联,那么我们预期也会在业绩快报和盈余公告中观测到年度未预期盈余与公告事件窗口期超额收益的正相关关系。结果显示,在三类不同类型的公告中,只有在业绩预告公告窗口期,年度未预期盈余及其冗余信息的系数显著为正,而在业绩快报和年度盈余公告窗口期的系数均不显著。

此外,在构建季度未预期盈余变量时,我们采用过去 8 个季度未预期盈余的标准差或者总市值作为分母进行标准化,主要结论均不变。

第四节　结论与启示

本章实证检验了 A 股市场投资者如何利用财务报表盈余信息。研究发现,投资者在利用季度和年度盈余信息时存在显著差异。一方面,投资者对季度盈余信息反应不足,从而产生季度盈余公告后的股价漂移现象;另一方面,投资者对年度盈余信息过度反应,从而产生年度未预期盈余公告后的股价反转现象,业绩预告制度则是造成投资者对年度盈余信息过度反应的重要原因。

　　本章的结论具有以下启示:投资者应当提高对季度财务报表信息的关注,意识到季度未预期盈余的投资价值,同时减少对年度财务报表信息的过度关注,正确解读年报和业绩预告中的信息含量;市场监管机构应当提高业绩预告的信息披露质量,更强调对单季度而非本报告期业绩变动的披露,正确引导投资者解读盈余信息;市场中介机构(如证券分析师)应当更多地向市场传递公司基本面信息,尤其是季度财务报表的信息,并发布季度盈余预测;学术研究者应当更加重视基于季度财务报表的研究,尤其是基于季度财务报表信息的证券市场效率研究,这对于提高我国证券市场效率、保护投资者利益具有重要意义。

第二部分

会计准则变迁及其影响

第一章

会计准则变迁与长期资产减值

第一节 研究背景与研究意义

2006年2月15日,财政部颁布了包括1项基本准则和38项具体准则在内的一整套新的企业会计准则体系,要求上市公司从2007年1月1日起执行。《企业会计准则第8号——资产减值》规定:当资产的可回收金额低于其账面价值时,应当计提相应的资产减值准备;并进一步在第十七条规定:(长期)资产减值损失一经确认,在以后会计期间不得转回。而旧会计准则规定:对八项资产的减值准备都可以进行转回,转回时,贷记当期收益。因此,长期资产减值能否转回的问题是新老会计准则在资产减值会计处理问题上的最大区别。

目前国际上对以前年度确认的资产减值损失是否允许转回也存在不同的规定,有的规定允许转回以前年度已确认的资产(不包括商誉)减值损失;有的规定对以前年度已确认的资产减值损失不得转回。《国际会计准则第36号——资产减值》(以下简称IAS36)允许资产减值转回,但对其作出了谨慎性的规定。例如,必须有明确迹象表明以前年度确认的资产减值损失不再存在或已减少,并必须能够估计该项资产的可收回金额。美国财务会计准则不允许长期资产减值转回。美国《财务会计准则公告第144号——减值和长期资产处置的会计处理》(以下简称SFAS144)规定,在确认资产减值损失后,资产的账面价值就成为新的成本计量基础,主体不应在以后期间调整资产的成本,所以在资产减值恢复时,如同其他资产增值不确认一样,不允许转回已确认的资产减值损失。

尽管我国新的资产减值准则与IAS36在许多方面相当接近,但二者对资产减值损失是否允许转回的问题仍存在实质性差异。与国际会计准则不一致的这一规定主要是从我国企业目前的发展状况出发,考虑到我国企业利用资产减值转回来进行盈余管理的现象非常普遍,为遏制这种不良现象而采取的一种反制措施。对于利用减值转回操纵利润的政策顾虑也和资产减值方面的实证研究结果不谋而合。作为我国唯一的一篇研究资产减值转回的实证研究，王建新（2007）通过对 2001—2004 年我国上市公司长期资产减值转回行为的分析发现，长期资产减值转回并非由于其资产质量的改善与经济因素的好转，而是由于其盈余管理的动机。国外的研究也对资产减值和盈余管理进行了深入探讨。Strong 和 Meyer（1997）的研究发现，公司管理层运用资产减值与转回操纵利润，这种现象在管理层变更时更显著，即在变更时计提大量减值准备，以便在未来转回时提高业绩。Zucca 和 Campbell（1992）发现，大多数计提减值准备的公司都有平滑盈余的动机。Francis 等（1996）的研究表明盈余管理和真实的资产减值都是促使公司作出减值判断的因素。Reidl（2004）也发现了资产减值和经理层大清洗动机显著相关。综上研究的结果，我们可以看到，盈余管理是影响资产减值决策的一个重要因素。在这其中，如果资产减值可以转回，由于其较其他会计报表项目在时间和数量上具有更大的可操纵性（Elliott 和 Shaw，1988），管理层就可以利用资产减值准备的计提和转回使得企业利润在年度之间转移，从而保持企业的年度利润的稳定。而一旦禁止企业转回资产减值，就会使企业在计提资产减值时更加审慎，减少通过资产减值而进行的利润操纵。新会计准则基于这些考虑，作出了禁止长期资产减值转回的规定。

虽然禁止转回资产减值的规定有助于压缩上市公司盈余管理的制度空间，但由于新会计准则于 2007 年 1 月 1 日起正式执行，在此之前，企业仍旧可以转回资产减值，从而增加净利润。对于以前计提了资产减值的公司，如果当初计提减值的目的是进行利润平滑和盈余操纵，为的是提高以后年度的利润，那么这些公司很可能在新会计准则实施以前突击转回大量的减值准备，否则这些"被隐藏的利润"将再也无法浮出水面。由于资产减值准则修订的目的是减少盈余管理，杜绝在准则变更期间企业利用准则变更的空隙集中转回大额的减值准备，或者计提不符合经济实质的较少减值准备，证监会于 2006 年 11 月 29 日发布了《关于做好与新会计准则相关财务会计信息披露工作的通知》，并于 2007 年 1 月 17 日发布了《关于证券公司 2006 年年报审计及信息披露有关事宜的通知》，两次重申"不得在 2006 年底前突击转回长期资产的减值准备，不得利用计提资产减值准备的机会'一次亏足'，或在前期巨额计提后大额转回，随意调节利润；也不得随意变更计提方法"。在这些通知和规定的重压下，上市公司会不会利用这最后的机会和准则变更的空隙，大量转回资产减值？或者由于计提的减值准备将不能转回，企业是否在新准则颁布以后，比以往计提更少的减值准备？本章试图采用实证方法回答这些问题。

本章的贡献在于首次以实证方法研究会计准则变迁过程中新会计准则正式

实施以前对上市公司长期资产减值行为的影响,国外以往的文献多研究在准则允许范围内,企业出于各种目的,自身会计方法选择的变化及其后果(Watts 和 Zimmerman,1988),而很少有文献直接研究准则变迁期间由于新旧会计准则的差异而导致的企业行为不同。唯一一篇研究资产减值会计准则变化的文献是 Reidl(2004)的文献,他研究了美国 SFAS121"长期资产减值会计"实施之后是否减值计提更多地反映了经济因素,他的结论是,实施 SFAS121 以后,长期资产减值计提对经济因素的反映更差。他没有研究准则颁布以后、实施以前的公司行为,也没有对准则实施前后企业出于新旧准则差异而实施的盈余管理进行研究。我国这次新会计准则的颁布是继 1993 年会计制度改革后又一次具有重大意义的会计改革,标志着与国际财务报告准则趋同的中国企业会计准则体系正式建立。首先,本章以 A 股全部计提长期资产减值准备的公司为样本进行实证研究论证新会计准则对上市公司行为的影响,结论更有说服力。其次,本章对于使用资产减值进行盈余管理的研究是一个重要贡献。很多文献发现,"大清洗"动机会促使很多亏损公司计提大额减值准备(Reidl,2004;Chen 等,2003;戴德明等,2005)。但他们研究的范畴都是在会计准则稳定的一段区间,或是准则实施前后,而本章研究了在会计准则颁布前和颁布后实施前一段时间资产减值计提行为的改变,因此对利用资产减值进行盈余管理的研究是一个贡献。最后,本章的结论对政策制定者有一定的借鉴作用。制定与修改会计准则不仅要考虑到新会计准则实施后的执行问题,还要考虑在新旧准则变迁期间,公司利用新旧准则的差异进行会计操纵的可能性;而适当的政策监管对准则变迁期间的公司行为具有一定的约束作用。

本章以下部分的内容结构是:第二节为研究假设;第三节为样本数据与描述性统计;第四节为研究设计与实证结果;第五节为结论与总结。

第二节 研 究 假 设

我国 2007 年实施的新会计准则提供了一个研究会计准则变更如何影响管理层行为的环境。Francis 等(1996)的结果表明,经济因素和盈余管理同时影响公司的资产减值行为。由于在资产减值准则中变化最大的是,旧会计准则允许资产减值转回而新会计准则禁止了这种行为,那么我们可以预期,如果有些公司采用盈余管理的手段在以前年度进行了资产减值,目的是提高以后年度的会计利润的话,那么在2007年新会计准则实施之前,公司的管理层就会利用这最后的机会,在2005年和2006年的年报中[①],大额转回资产减值。我们应该可以观察到这两年的资产减值转回大量增加。因此,本章提出假设1:

假设1:由于资产减值准则变更的影响,上市公司在2005年和2006年会集中转回较多的减值准备。

同时,由于企业计提的减值准备以后将不能转回,相对于以前可以转回减值准备而言,企业在计提减值准备时可能会更加谨慎;或者在得知减值准备将不能转回以后,企业可能没有转回更多的减值准备,而是计提更少的减值准备。因此,本章提出假设2:

假设2:由于资产减值准则变更的影响,上市公司在2005年和2006年会计提较少的减值准备。

上市公司在新会计准则实施前的资产减值过度转回行为可能由于公司的特性而有所不同。如果以前计提了超额的减值准备,在预期到未来不能转回时,上市公司可能会在当期计提较少的减值准备。而且,公司进行资产减值准备转回可能受以前所计提的减值准备的限制(Elliott 和 Shaw, 1988),这是由于资产减值的转回而增加的资产账面金额,不能高于资产以前年度没有确认资产减值损失时的账面金额。我们可以预期,以前年度计提了过多或超过经济因素的减值准备的公司,更可能在新会计准则实施以前计提较少的减值准备或转回更多的减值准备,即:

假设3a:在其他条件相同的情况下,期初拥有较多长期资产减值准备的公司更倾向于在新准则实施前计提较少的长期资产减值准备。

假设3b:在其他条件相同的情况下,期初拥有较多长期资产减值准备的公司更倾向于在新准则实施前转回更多的长期资产减值。

第三节 样本数据与描述性统计

我们采用2001—2006年所有A股上市公司为样本[②],资产减值数据来源于

[①] 由于新会计准则的发布日期是2006年2月15日,大多数公司还没有公布2005年的年报,有机会操纵2005年的资产减值。另外,新会计准则在发布之前,很可能也有信息的泄漏,因此,我们将2005年也作为可能大量转回资产减值的年份。我们的敏感性检验表明,2006年2月15日以后发布年报的公司作为颁布后样本结果不会发生改变(仅有46个公司年的2005年年报是在2006年2月15日以前发布的,占颁布后样本的2.29%)。

[②] 由于我国从2001年起对长期资产减值才有明确的会计准则规定,2001年以前的长期资产减值的样本非常稀少。

Wind 资讯数据库，上市公司财务数据和高管变迁数据来源于 Sinofin 数据库。我们按照以下原则选择样本：①剔除了金融类上市公司；②排除当年未披露资产减值状况的公司；③剔除了个别变量缺失数据的样本。在新会计准则下，固定资产减值准备和无形资产减值准备的计提转回是被明确禁止的；短期投资跌价准备和长期投资减值准备两项中的股权性投资并采用成本法计价的计提转回也是不允许的；而其他流动资产的减值准备，如坏账准备、存货跌价准备等四项的计提转回在新旧会计准则中都是允许的。长期投资中以权益法核算的部分减值准备可以转回，以成本法核算的部分减值准备不允许转回，而会计报表附注中披露的减值准备将二者统一为长期投资，无法明确计算属于不允许转回的部分，因此本章未将长期投资作为研究对象①。综合上述讨论，本章将固定资产和无形资产的减值准备与转回作为研究对象。最后的样本数据分布如表 1 所示。

从表 1 中我们可以看到，同时计提固定资产和无形资产减值的公司占全部上市公司的大多数②。其中每年有 42.10% 的公司有转回固定资产减值准备的行为，有 3.20% 的公司有转回无形资产减值准备的行为。

表 1 样本数据分布

	年度	2001	2002	2003	2004	2005	2006	合计
	样本公司数目	774	1 083	1 166	1 289	1 312	1 022	6 646
固定资产	计提	578	810	862	915	926	662	4 753
	（转回）	(218)	(465)	(529)	(566)	(570)	(450)	(2 798)
	未计提	196	273	304	374	386	360	1 893
	（未转回）	(556)	(618)	(637)	(723)	(742)	(572)	(3 648)
	计提(转回)比例(%)	74.68	74.79	73.93	70.98	70.58	64.77	71.52
		(28.17)	(42.94)	(45.37)	(43.91)	(43.45)	(44.03)	(42.10)
无形资产	计提	128	176	167	169	170	102	912
	（转回）	(17)	(40)	(42)	(32)	(53)	(29)	(213)
	未计提	646	907	999	1 121	1 142	920	5 734
	（未转回）	(757)	(1 043)	(1 124)	(1 257)	(1 259)	(993)	(6 433)
	计提(转回)比例(%)	16.41	16.25	14.32	13.11	12.96	9.98	13.72
		(2.19)	(3.69)	(3.60)	(2.48)	(4.04)	(2.84)	(3.20)

表 2 呈现了样本期间各年度，以及新会计准则颁布前后，固定资产和无形资

---

① 另外，长期股权投资价值受证券市场影响较大，而国内 A 股市场在 2005 年和 2006 年股票指数涨幅巨大，也可能导致长期股权投资减值准备转回异常，基于这些原因，本章未将长期股权投资作为研究对象。

② 2005 年 9 月 1 日，沪深两市的上市公司总数是 1 389 家。

产减值准备计提和转回情况的对比①。可以看出,固定资产和无形资产在新准则颁布以后的计提比例都要小于新会计准则颁布以前的计提比例,其计提比例各减少了 38.87% 和 40.45%。两项汇总的减值准备计提也从新会计准则颁布以前的平均 0.204 下降到 0.135。新会计准则实施以前的 2006 年,对固定资产和无形资产减值准备的计提更是达到了上市公司计提减值准备以来的最低点。这些结果都和假设 2 一致,即不允许长期资产减值准备转回的新会计准则颁布以后,企业会减少对长期资产减值准备的计提。

表 2 同时列示了新会计准则颁布前后长期资产减值转回的情况。新会计准则颁布后,固定资产和无形资产减值转回并没有明显增加,反而有所减少:固定资产减值转回从 0.262 下降到 0.232,而无形资产减值转回从 0.044 下降到 0.036。这和假设 1 不一致,也就是说,从描述性统计结果来看,我们没有发现新会计准则颁布以后企业比以往转回更多的长期资产减值准备。

表 2 新会计准则颁布前后长期资产减值准备及转回情况

期间 变量	新会计准则颁布前年度平均	新会计准则颁布后年度平均	新会计准则颁布前各年度				新会计准则颁布后各年度	
			2001	2002	2003	2004	2005	2006
固定资产减值准备当年计提比例(%)	0.247	0.151	0.278	0.264	0.220	0.227	0.175	0.127
无形资产减值准备当年计提比例(%)	0.089	0.053	0.126	0.074	0.077	0.078	0.055	0.051
两项减值准备计提比例汇总(%)	0.204	0.135	0.225	0.216	0.180	0.197	0.162	0.109
固定资产减值转回比例(%)	0.262	0.232	0.226	0.312	0.257	0.252	0.218	0.246
无形资产减值转回比例(%)	0.044	0.036	0.025	0.067	0.045	0.040	0.031	0.042
两项减值转回比例汇总(%)	0.221	0.197	0.194	0.256	0.217	0.217	0.188	0.207

注:本表中数据皆以该项资产减值前数值标准化。另外,本章也计算了以年初总资产和减值前总资产标准化的减值准备和转回情况,其显示的趋势和本表相同。

---

① 表 2 中显示的是各变量在 1% 和 99% 的水平上进行极值调整(truncate),即删除变量在前后 1% 和 99% 以外的取值后的结果。

图1用折线图展示了固定资产、无形资产以及两项汇总的减值准备计提在样本期间各年度的情况。在2005年和2006年,两项计提都分别有显著下降的趋势,而2006年下降趋势更加明显。图2展示的是固定资产和无形资产减值转回在新会计准则颁布前后的情况。从图中我们可以看出,减值转回在2005年和2006年并没有显著增加。

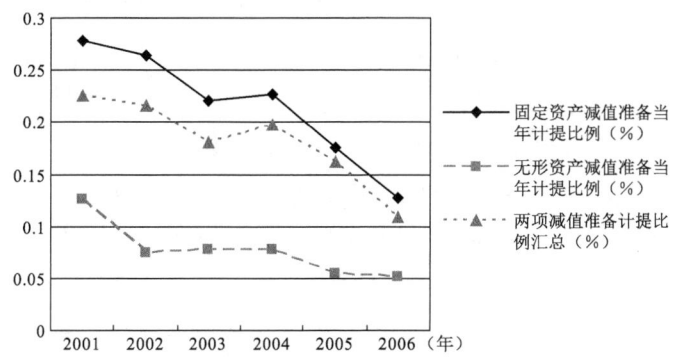

图1　2001—2006年固定资产和无形资产减值准备计提

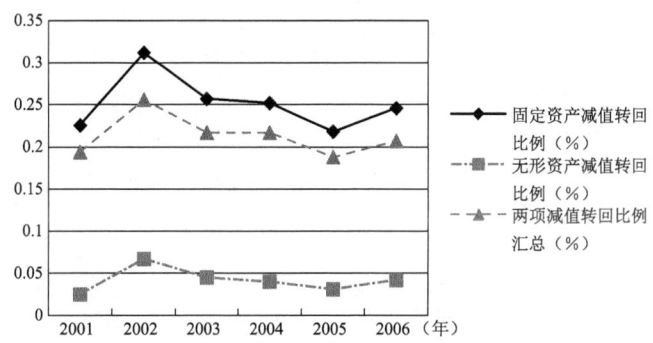

图2　2001—2006年固定资产和无形资产减值准备转回

第四节　研究设计与实证结果

尽管我们的描述性统计结果显示,在新会计准则颁布以后实施以前的年份(2005年和2006年),固定资产和无形资产减值准备计提较以前年度大幅减少,而其减值准备的转回并没有明显变化,但其他一些因素也会影响长期资产减值准备计提和转回的数额。这些因素包括以前年度计提的减值准备数额,上市公司的规模,公司是否有达到某种经济目标的动力(是否为扭亏或微利公司),是否有大清洗的倾向(亏损公司),是否存在高管层变更,以及公司的盈利状况、收入状况、债务资本比率和行业分布情况等[1],这些因素的存在也许能够解释表 2 中报告的在 2005 年度和 2006 年度长期资产减值计提减少而减值准备转回并没有明显增加的现象。为了正式检验假设 1 和假设 2,我们设计了以下回归模型:

$$
\begin{aligned}
WD_{i,t} = &\ \delta_0 + \delta_1 NAS_{i,t} + \delta_2 WD0_{i,t} + \delta_3 NAS_{i,t} \times WD0_{i,t} + \delta_4 Loss_{i,t} + \delta_5 NAS_{i,t} \times Loss_{i,t} \\
&+ \delta_6 NK_{i,t} + \delta_7 NAS_{i,t} \times NK_{i,t} + \delta_8 WL_{i,t} + \delta_9 NAS_{i,t} \times WL_{i,t} + \delta_{10} CEO_{i,t} \\
&+ \delta_{11} Size_{i,t} + \delta_{12} Lev_{i,t} + \delta_{13} ROA_{i,t} + \delta_{14} Ind_{i,t} + \varepsilon_{i,t}
\end{aligned} \quad (1)
$$

$$
\begin{aligned}
Res_{i,t} = &\ \lambda_0 + \lambda_1 NAS_{i,t} + \lambda_2 WD0_{i,t} + \lambda_3 NAS_{i,t} \times WD0_{i,t} + \lambda_4 Loss_{i,t} + \lambda_5 NAS_{i,t} \times Loss_{i,t} \\
&+ \lambda_6 NK_{i,t} + \lambda_7 NAS_{i,t} \times NK_{i,t} + \lambda_8 WL_{i,t} + \lambda_9 NAS_{i,t} \times WL_{i,t} + \lambda_{10} CEO_{i,t} \\
&+ \lambda_{11} Size_{i,t} + \lambda_{12} Lev_{i,t} + \lambda_{13} ROA_{i,t} + \lambda_{14} Ind_{i,t} + \mu_{i,t}
\end{aligned} \quad (2)
$$

在式(1)和式(2)中,因变量 WD 是经过该项资产减值前净额标准化的当年减值准备计提比例,Res 是经过该项资产减值前净额标准化的减值准备转回数额。NAS 为代表新会计准则是否颁布的哑变量,如果年度位于 2001—2004 年,该变量取值 0;如果是 2005 年度或 2006 年度,该变量取值 1。$WD0$ 是公司前一年两项减值准备计提经过该项资产减值前净额标准化后的数额。$NAS \times WD0$ 是 NAS 和 $WD0$ 的交叉变量。

对于式(1)中 NAS、$WD0$ 和 $NAS \times WD0$ 的系数而言,新会计准则的颁布使公司在 2007 年以后不能再转回以前计提的长期资产减值准备,上市公司在新会计准则颁布以后对长期资产减值计提可能更加谨慎,因此计提较少的减值准备(假设 2),也就是说,NAS 的系数为负($\delta_1<0$)。由于以前年度计提较多可能使得当年计提较少,$WD0$ 的系数预计为负($\delta_2<0$)。同时,$NAS \times WD0$ 的系数应该为负($\delta_3<0$),如果以前年度通过长期资产减值隐藏了利润,在新会计准则即将实施的压力下计提较少减值准备的可能性越大(H3a)。

对于式(2)中 NAS、$WD0$ 和 $NAS \times WD0$ 的系数而言,上市公司如果在 2005 年度和 2006 年度大量转回以前通过长期资产减值隐藏的利润(假设 1),研究结果会显示 NAS 的系数为正($\lambda_1>0$)。$WD0$ 的系数应该为正($\lambda_2>0$),因为如果公司以前年度计提的长期资产减值准备越多,就越可能进行长期资产减值转

---

[1] 本研究在敏感性检验中也在回归中加入了年度哑变量以控制经济因素对长期资产减值计提和转回的影响,其结果和本章表 4、表 5 类似。

回;同时,$NAS \times WD0$ 的系数应该为正($\lambda_3 > 0$),因为如果公司以前通过长期资产减值隐藏了利润,在新会计准则即将实施的压力下转回的可能性越大(H3b)。

$Loss$ 为表示公司是否亏损的哑变量,当公司 i 在第 t 年度的净利润小于 0 时取 1,否则为 0。由于亏损公司具有大清洗、调低盈余的动机,我们预计式(1)中 $Loss$ 的系数为正($\delta_4 > 0$)而式(2)中 $Loss$ 的系数为负($\lambda_4 < 0$)。当公司在亏损年度遭遇会计准则变更时,相对于减值计提而言,由于计提的减值以后将不能转回,这可能会限制亏损公司计提减值准备进行"大清洗"的行为,因而我们预计式(1)中 $NAS \times Loss$ 的系数为负($\delta_5 < 0$)。NK 为表示公司是否处于扭亏年度的哑变量,当公司第 $t-1$ 年度的净利润小于 0 且第 t 年度的净利润大于 0 时取 1,否则为 0。我们预期公司在扭亏年度具有调高盈余,即减少减值准备计提或增加减值转回的动机,因此预计式(1)中 NK 的系数为负($\delta_6 < 0$),式(2)中 NK 的系数为正($\lambda_6 > 0$)。WL 为表示公司是否为微利公司的哑变量,当公司 i 在第 t 年度的净资产收益率(ROE)处于(0,0.02]时取 1,否则为 0。由于微利公司有避免亏损、调增盈余的动机(Burgstahler 和 Dichev,1997;Roychowdhury,2006),我们预计式(1)中 WL 的系数为负($\delta_8 < 0$),式(2)中 WL 的系数为正($\lambda_8 > 0$)。2004 年以后,证监会将"以前年度已经计提各项减值准备的转回"明确界定为"非经常性损益",并规定不管是 IPO 还是再融资,在计算净资产收益率时,分子是以"净利润及扣除非经常性损益后的净利润孰低"原则确定的。因此,配股动机不会对公司的长期资产减值转回行为造成影响,所以我们没有加入刚刚达到配股要求公司的哑变量。同时,我们加入了经济目标变量($Loss$、NK 和 WL)与 NAS 的交乘项来考察新会计准则的推出对使用长期资产减值准备和转回达到各经济目标变量的影响。

除了上述主要研究的变量以外,我们还加入了 6 个控制变量来控制其他可能影响长期资产减值转回的因素。CEO 是公司是否有高管变换的哑变量,当公司 i 在第 t 年度更换了董事长或者总经理时取 1,否则为 0。当公司高管发生变动时,新任高管一般会通过资产减值减少当期利润,这一方面可以将现在较差的经营业绩推到前任身上;另一方面也为以后年度增加利润提供了空间(Strong 和 Meyer,1997;Elliott 和 Shaw,1988;Francis 等,1996)。因此,我们预计如果存在高管变更的话,当年对减值准备的计提应该增加,而减值转回应该较少,即在式(1)中 CEO 的系数为正($\delta_{10} > 0$),式(2)中 CEO 的系数为负($\lambda_{10} < 0$)。$Size$ 是公司总资产的自然对数。由于大公司面临较大的政治成本(Watts 和 Zimmerman,1988;Jones,1991),我们预计大公司应该会计提较多的减值准备,而减值转回较少,即式(1)中 $Size$ 的系数为正($\delta_{11} > 0$),式(2)中 $Size$ 的系数为负($\lambda_{11} < 0$)。Lev 为公司的负债资本比率,即负债合计/股东权益合计。由于债务契约的压力,负债更多

的公司可能更加倾向于提高公司净利润(Dichev 和 Skinner, 2002),我们预计式(1)中 Lev 的系数为负($\delta_{12}<0$),式(2)中 Lev 的系数为正($\lambda_{12}>0$)。ROA 是公司 i 在第 t 年度的资产收益率,Ind 是行业控制变量。

我们从 Wind 资讯和 Sinofin 数据库取得了 2001 年和 2006 年间所有的可以获取到足够数据计算长期资产减值准备转回和每个控制变量的公司年。为消除极值的影响,我们将回归式(1)和式(2)中的全部连续变量在 1% 和 99% 的水平上进行极值调整,即删除变量在前后 1% 和 99% 以外的取值。这些要求将我们的样本量降低到 5 796 个公司年。

表 3 变量统计

Panel A: 全部样本的变量分布

变量	N	Mean	25%	Median	75%
WD	5 796	0.22	0.00	0.01	0.04
Res	5 796	0.22	0.00	0.01	0.06
Size	5 796	21.17	20.59	21.13	21.75
Lev	5 796	1.335	0.571	1.022	1.699
ROA	5 796	0.020 4	0.008 6	0.025 0	0.045 6

Panel B: 在新会计准则颁布前和颁布后变量的均值及 Wilcoxon 秩和检验

变量	新会计准则颁布以前 (2001—2004)		新会计准则颁布以后 (2005—2006)		Wilcoxon 秩和检验 Z 统计量 (双尾检验 p 值)
	N	Mean	N	Mean	
WD	3 786	0.24	2 010	0.18	7.82(0.001)
Res	3 786	0.23	2 010	0.21	0.26(0.792)
Size	3 786	21.11	2 010	21.27	6.36(0.001)
Lev	3 786	1.252	2 010	1.509	9.14(0.001)
ROA	3 786	0.020 7	2 010	0.019 8	2.01(0.043)

表 3 中,WD 表示当年减值准备计提占该项资产减值前净额的百分数;Res 表示减值准备转回占该项资产减值前净额的百分数;Size 表示公司总资产的自然对数;Lev 表示公司的负债资本比率,即负债合计/股东权益合计;ROA 表示公司 i 在第 t 年度的资产收益率。表 3 中的样本包括所有从 2001 年到 2006 年从 Wind 资讯和 Sinofin 数据库可以获取足够的数据计算 WD、Res、CEO、Size、Lev 和 ROA 的公司年。所有连续变量在 1% 和 99% 的水平上进行极值调整,即删除变量在前后 1% 和 99% 以外的取值。

表 3 列示了所有回归中的连续变量的描述性统计。Panel A 报告了所有样本连续变量的变量分布,包括标准化的固定资产和无形资产汇总的减值准备的计提和转回、公司规模、负债情况及资产收益率。Panel B 报告了新会计准则颁布以前和以后两个子样本的变量均值以及比较各变量的均值在新会计准则颁布前后是否有显著差异的 Wilcoxon 秩和检验 Z 统计量及 p 值。Panel B 显示,WD 的均值由新准则颁布以前的 0.24 下降到 0.18,下降了 25%,Wilcoxon 秩和检验显示这种差异是显著的($p<0.001$);Res 的均值在新会计准则颁布前后仅相差 0.02,秩和检验的结果说明差异不显著。另外,新会计准则颁布以后,公司的规模和负债率有所上升,而资产收益率有所下降,这三者的差异都显著。这些变化也说明了在我们考察长期资产减值准备计提和转回时控制这些变量的必要性。

表 4 是对式(1)的回归结果。我们利用 Newey-West 过程来计算 t 统计量以调整异方差和连续相关性可能造成的影响。在回归 1 中,当自变量仅包括新会计准则颁布哑变量、上期固定资产和无形资产减值准备计提和这两者的交乘项,控制变量仅包括规模和行业时,NAS 的系数为负而且显著($\delta_1 = -0.06$,$t = -3.50$),其系数为 -0.06,表明由于新会计准则的颁布而使得上市公司在准则实施前少计提的固定资产和无形资产减值准备占这两项资产减值前净额的 0.06%。当我们控制了更多的变量时,由于新会计准则的颁布而使得上市公司少计提的固定资产和无形资产减值准备分别占这两项资产减值前净额的 0.05%($\delta_1 = -0.05$,$t = -3.41$)和 0.05%($\delta_1 = -0.05$,$t = -3.46$)。这些结果支持了假设 2。

表 4　会计准则变更与长期资产减值计提(括号内为 t 统计量)

$$WD_{i,t} = \delta_0 + \delta_1 NAS_{i,t} + \delta_2 WD0_{i,t} + \delta_3 NAS_{i,t} \times WD0_{i,t} + \delta_4 Loss_{i,t} + \delta_5 NAS_{i,t} \times Loss_{i,t}$$
$$+ \delta_6 NK_{i,t} + \delta_7 NAS_{i,t} \times NK_{i,t} + \delta_8 WL_{i,t} + \delta_9 NAS_{i,t} \times WL_{i,t} + \delta_{10} CEO_{i,t} + \delta_{11} Size_{i,t}$$
$$+ \delta_{12} Lev_{i,t} + \delta_{13} Sales_{i,t} + \delta_{14} ROA_{i,t} + \delta_{15} Ind_{i,t} + \varepsilon_{i,t} \tag{1}$$

变量	预期符合	回归 1	回归 2	回归 3
Constant	N/A	1.37***	0.16	−0.04
		(4.72)	(0.69)	(−0.16)
NAS	−	−0.06***	−0.05***	−0.05***
		(−3.50)	(−3.41)	(−3.46)
WD0	N/A	0.01	0.01	0.01
		(1.32)	(0.76)	(1.51)

(续表)

变量	预期符合	回归1	回归2	回归3
$NAS \times WD0$	—	0.01	0.01	0.01
		(0.36)	(0.16)	(0.12)
$Size$	+	−0.05***	−0.01	0.01
		(−4.18)	(0.16)	(1.14)
$Loss$	—		1.16***	0.86***
			(4.25)	(3.60)
$NAS \times Loss$	—		−0.32*	−0.32*
			(−1.86)	(−1.90)
NK	—		0.07	0.06
			(1.11)	(1.02)
$NAS \times NK$	N/A		0.08	0.09
			(0.96)	(1.07)
WL	—		−0.01	−0.08*
			(−0.54)	(−1.76)
$NAS \times WL$	N/A		−0.04	−0.05
			(−0.91)	(−1.16)
CEO	—			0.02
				(1.04)
Lev	—			−0.03***
				(−3.01)
ROA	N/A			−1.81**
				(−2.28)
Ind	N/A	已控制	已控制	已控制
样本量		5 796	5 796	5 796
Adj. R^2		3.16%	10.84%	11.43%

注：***、** 和 * 分别表示在1%、5%和10%的水平上显著。

表 4 中，t 统计量为利用 Newey-West 过程进行异方差和连续相关性调整后计算得到的。WD 表示当年减值准备计提占该项资产减值前净额的百分数。NAS 表示代表新会计准则是否颁布的哑变量，如果年度位于 2001—2004 年，该变量取值 0；如果年度是 2005 年或 2006 年，该变量取值 1。WD0 表示公司前一年两项减值准备计提经过该项资产减值前净额标准化后的数额。Loss 为表示公司是否亏损的哑变量，当公司 i 在 t 年度的净利润小于 0 时取 1，否则为 0。NK 为表示公司是否处于扭亏年度的哑变量，当公司第 $t-1$ 年度的净利润小于 0 且第 t 年度的净利润大于 0 时取 1，否则为 0。WL 为表示公司是否为微利公司的哑变量，当公司 i 在第 t 年度的净资产收益率处于 $(0, 0.02]$ 时取 1，否则为 0。Size 表示公司总资产的自然对数。Lev 表示公司的负债资本比率，即负债合计/股东权益合计。ROA 表示公司 i 在第 t 年度的资产收益率。Ind 表示行业控制变量。

WD0 的系数在三个回归中都不显著，这说明上期长期资产减值准备的计提对本期没有影响。NAS×WD0 在三个回归中也都不显著，说明新会计准则的颁布并没有改变上期长期资产减值准备对本期计提没有影响的状况。对于三个经济目标变量(Loss、NK 和 WL)，我们发现 Loss 的系数在仅有规模和行业作为控制变量($\delta_4=1.16$，$t=4.25$)和添加其他控制变量($\delta_4=0.86$，$t=3.60$)时都显著为正。而 NK 和 WL 的系数不显著。这说明，亏损公司利用计提大量长期资产减值准备来实施"大清洗"，而扭亏和微利的公司没有利用计提较少的减值准备来实现扭亏或者微利的目的。另外，NAS 和 Loss 的交乘项系数显著为负，在控制规模和行业后，NAS×Loss 的系数为 -0.32($t=-1.86$)；在控制更多变量以后，其系数为 -0.32($t=-1.90$)。这说明，新会计准则的颁布抑制了亏损公司利用长期资产减值"大清洗"的行为。在新准则颁布以前，亏损公司比其他公司多计提了 0.86% 的长期资产减值准备，而新准则颁布以后，亏损公司只比其他公司多计提了 0.54%(0.86%－0.32%)的长期资产减值准备，平均降低了 37.2%[①]。

在其他的控制变量中，Lev 的系数为负而且显著，这说明债务比例高的公司计提的长期资产减值准备更少，这很可能是出于遵守债务契约的考虑。ROA 的系数显著为负，说明资产收益率高的公司计提更少的长期资产减值准备。

---

① Wilcoxon 秩和检验显示，亏损公司计提的长期资产减值准备在新会计准则颁布前后都显著高于盈利公司。但其差异在新会计准则颁布后有所减少。

表5 会计准则变更与长期资产减值转回（括号内为 t 统计量）

$$Res_{i,t} = \lambda_0 + \lambda_1 NAS_{i,t} + \lambda_2 WD0_{i,t} + \lambda_3 NAS_{i,t} \times WD0_{i,t} + \lambda_4 Loss_{i,t} + \lambda_5 NAS_{i,t} \times Loss_{i,t} + \lambda_6 NK_{i,t} + \lambda_7 NAS_{i,t} \times NK_{i,t} + \lambda_8 WL_{i,t} + \lambda_9 NAS_{i,t} \times WL_{i,t} + \lambda_{10} CEO_{i,t} + \lambda_{11} Size_{i,t} + \lambda_{12} Lev_{i,t} + \lambda_{13} Sales_{i,t} + \lambda_{14} ROA_{i,t} + \lambda_{15} Ind_{i,t} + \mu_{i,t} \quad (2)$$

变量	预期符合	1	2	3
Constant	N/A	1.26***	0.80**	1.53***
		(4.17)	(2.65)	(3.25)
NAS	+	−0.01	−0.02	−0.02
		(−0.66)	(−0.89)	(−0.89)
WD0	+	0.03***	0.02***	0.02***
		(4.64)	(3.27)	(3.30)
NAS×WD0	+	0.09**	0.08***	0.08***
		(3.12)	(2.91)	(2.89)
Size	−	−0.05***	−0.03**	−0.06***
		(−3.36)	(−2.08)	(−2.79)
Loss	−		0.17	0.09
			(1.11)	(0.64)
NAS×Loss	N/A		0.16	0.17
			(0.68)	(0.72)
NK	+		0.36***	0.32***
			(3.28)	(3.01)
NAS×NK	N/A		−0.03	−0.03
			(−0.18)	(−0.17)
WL	+		0.02	0.01
			(0.32)	(0.18)
NAS×WL	N/A		0.08	0.09
			(1.05)	(1.17)
CEO	+			0.06**
				(2.39)
Lev	+			0.04***
				(2.75)
ROA	N/A			0.97
				(1.29)
Ind	N/A			已控制
样本量		5 796	5 796	5 796
Adj. R^2		3.42%	4.99%	7.48%

注：***、**和*分别表示在1%、5%和10%的水平上显著。

表 5 中，t 统计量为利用 Newey-West 过程进行异方差和连续相关性调整后计算得到的。Res 表示减值准备转回占该项资产减值前净额的百分数。NAS 为表示新准则是否颁布的哑变量，如果年度位于 2001—2004 年，该变量取值 0，如果是 2005 年度或 2006 年度，该变量取值 1。WD0 表示公司前一年两项减值准备计提经过该项资产减值前净额标准化后的数额。Loss 为表示公司是否亏损的哑变量，当公司 i 在 t 年度的净利润小于 0 时取 1，否则为 0。NK 为表示公司是否处于扭亏年度的哑变量，当公司 i 第 $t-1$ 年度的净利润小于 0 且第 t 年度的净利润大于 0 时取 1，否则为 0。WL 是表示公司是否为微利公司的哑变量，当公司 i 在第 t 年度的净资产收益率(ROE)处于 $(0, 0.02]$ 时取 1，否则为 0。Size 是公司总资产的自然对数。Lev 表示公司的负债资本比率，即负债合计/股东权益合计。ROA 是公司 i 在第 t 年度的资产收益率。Ind 是行业控制变量。

表 5 提供了对式(2)的回归结果。NAS 的系数在三个回归方程中均不显著。这表明上市公司并没有因为颁布了新会计准则而在准则实施前更多转回长期资产减值准备。这可能与证监会屡次发布通知和公告，一再强调不得在 2006 年年底以前突击转回长期资产减值准备有关。

WD0 的系数在三个回归中都为正且显著，这说明了上年度计提的长期资产减值准备越多，本期转回的长期资产减值准备就越多。NAS×WD0 的系数在回归 1($\lambda_3=0.09, t=3.12$)、回归 2($\lambda_3=0.09, t=2.91$)和回归 3($\lambda_3=0.09, t=2.89$)中，都显著为正。也就是说，虽然平均来说公司没有转回更多的减值准备，但当公司上年度计提了较多减值准备时，在新会计准则颁布使得 2007 年后长期资产减值准备不能转回的情况下，上市公司会转回较多的减值准备。

对于三个经济目标变量(Loss、NK 和 WL)，我们发现 NK 在回归 2($\lambda_3=0.36, t=3.28$)和回归 3($\lambda_3=0.32, t=3.10$)中的系数都显著为正，Loss 和 WL 的系数则不显著。说明扭亏公司转回了较多的减值准备，而亏损公司没有转回较少的减值准备，微利公司也没有通过转回较多减值准备达到盈利的目的。另外，NAS 和三个经济目标变量的交乘项都不显著，也就是说，在其他条件相同的情况下，有动力达到各种经济目标(扭亏、微利)的公司和"大清洗"的公司相对于准则颁布以前来讲，并没有在新会计准则颁布后实施前利用更多的长期资产减值转回达到目的。

在其他的控制变量中，Size 的系数为负而且显著，这符合大公司要负担更多政治成本从而有动力降低盈余的预期；Lev 的系数显著为正，说明负债率高的公司会转回更多的长期资产减值；CEO 的系数显著为正，说明面临高管更换的公司会转回更多的长期资产减值，以提高净利润。

综合表 4 和表 5 的结果，可以看出，尽管平均而言上市公司没有突击在新会计准则实施以前转回长期资产减值准备，但是却计提了较少的减值准备，而同样达到了增加利润的目的。表 6 列示了如果没有新会计准则的颁布，假设上市公司计提的长期资产减值准备在以后预期可以转回的话，所计提的减值准备在 2005 年和 2006 年各将增加的数额、比例以及由此带来的净利润增加的比例。从表中我们可以看出，如果上市公司与以往年限一样都认为长期资产减值准备在以后年度可以转回的话，假设 2005 年和 2006 年固定资产和无形资产减值准备计提为 2001—2004 年度的平均值，那么 2005 年和 2006 年固定资产减值准备计提将分别增加 0.072 和 0.120，这分别是前面 4 年计提平均数的 29.22% 和 48.63%，而无形资产减值准备计提将分别增加 0.034 和 0.038，这分别是前面 4 年计提平均数的 38.03% 和 42.54%。长期资产减值准备计提的减少使得 2005 年和 2006 年的净利润分别增加 1.27% 和 2.25%。

表 6　剔除新会计准则颁布影响后固定资产和无形资产减值准备计提情况

变量 期间	固定资产减值准备		无形资产减值准备		两项汇总		
	计提比例变化（%）	计提比例变化百分数	计提比例变化（%）	计提比例变化百分数	计提比例变化（%）	计提比例变化百分数	减少的减值准备可增加公司净利润
2005	0.072	29.22%	0.034	38.03%	0.043	20.78%	1.27%
2006	0.120	48.63%	0.038	42.54%	0.096	46.70%	2.25%

第五节　结论与总结

财政部在 2006 年 2 月 15 日颁布的《企业会计准则》对旧会计准则在资产减值方面作出了重大修改，即新会计准则将不允许长期资产减值准备转回。这一规定是出于某些上市公司利用资产减值的计提和转回进行盈余管理而作出的。本章发现，在新会计准则颁布以后、正式实施以前的 2005 会计年度和 2006 会计年度，上市公司平均而言并没有转回超额的长期资产减值准备，但是对于上年度计提较多减值准备的公司，在新会计准则颁布的压力下，却在 2005 年和 2006 年转回了超额的减值准备。

本章的结果同时也表明，在新会计准则颁布以后，上市公司长期资产减值准备的计提远小于颁布以前，2005年平均降低了20.78%，而2006年平均降低了46.70%。也就是说，尽管没有巨额转回，但上市公司普遍通过减少计提减值准备提高净利润，这种行为使得2005年上市公司净利润平均增加1.27%，2006年上市公司净利润平均增加2.25%。另外，我们的结果还说明，亏损公司的确利用减值准备进行"大清洗"，新会计准则的颁布对这种现象有一定的遏制作用。这表明，尽管在2005年和2006年新会计准则还没有正式实施，但已经给上市公司的行为造成了一定影响。

本章的结果一方面为新会计准则在资产减值方面的规定提供了理论支持，即上市公司的确利用长期资产减值准备计提和转回进行盈余管理，而且新会计准则的出台在一定程度上遏制了这一现象；另一方面也表明，在会计准则制定的过程中，不仅要考虑到准则实施以后公司各种可能的利润操纵行为，而且要考虑到在准则颁布以后但正式实施之前的这段时间内，企业可能最后利用旧准则的机会进行利润操纵。从更广阔的视角上来讲，本章为会计准则制定以及颁布和正式实施过程中，上市公司可能利用会计准则变迁的空隙进行盈余管理提供了实证证据，也为准则制定者考虑在准则变迁期间的公司行为提供了理论依据。

第二章

新会计准则中合并报表理论变革的经济后果研究

第一节 研究背景与研究意义

为顺应世界经济一体化的潮流和我国不断成熟的市场环境,2006年2月15日,财政部颁布了包括1项基本会计准则和38项具体会计准则的新会计准则体系。本次会计改革的主要目标是建立与国际趋同并符合我国市场现实的成熟、完整的会计准则体系。其中的《企业会计准则第33号——合并财务报表》首次以准则的形式正式规范了合并报表的编制。更重要的是,合并报表编制所依据的理论同《合并会计报表暂行规定》(财会字〔1995〕11号)相比也发生了重大变化,开始由侧重于母公司理论向实体理论转变。

母公司理论与实体理论最重要的区别就在于对少数股东权益性质的定位不同(Abad等,2000)。母公司理论将合并报表看作母公司报表的补充报表,认为其编制目的是为母公司的控股股东服务,且只有母公司"拥有"的资源才会在未来产生盈余和股利,因而将少数股东权益看作是母公司的一项负债;而实体理论则是以"控制"为基础,认为母公司"控制"的所有资源都将为公司的未来盈利作出贡献,因此在合并报表中少数股东权益应该被看作是集团净资产的组成部分。

《企业会计准则第33号——合并财务报表》的变化主要包括以下几个方面:①少数股东权益和少数股东损益项目在报表列示中的"移位"。少数股东权益由原准则下的既不属于负债也不属于所有者权益,移至所有者权益项目中单独列示;少数股东损益由原准则下的合并净利润前扣除,移至净利润项目中单独列示。②合并范围方面,将控股比例小、特殊行业、仍持续经营的超额亏损的等类型的子公司,以"控制"为基础全部纳入合并范围。③子公司超额亏损的处理方式发生改变,在原准则下的"未确认投资损失"项目核算超过母公司长期投资账面价值的超额亏损,而在新会计准则下,应视具体情况冲减母公司的所有者权益①。④其他方面的变化,如年初数调整、母公司长期投资核算方式、合并报表种类以及其他合并报表具体会计处理方面的调整。

可以看出,新会计准则下的合并报表编制明显在向实体理论转变,而且是国际趋同的结果。我国本次合并会计理论的重大变革是继《合并会计报表暂行规定》以来在合并报表编制方面迈出的重要一步。继美国财务会计准则委员会(FASB)1995 年颁布《合并财务报表——政策与程序》征求意见稿拟以主体观念(实体理论)取代母公司观念(母公司理论)之后,其他发达国家的会计准则制定机构也纷纷对合并报表的编制观念进行反思(黄世忠,2001)。《国际会计准则第 27 号——合并财务报表对子公司投资会计》(以下简称 IAS27)在合并会计报表编制的规定中就充分体现了实体理论,要求少数股东权益计入合并资产负债表的所有者权益项目中,与母公司所有者权益分开列示;少数股东损益计入合并净利润并单独列示。

而会计准则国际化又有着两个重要的前提假设(姜国华等,2006)。一是不同的会计准则会造成投资者对财务报表信息理解上的系统性偏差;二是国际会计准则是一个质量更高的财务报告体系。那么,本次合并报表编制的重大转变是否满足了这种前提假设? 即,两种不同的合并理论是否导致投资者对财务信息的不同理解? 国际趋同的经济后果是不是带来了更高质量的会计信息? 对于该问题的回答,可以通过比较两种不同的合并报表理论下会计信息的决策有用性来解决。如上所述,母公司理论与实体理论最重要的区别就在于对少数股东权益性质的定位不同,而在本次变革中的直接体现就在于少数股东权益和少数股东损益项目在财务报表中的"移位"②。所以,本章以少数股东权益和少数股东损益"移位"前后的信息含量变化为研究对象,是两种合并报表理论下会计信息对投资者的决策有用性在我国会计变革实践中的一次检验,也是对我国合并报表编制理论依据的变革与国际趋同的经济后果的考察。据本章的研究统计,由于少数股东权益在资产负债表中的"移位"使得 2007 年年末样本上市公司合并净资产平均提高 11.52%,少数股东损

---

① 新会计准则规定,子公司少数股东分担的当期亏损超过了少数股东在该子公司期初所有者权益中应享有的份额,其余额应当分别下列情况进行处理:如果章程或协议未规定少数股东有义务承担,并且少数股东有能力予以弥补的,该项余额应当冲减少数股东权益;公司章程或协议未规定少数股东有义务承担的,该项余额应当冲减母公司的所有者权益。该公司以后期间实现的利润,在弥补了由母公司所有者权益承担的属于少数股东的损失之前,应当全部归属于母公司的所有者权益。

② 虽然合并范围、子公司超额亏损处理方法以及其他具体会计处理在合并会计报表准则变革中也发生变化,但它们最终影响"少数股东权益"和"少数股东损益"期末数的变化。因而,与本章通过对"移位"前后两个项目的信息含量变化的检验来考察合并报表理论变化的经济后果并不冲突。

益在利润表中的"移位"使得 2007 年度样本上市公司合并净利润平均提高 16.14%（见表 3），其对上市公司财务报告影响之大，使得对该问题的研究更为必要。

第二节 文献综述与研究假设

自 Ball 和 Brown(1968)首次发现会计盈余信息具有信息含量的证据以来，有关会计信息决策有用性的研究不断涌现。研究内容涉及不同会计准则体系下的会计信息决策有用性的比较研究（例如，Auer，1996；Barth 和 Clinch，1996；Rees 和 Elgers，1997；Harris 和 Muller，1999；Leuz，1999；潘琰等，2003；李晓强，2004；姜国华等，2006；Barth 等，2008），不同类别会计报表项目的信息含量研究（例如，Strong 和 Walker，1993；Kerstein 和 Kim，1995；Chen 和 Wang，2004），以及不同会计政策、会计方法所包含的信息含量的比较研究（如 Aboody 和 Lev，1998）。合并报表编制作为国际会计三大难题之一，各个国家的会计实践尚在摸索中前行。已有研究文献较多的集中在比较企业合并中的会计政策在购买法与权益结合法之间的选择所导致的经济后果差异（如 Hemang 等，2002），而不同编制理论下的合并报表信息含量的差异并没有得以很好地验证。

国内已有文献大多采用规范研究分析不同理论和方法下的合并财务报表编制，并探讨我国应该采取的路径选择（例如，余恕莲、毛红涛，2001；黄世忠等，2001，2004）。戴德明等(2006)实证检验了我国母公司报表与合并报表同时披露规则（"双重披露"）下合并报表与母公司报表的有用性，通过对合并报表与母公司报表对上市公司未来经营成果和现金流量的预测能力的比较，考察二者的有用性。我国新的合并财务报表准则由侧重于母公司理论向实体理论的变革为我们比较不同合并报表理论的决策有用性提供了很好的研究契机。因此，本章的研究通过比较不同合并理论下的合并财务报表项目（少数股东权益、少数股东损益）的信息含量，将会对不同合并报表理论的决策有用性提供经验证据支持，同时也考察了我国新会计准则变革中合并报表编制理论依据的变革与国际趋同的经济后果。

基于姜国华等(2006)会计准则国际化的两个重要前提，本章提出以下研究假设：

假设 1：在新准则下，基于实体理论的合并报表中少数股东权益的价值相关性比在侧重于母公司理论的原准则下显著提高。

假设 2：在新准则下，基于实体理论的合并报表中少数股东损益的信息含量比在侧重于母公司理论的原准则下显著提高。

第三节 研 究 设 计

一、假设 1 研究设计

随着学术界对会计信息决策有用性问题的研究由利润表逐渐扩展至资产负债表,净资产对股价的解释能力的研究开始越来越被关注(例如,Barth 等,1996; Collins 等,1997; Barth 等,1998; 陆宇峰,1999; 陈信元等,2002; 李晓强,2004; Bae 和 Jeong,2007)。例如,Collins 等(1997)考察了 1953 至 1993 年 41 年间净利润和净资产账面值的价值相关性,得出净利润的价值相关性随时间变化逐渐在降低,而净资产账面价值的价值相关性在不断提高; Barth 等(1998)研究发现权益账面价值(净资产)的定价乘数(股价对净资产的回归系数)和对股价的增量解释能力随着公司财务状况的变坏而不断增强和变大。

Ohlson(1995)为研究净资产价值相关性提供了模型框架:

$$P_{it} = \alpha_0 + \alpha_1 E_{it} + \alpha_2 BV_{it} + \varepsilon_{it}$$

其中,P_{it} 为公司 i 在第 t 个财务年度末 3 个月后的股价,E_{it} 为公司 i 在第 t 年度的每股盈余(净利润),BV_{it} 为公司 i 在第 t 年年末的每股权益账面价值(净资产)。对于该模型的运用,在研究净资产价值相关性的研究文献中,一种常用的方法是出自 Theil(1971)而被 Easton(1985)所采用的基于该模型的变形。将 Ohlson(1995)的模型拆分为分别对盈余和净资产的单变量回归,通过比较回归方程的调整 R^2 考察盈余或净资产的增量解释能力(例如,Collins 等,1997; Barth 等,1998; 陆宇峰,1999; Bae 和 Jeong,2007)。另外一种方法是运用 Ohlson(1995)模型,关注净资产定价乘数,即股价对净资产的回归系数的大小,以考察净资产账面价值与股价的相关性程度(例如,Aboody 和 Lev,1998; 陈信元等,2002; 李晓强,2004)。本章重在考察少数股东权益的"移位"对其价值相关性的影响,故选用通过比较定价乘数的变化来考察少数股东权益的"移位"是否改变了该项目的价值相关性。模型构建为:

$$P_{it} = \alpha_0 + \alpha_1 E_{it} + \alpha_2 NEW \times E_{it} + \alpha_3 BV_{it} + \alpha_4 NEW \times BV_{it} + \alpha_5 ME_{it} \\ + \alpha_6 NEW \times NE_{it} + \alpha_7 NEW + \varepsilon_{it}$$

其中,P_{it} 为公司 i 在第 t 个财务年度结束后的 5 个月月末的收盘价。Olson(1995)选用的是财务年度结束 3 个月后的股价,但考虑到我国要求上市公司披露年报的截止期限是 4 月 30 日,陈信元等(2002)等在类似研究中选取的是 6 月末的股价,但是在进行本章的研究时尚未有 2008 年 6 月末的股价数据,故选取 5 月末的最后一个交易日的收盘价。E_{it} 为公司 i 在第 t 年度的每股盈余,等于净利润除以总股数。BV_{it} 为公司 i 在第 t 年年末的每股净资产,等于不含少数股东权益的所有者权益除以总股数。ME_{it} 为公司 i 第 t 年年末的每股少数股东权益,等于少数股东权益除以总股数。NEW 为新会计准则影响年份哑变量,考虑到上市公司在 2006 年年度财务报告中已经开始利用新会计准则编制新旧会计准则股东权益差异调节表,按照新会计准则调整 2007 年 1 月 1 日股东权益期初数,并在差异调节表中揭示少数股东权益列报的变化,得出新会计准则下的合并股东权益期初数,故在考察少数股东权益的价值相关性变化时,应以 2006 年年报为分界点考察新旧会计准则带来的影响。因此,NEW 在 2006 年及以后取值为 1,其他年份取值为 0。NEW×BV_{it} 为新会计准则影响年份哑变量与每股净资产(不包含少数股东权益)的交叉变量。NEW×ME_{it} 为新会计准则影响年份哑变量与每股少数股东权益的交叉变量。回归系数 α_6 考察的即为新会计准则颁布前后少数股东权益的与股票价格之间价值相关程度的变化。

二、假设 2 研究设计

自 20 世纪 80 年代以来,受其在定价以及基本面分析中的潜在应用价值的推动,有关盈余反应系数的研究推动了有关会计信息与资本市场研究的快速发展(Kothari,2001)。盈余反应系数成为检验会计盈余及其组成项目信息含量的重要手段之一。有关盈余反应系数研究的回归方程形式、时间窗口选择等方面也各式各样。借鉴张然等(2007)的做法,我们采用比较通用的盈余反应系数回归公式来考察少数股东损益信息含量的前后变化,在回归方程中加入哑变量 NEW,实施新会计准则年份取值为 1,否则为 0。在选择时间窗口时,借鉴 Kormendi 和 Lipe(1987)的做法,取 1 年期时间窗口。

$$LCAR_{it} = \beta_0 + \beta_1 UE_{it} + \beta_2 NEW \times UE_{it} + \beta_3 UMI_{it} + \beta_4 NEW \times UMI_{it} + \beta_5 NEW_{it} + \xi_{it}$$

上式中,$LCAR_{it}$ 为公司在 i 第 t 年 5 月至第 $t+1$ 年 4 月的累积超额回报,且 $LCAR_{it} = \prod_{m=-11}^{0}(1+AR_{itm})-1$,其中,$AR_{itm}$ 为公司 i 在第 t 年的第 m 个月相对于市场组合的超额回报率。出于稳健,本章同时采用深沪两市流通 A 股市值算数平均指数和深沪两市流通 A 股市值加权平均指数计算 AR_{itm},得出的 1 年期累积超额回报分别为 LCAR1 和 LCAR2。UE_{it} 为公司 i 在第 t 年度的每股未预期盈余

（利用在第 t 年公司 i 财务年报披露月末收盘价进行标准化），用第 $t-1$ 年的盈余作为第 t 年的预期值，第 t 年的未预期盈余为当年实际盈余与其预期值的差（均不包含少数股东损益），每股未预期盈余等于未预期盈余除以总股数。UMI_{it} 为公司 i 在第 t 年度的每股未预期少数股东损益（利用在第 t 年公司 i 财务年报披露月月末收盘价进行标准化）。NEW 为新会计准则实施年度哑变量，2007 年正式实施新会计准则取值为 1，否则为 0。$NEW \times UE_{it}$ 为新会计准则实施年度哑变量与标准化每股未预期盈余的交叉变量。$NEW \times UMI_{it}$ 为新会计准则实施年度哑变量与标准化每股未预期少数股东损益的交叉变量。如果 β_4 显著不等于 0，则表示实施新会计准则实施后，少数股东损益的信息含量发生显著变化。

第四节 样本、数据来源与描述性统计

自 1995 年《合并会计报表暂行规定》实施以来，我国合并报表的编制在本次新会计准则变革以前一直侧重于母公司理论，少数股东权益在负债与所有者权益之间单独列示，少数股东损益在合并净利润前扣除，故本章的研究样本取为 1996 年至 2007 年深沪两市的所有非金融类上市公司。上市公司财务数据、股票收益数据、证券市场指数交易数据均来自 Sinofin 数据库。剔除相关指标缺失值和少数股东损益、少数股东权益为 0 的观测以及 IPO 当年的样本观测后，少数股东权益价值相关性的研究中共包含样本观测 9 397 家，少数股东损益的信息含量研究中共包含样本观测 9 472 家，样本年度分布如表 1、表 2 所示。在少数股东权益价值相关性的研究中，受新会计准则影响的观测数为 2006 年 1 113 家和 2007 年的 1 126 家，共计 2 239 家；在少数股东损益信息含量的研究中受新会计准则影响的观测数为 2007 年的 1 168 家。

表 1 样本观测年度少数股东权益描述性统计

年度	观测数	均值（百万）	中位数（百万）	最小值（百万）	最大值（百万）	标准偏差（百万）
1996	189	56.461	10.753	−0.318	1 663.778	160.945
1997	307	53.155	13.235	−11.506	1 800.867	156.678
1998	467	66.728	16.503	−1.009	7 329.975	363.852
1999	566	55.714	19.053	−32.544	2 205.120	142.785
2000	678	66.833	23.755	−52.318	2 510.939	167.576

(续表)

年度	观测数	均值（百万）	中位数（百万）	最小值（百万）	最大值（百万）	标准偏差（百万）
2001	836	75.166	25.786	−9.539	2 434.690	179.596
2002	916	114.420	31.031	−136.027	24 109.000	815.883
2003	1 003	157.978	35.581	−23.810	29 540.601	1 259.350
2004	1 074	179.786	40.062	−53.334	31 216.000	1 274.486
2005	1 122	193.076	41.378	−73.623	29 383.000	1 251.863
2006	1 113	213.201	47.448	−40.724	29 688.049	1 192.729
2007	1 126	242.436	55.300	−45.877	38 513.364	1273.826

表2 样本观测年度少数股东损益描述性统计

年度	观测数	均值（百万）	中位数（百万）	最小值（百万）	最大值（百万）	标准偏差（百万）
1996	182	5.072	0.226	−43.988	130.533	19.519
1997	299	5.154	0.476	−81.165	184.497	22.434
1998	439	5.024	0.488	−78.592	291.572	22.687
1999	557	6.792	0.812	−36.544	404.554	27.151
2000	668	6.487	0.930	−334.227	506.464	32.233
2001	824	6.822	0.657	−48.475	476.806	32.077
2002	923	9.958	0.747	−212.326	1 082.000	55.069
2003	1 013	13.005	0.907	−209.742	1 886.000	89.590
2004	1 084	18.347	0.875	−168.384	5 670.000	185.694
2005	1 169	13.774	0.812	−1 393.078	2 902.000	116.999
2006	1 146	18.179	1.341	−1 788.896	2 131.463	1 09.564
2007	1 168	29.859	2.360	−577.926	3 686.526	142.757

为了大致观察实施新合并报表准则给合并净资产和净利润带来的影响，表3统计了2007年样本公司财务报告中少数股东权益和少数股东损益项目"移位"的影响，计算方法为：

$$少数股东权益"移位"影响度 = \frac{所有者权益}{所有者权益 - 少数股东权益} \times 100\% - 1 \quad (1)$$

$$少数股东损益"移位"影响度 = \frac{净利润}{净利润 - 少数股东损益} \times 100\% - 1 \quad (2)$$

式(1)中，分子为新合并准则下少数股东权益"移位"后上市公司财务报告披露的净资产，分母为如果仍按原准则的列报方式的净资产数，二者之比减去1后即为少数股东权益"移位"导致的净资产增长(降低)比例;式(2)中分子为新合并准则下少数股东损益"移位"后上市公司财务报告披露的净利润,分母为如果仍按原准则的列报方式的净利润,二者之比减去1后即为少数股东损益"移位"导致的净利润增长(降低)比例。通过表3中的 Panel A 可以看出,少数股东权益的"移位"可使2007年样本上市公司期末净资产最大下降幅度达1 618.76%,最高可使上市公司合并净资产提高721.97%,平均而言,可使上市公司净资产升高11.52%。通过表3中的 Panel B 可以看出,少数股东损益的移位所导致的净利润变化可使上市公司的合并净利润最大下降幅度达753.60%,最高可使上市公司合并净利润升高1 158.43%,平均而言可使上市公司均值提高16.14%。表3的初步统计,显示了少数股东权益、少数股东损益"移位"给2007年财务报告中的净资产和净利润带来了重要影响。

**表3 少数股东权益、少数股东损益"移位"对样本公司
2007年净利润、净资产影响度统计**

Panel A:2007年财务报告中由于少数股东权益"移位"导致的净资产增长(降低)百分比					
观测数	均值	中位数	最小值	最大值	标准偏差
1 126	11.52%	6.22%	−1 618.76%	721.97%	0.572
Panel B:2007年财务报告中由于少数股东损益"移位"导致的净利润增长(降低)百分比					
观测数	均值	中位数	最小值	最大值	标准偏差
1 168	16.14%	3.93%	−753.60%	1 158.43%	0.633

表4和表5分别给出了检验假设1、假设2的回归变量的描述性统计。从表4股票价格(P)与每股盈余(E)、每股净资产(MV,不包含少数股东权益)及每股少数股东权益(ME)的描述性统计结果来看,在原准则影响下的1996—2005年的样本观测年度股票价格(P)与每股盈余(E)、每股净资产(MV,不包含少数股东权益)、每股少数股东权益(ME)之间的 Pearson 相关系数分别为0.314、0.232、0.041,均在1%水平下显著不等于0,在新合并报表准则影响下的2006—2007年分别为0.510、0.383、0.149,且均在1%水平下显著不等于0。从 Pearson 相关系数数值来看,股票价格(P)与每股盈余(E)、每股净资产(MV,不包含少数股东权益)、每股少数股东权益(ME)之间的相关系数均比原准则下有较大幅度的升高。其中,本章要考察的少数股东权益与股票价格在原准则下的相关系数仅为0.041,从数值上远低于盈余和净资产与股价的相关程度,在一定程度上说明在原准则侧重于母公司理论下少数股东权益被列示在所有者权益项目之外时,其价值

相关性非常低。

表 4　新会计准则实施前后假设 1 相关变量描述性统计分析

年份	变量	N	均值	中位数	最小值	最大值	标准偏差	与股票价格(P)之间的 Pearson 相关系数
NEW=0 (1996—2005)	P	7 158	9.670	8.310	0.960	66.090	5.982	1.000
	E	7 158	0.130	0.165	−14.084	2.370	0.479	0.314***
	MV	7 158	2.696	2.575	−9.856	12.506	1.417	0.232***
	ME	7 158	0.248	0.119	−0.445	6.011	0.380	0.041***
NEW=1 (2006—2007)	P	2 239	14.698	11.560	2.250	168.140	11.038	1.000
	E	2 239	0.257	0.188	−4.029	7.198	0.493	0.510***
	MV	2 239	2.946	2.684	−7.942	35.045	1.974	0.383***
	ME	2 239	0.331	0.164	−0.434	4.896	0.480	0.149***

注：***、** 和 * 分别表示在 1%、5% 和 10% 的水平上显著。

表 5　新会计准则实施前后假设 2 相关变量描述性统计分析

年份	变量	N	均值	标准偏差	中位数	最小值	最大值	与 LCAR1 之间的 Pearson 相关系数	与 LCAR2 之间的 Pearson 相关系数
NEW=0 (1996—2006)	$LCAR1$	8 304	−0.017	0.401	−0.076	−0.838	10.096	1.000	
	$LCAR2$	8 304	−0.033	0.548	−0.166	−0.869	10.603		1.000
	UE	8 304	−0.006	0.171	0.001	−7.661	4.061	0.098***	0.074***
	UMI	8 304	0.000	0.000	0.000	−0.785	0.258	0.018	0.034***	0.022**
NEW=1 (2007)	$LCAR1$	1 168	−0.073	0.41	−0.188	−0.73	3.71	1.000	
	$LCAR2$	1 168	−0.141	0.394	−0.253	−0.766	3.274		1.000
	UE	1 168	0.013	0.072	0.006	−0.549	1.633	0.124***	0.125***
	UMI	1 168	0.001	0.000	−0.101	0.147	0.009	0.113***	0.116***

注：***、** 和 * 分别表示在 1%、5% 和 10% 的水平上显著。

表 5 中，$LCAR1$ 表示 1 年期时间窗口下第 t 年 5 月至第 $t+1$ 年 4 月累积超额回报，用公司 i 在 m 月相对于深沪两市 A 股简单算术平均市场指数回报率的超常回报率作为 AR_{itm}。$LCAR2$ 表示 1 年期时间窗口下第 t 年 5 月至第 $t+1$ 年 4 月累积超额回报，用公司 i 在 m 月相对于深沪两市 A 股加权平均市场指数回报

率的超常回报率作为 AR_{itm}。表中的 0.000 并不等于 0,均由保留小数位数所致。

从表 5 中可以看出,在原准则影响下的 1996—2006 年,用深沪两市 A 股简单算术平均市场指数回报率计算超额回报(AR)方法下的 1 年期累计超额回报(LCAR1)与标准化每股未预期盈余(UE,不包含少数股东损益)、标准化每股未预期少数股东损益(UMI)之间的相关系数分别为 0.098、0.034,在 1% 水平下显著不等于 0,在新合并报表准则影响下的 2007 年分别为 0.124、0.113,在 1% 水平下显著不等于 0,相关系数从数值来看均有一定程度的升高,尤其是与标准化每股未预期少数股东损益之间的相关性由 0.034 升高至 0.113;用深沪两市 A 股加权平均市场指数回报率计算超额回报(AR)方法下的 1 年期累计超额回报(LCAR2)得到了类似的描述性统计结果,LCAR2 与每股未预期少数股东损益(UMI)之间的相关系数由原准则 5% 显著性水平下的 0.022 升高至新准则下的 1% 显著性水平下的 0.116。以上描述性统计结果,虽然只是数值上的简单比较,却能帮助我们初步认识它们之间的关系。即,少数股东权益的价值相关性在新准则下得到一定程度的提高,少数股东损益的信息含量也在新准则下得到一定程度的增加。

第五节 实证结果分析

出于实证结果的稳健性考虑,本章首先利用上述选定样本对假设 1 和假设 2 进行回归检验,然后将标准化残差绝对值大于 3 的样本观测作为异常值剔除后进行再次回归。两次回归的结果显示是否剔除异常值并不影响本章所研究问题的回归系数显著性,表明我们的实证结果具备较强的稳定性。在此,我们只对剔除异常值后的回归结果进行分析。

表 6 给出了假设 1 的少数股东权益在不同合并报表理论下价值相关性变化的回归结果。从回归系数来看,原准则下的盈余和净资产的定价乘数分别为 4.005 和 0.261,且在 1% 显著性水平下显著异于 0,而少数股东权益的定价乘数 α_5 为 -0.101,显著性水平为 0.542,并不显著区别于 0,该结果表明,在控制了盈余和不包含少数股东权益的净资产对股价的相关性影响后,在原准则下,少数股东权益在负债和所有者权益之间的单独列示,使得投资者在对股票定价时没有考虑该项目的影响;而在新准则影响下,$NEW \times BV_{it}$ 的系数 α_4 为 0.263,且显著大于 0,表明不含少数股东权益的净资产的价值相关性在新会计准则影响下得到显著改善。本章要考察的 $NEW \times ME_{it}$ 的回归系数 α_6 为 0.837 且在 1% 水平下显著

异于 0,表明在新的合并报表准则下,少数股东权益的定价乘数显著升高了 0.837,表明侧重于实体理论下的合并报表编制将少数股东权益"移位"至所有者权益项目中列示,带来了该项目价值相关性的显著提高。进一步地,我们对净资产上述两个组成部分的价值相关性受新准则影响的改善程度进行了比较,F 检验显示,在 10% 显著性水平下拒绝了 $\alpha_4 = \alpha_6$ 的原假设,意味着本次合并报表理论的变革不仅显著改善了少数股东权益项目的价值相关性,而且改善程度显著高于新会计准则对净资产其他部分的整体影响。

为了考察上述对假设 1 的检验结果是否受到 2006 年同时按照新旧会计准则披露少数股东权益所可能带来的信息含量对结论的干扰,我们进一步将新会计准则实施年度哑变量 NEW 拆分为 Y06 年和 Y07 年两个年度哑变量,单独考察 2006 年(新旧会计准则过渡年份)和 2007 年(新会计准则全面实施年份)少数股东权益价值相关性相对于 1996—2005 年的变化。由表 7 的回归结果可以看出,$Y06 \times ME_{it}$ 的系数为 0.839,在 5% 水平显著区别于 0,$Y07 \times ME_{it}$ 的系数为 1.164,在 1% 水平下显著区别于 0,表明少数股东权益的价值相关性在 2006 年和 2007 年均比原合并报表理论下影响下的 1996—2005 年得到显著提高,其他相关变量分析变量的回归系数也同表 6 保持了较高的一致性。表明本章对假设 1 的检验结果并不受新会计准则影响年份哑变量设置形式的影响,具备较强的稳定性。

表 6 假设 1 回归结果

$P_{it} = \alpha_0 + \alpha_1 E_{it} + \alpha_2 NEW \times E_{it} + \alpha_3 BV_{it} + \alpha_4 NEW \times BV_{it} + \alpha_5 ME_{it} + \alpha_6 NEW \times ME_{it} + \alpha_7 NEW + \varepsilon_{it}$

变量	Coefficient	T-statistics	p-value
Intercept	8.212	57.10	0.000
E_{it}	4.005	23.31	0.000
$NEW \times E_{it}$	3.791	10.07	0.000
BV_{it}	0.261	4.96	0.000
$NEW \times BV_{it}$	0.263	2.81	0.005
ME_{it}	−0.101	−0.61	0.542
$NEW \times ME_{it}$	0.837	2.84	0.005
NEW	1.395	5.25	0.000
Observations:9237	Adj. R²:24.60%		F:430.50***

注:***、** 和 * 分别表示在 1%、5% 和 10% 的水平上显著。

表 6 中,P_{it} 表示公司 i 在第 t 个财务年度结束后的 5 个月月末的收盘价。E_{it} 表示公司 i 在第 t 年度的每股盈余,计算方式为净利润除以总股数。BV_{it} 表示公司 i 第 t 年年末的每股净资产(不包含少数股东权益),等于股东权益除以总股数。ME_{it} 表示公司 i 第 t 年年末的每股少数股东权益,等于少数股东权益除以总股数。NEW 表示新会计准则影响年份哑变量,2006 年及以后取值为 1,其他年份取值

为 0。$NEW \times BV_{it}$ 表示新会计准则影响年份哑变量与每股净资产的交叉变量。$NEW \times ME_{it}$ 表示新会计准则影响年份哑变量与每股少数股东权益的交叉变量。p-value 中的 0.000 表示显著性水平小于 0.000 1。

表 7 改变新会计准则影响年度哑变量设置形式后假设 1 的检验结果

$$P_{it} = \alpha_0 + \alpha_1 E_{it} + \alpha_2 Y06 \times E_{it} + \alpha_3 Y07 \times E_{it} + \alpha_4 BV_{it} + \alpha_5 Y06 \times BV_{it} + \alpha_6 Y07 \times BV_{it} + \alpha_7 ME_{it} + \alpha_8 Y06 \times ME_{it} + \alpha_9 Y07 \times ME_{it} + \alpha_{10} Y06 + \alpha_{11} Y07 + \varepsilon_{it}$$

变量	Coefficient	T-statistics	p-value
Intercept	8.206	57.21	0.000
E_{it}	3.996	23.32	0.000
$Y06 \times E_{it}$	5.220	9.73	0.000
$Y07 \times E_{it}$	4.219	13.82	0.000
BV_{it}	0.397	8.68	0.000
$Y06 \times BV_{it}$	1.110	7.75	0.000
$Y07 \times BV_{it}$	0.186	1.71	0.087
ME_{it}	−0.094	−0.57	0.569
$Y06 \times ME_{it}$	0.839	2.15	0.031
$Y07 \times ME_{it}$	1.164	3.19	0.001
Y06	1.361	3.64	0.000
Y07	−0.552	−1.67	0.095
Observations：9254	Adj. R^2: 29.60%		F: 353.94***

注：***、** 和 * 分别表示在 1%、5% 和 10% 的水平上显著。

表 7 中，P_{it} 表示公司 i 在第 t 个财务年度结束后的 5 个月月末的收盘价。E_{it} 表示公司 i 在第 t 年度的每股盈余，计算方式为净利润除以总股数。BV_{it} 表示公司 i 在第 t 年年末的每股净资产（不包含少数股东权益），等于股东权益除以总股数。ME_{it} 表示公司 i 在 t 年年末的每股少数股东权益，等于少数股东权益除以总股数。Y06 表示 2006 年度哑变量，2006 年取值为 1，否则为 0。Y07 表示 2007 年度哑变量，2007 年取值为 1，否则为 0。p-value 中的 0.000 表示显著性水平小于 0.000 1。

表 8 给出了检验假设 2 的少数股东损益的信息含量变化的回归结果。表 8 中，UE_{it} 表示公司 i 第 t 年度的标准化每股未预期盈余，以 $t-1$ 年度净利润作为预期值，本年净利润与上年净利润的差（均不包含少数股东损益）除以公司总股数，采用公司 i 在第 t 年年报披露月月末的收盘价进行标准化。UMI_{it} 表示公司 i 第 t 年度的标准化每股未预期少数股东损益，以第 $t-1$ 年度少数股东损益为预期值，本年少数股东损益与上年少数股东损益的差除以公司总股数，采用公司 i 在第 t 年年报披露月月末的收盘价进行标准化。NEW 表示新会计准则实施年度哑变量，实施新会计准则的年份 2007 年取值为 1，其他年份取值为 0。$NEW \times UE_{it}$

表示新会计准则实施年度哑变量与标准化每股未预期盈余的交叉变量。$NEW \times UMI_{it}$表示新会计准则实施年度哑变量与标准化每股未预期少数股东损益的交叉变量。LCAR1 表示 1 年期时间窗口下第 t 年 5 月至第 $t+1$ 年 4 月累积超额回报,用公司 i 在 m 月相对于深沪两市 A 股简单算术平均市场指数回报率的超常回报率作为 AR_{itm}。LCAR2 表示 1 年期时间窗口下第 t 年 5 月至第 $t+1$ 年 4 月累积超额回报,用公司 i 在 m 月相对于深沪两市 A 股加权平均市场指数回报率的超常回报率作为 AR_{itm}。

表 8　假设 2 回归结果

$LCAR_{it} = \beta_0 + \beta_1 UE_{it} + \beta_2 NEW \times UE_{it} + \beta_3 UMI_{it} + \beta_4 NEW \times UMI_{it} + \beta_5 NEW_{it} + \xi_{it}$

变量	LCAR1	LCAR2
Intercept	−0.042	−0.079
	(−12.71)***	(−18.89)***
UE_{it}	0.239	0.169
	(9.96)***	(6.60)***
$NEW \times UE_{it}$	0.437	0.543
	(3.49)***	(3.47)***
UMI_{it}	−0.120	−0.014
	(−0.60)	(−0.06)
$NEW \times UMI_{it}$	5.287	5.426
	(5.29)***	(4.32)***
NEW	−0.077	−0.093
	(−8.01)***	(−7.66)***
Observations	9 339	9 317
Adj. R²	2.10%	1.30%
F	27.42***	25.85***

注:***、** 和 * 分别表示在 1%、5% 和 10% 的水平上显著。

从表 8 中可以看出,新会计准则实施以前,即少数股东损益"移位"至净利润以前,不包含少数股东损益部分的盈余反应系数 β_1,在两种不同计算累计超额回报方法下的回归系数值为 0.239 和 0.169,均在 1% 水平下显著,而少数股东损益部分的盈余反应系数 β_3,在两种不同计算累计超额回报方法下的回归系数值为 −0.120 和 −0.014,均不显著异于 0。该结果表明在原准则下,把少数股东损益从合并净利润中扣除,使得投资者并不关注该项目对于决策的有用性。$NEW \times UE_{it}$ 的回归系数 β_2 在两种计算累积超额回报的方法下的系数值分别为 0.437、0.543,表明新会计准则实施显著提高了不包含少数股东损益部分的净利润的信息含量。而 $NEW \times UMI_{it}$ 的回归系数 β_4 在两种计算累积超额回报的方法下的值分别为

5.287、5.426,且均在 1% 水平下显著异于 0,表明在新会计准则下的少数股东损益项目"移位"至净利润后其信息含量显著增加。更进一步地,我们对新会计准则下不包含少数股东损益部分净利润的信息增量与少数股东损益的信息增量进行比较,同时检验了两种不同计算累计超额回报方法下的回归系数 $\beta_2 = \beta_4$ 的显著性,F 检验的结果均显示在 1% 显著性水平下拒绝了原假设,即少数股东损益的信息增量显著高于盈余的其他组成部分受新会计准则影响的信息增量。两种不同计算累计超额回报的方法得出了一致结果,表明我们对假设 2 的检验结果具备较强的稳定性。

第六节 研 究 结 论

本章以少数股东权益和少数股东损益"移位"前后的信息含量变化为研究对象,比较母公司理论和实体理论两种合并报表理论对投资者的决策有用性,并考察在我国的本次会计准则变革中合并财务报表准则所依据的理论与国际趋同的经济后果。本章的实证研究结果表明,实体理论下的合并报表编制将少数股东权益"移位"至所有者权益项目中列示,带来了少数股东权益项目价值相关性的显著提高,且提高幅度显著高于新会计准则对净资产其他组成部分价值相关性的影响;将少数股东损益"移位"进入净利润项目中列示,带来了少数股东损益信息含量的显著增加,且该项目的信息增量显著高于盈余的其他组成部分受新会计准则影响的信息增量。综合以上实证结果,本次会计变革中合并报表编制所依据理论的转变,少数股东权益和少数股东损益项目在财务报表列示中的"移位",使得投资者在决策时更加关注少数股东权益和少数股东损益项目的信息,更加关注在母公司理论主导下游离于集团合并净利润和净资产之外的该部分"控制"资源,提高了该部分反映少数股东权利的信息——少数股东权益和少数股东损益项目对投资者决策的信息含量和决策有用性。本章的研究结果表明,实体理论下的合并财务报表能为投资者提供更多的决策有用信息,本章以我国会计准则改革的实践比较了两种合并报表理论对投资者的决策有用性,是对合并报表理论发展的贡献,同时也验证了我国合并报表编制的理论依据与国际趋同的合理性与重要意义。

第三部分

分析师预测与信息披露

第一章

本地优势、信息披露质量和分析师预测准确性

第一节 研究背景与研究意义

证券分析师在现代资本市场中扮演着会计信息使用者和提供者的双重角色(Schipper,1991;蔡祥等,2003)。分析师作为会计信息的使用者,将公司的会计信息加工整理,然后进行盈余预测并传递给投资者,而这又体现了分析师是会计信息的提供者。分析师进行预测的信息集包括公共信息和私有信息(Barron等,1998),公共信息是所有分析师能够获取的,譬如公司披露的年报、半年报以及其他重要的公告等;私有信息则是分析师个体所特有的,通过电话、采访和实地调查等方式获取到公司的相关信息。大量研究发现,分析师进行盈利预测的主要信息来源于上市公司发布的公开信息(Schipper,1991)。相比私有信息,公共信息获取成本较低,使得其成为分析师进行盈利预测时重要的信息来源。

分析师预测除了依靠公共信息外,一些影响私有信息获取的因素也会影响预测的准确性。行为金融文献表明投资者存在"本地偏好",即投资者更愿意投资地理位置近的、熟悉的公司。不仅投资者中存在这种地域相关性,分析师中同样存在这种相关性。利用美国数据,Malloy(2005)研究发现分析师在分析本土企业时预测更准确,也就是说分析师拥有本地优势,这种优势在偏远地区更明显。Bae等(2008)针对32个国家的分析师进行研究,发现本地优势在跨国样本中同样成立。分析师本地优势在我国是否存在,这是本章要回答的问题之一。如果我国分析师存在本地优势现象,他们通过本地优势获得私有信息,进而影响分析师预测,这和分析师预测依赖的公共信息是怎样的关系,两者是替代还是互补?这是本章要回答的另外一个问题。本章选用信息披露质量来衡量分析师预测所依赖的公共信息,因为信息披露质量能够全面反映公司对外披露的信息,而私有信息则由

分析师本地优势来间接衡量。

本章以中国2003—2008年A股上市公司为样本,研究本地优势、信息披露质量和分析师预测准确性三者之间的关系。结果发现,第一,我国存在分析师本地优势现象,与公司在同地的分析师预测准确性更高;第二,我国信息披露质量和预测准确性正相关,即信息披露质量越高,分析师的预测越准确;第三,当同时考察二者对分析师预测的影响时,分析师本地优势和信息披露质量为互补关系,二者共同提高分析师盈余预测的准确性。这表明分析师预测依赖的信息不仅包括公司披露的公共信息,还包括分析师凭借本地优势获取得的私有信息。

本章主要贡献在于,首先,本章研究角度跟以往国内文献不同,国内以往的文献,主要从公司层面讨论跟踪公司的所有分析师预测的平均水平,进而研究信息披露质量二者之间的关系,而本章从分析师层面研究分析师个体进行预测时所依赖的公共信息和私有信息,检验这两种信息对预测的影响。其次,作为第一篇研究中国分析师本地优势的文献,本章丰富了分析师预测的文献。此外,研究发现分析师进行盈余预测时,不仅依赖公共信息还依赖私有信息,加深了我们对分析师行为的理解,而对分析师行为的充分了解可以帮助投资者更好的理解分析师预测误差,从而有助于增强证券市场有效性,促进资源合理配置。最后,本章的研究结论表明,信息披露质量较高的公司能够吸引分析师更多的关注,提高分析师对其预测的准确性,这有利于促进有效信息的对外传递,改善资本市场信息不对称问题,促进投资者保护。

本章其他部分安排如下:第二节回顾了国内外相关文献,并提出研究假设,第三节为变量定义及研究设计,第四节阐述数据来源和样本选择过程,第五节为实证结果和分析,第六节为本章的主要结论。

第二节　文献回顾与假设提出

国内外关于本地优势和分析师预测的文献主要如下。French和Poterba(1991)首次发现投资者行为存在"本地优势"现象。不仅在投资者中具有这种地域相关性,在分析师中也存在着这种地域相关性。Malloy(2005)研究美国证券分析师的预测和评级时,发现分析师在分析本土企业时具有更好的准确性,这种效应在近年来逐渐增强,而且公司注册地在偏远地区时分析师本地优势更大。Bae等(2008)对32个国家的分析师进行研究表明,本地优势在国际情景下同样成立。

这些研究普遍认为,地理位置与信息获取成本负相关,即分析师预测本地的公司时,更容易通过拜访的方式与公司管理层面对面交流,并实地了解企业的经营情况,以获取有价值的信息,使得其预测更加准确。目前,国内还缺乏这方面的研究,所以本章试图检验分析师本地优势在我国是否存在。因此,本章提出假设1:

假设1:分析师的本地优势能够提高分析师的预测准确性。

国内外关于信息披露质量和分析师预测的文献主要有:Schipper(1991)发现上市公司发布的公开信息是证券分析师进行盈利预测的重要信息来源。Brown等(1987)通过解析模型的推导,认为分析师平均预测误差是信息质量的减函数,即信息质量越高,分析师预测误差越小。Byard和Shaw(2003)进一步发现,公司信息披露质量的提高不仅显著改善分析师公共信息的精度,而且显著提高了其私有信息的精度,从而使其盈利预测的准确性显著提高。国内学者通过问卷调查,同样发现公司公开披露的信息是分析师进行预测的重要信息来源(胡奕明等,2003;方军雄、邵红霞,2006)。此外,石桂峰等(2007)将深交所对上市公司信息披露的评级作为解释变量,研究发现评级越高的公司,分析师预测的准确度越高。方军雄(2007)发现信息披露透明度越高,分析师预测对会计盈余数据的依赖程度越低,预测准确度也随之提高,白晓宇(2009)也有类似的发现。

综观国内外文献,未有研究将信息披露质量和分析师本地优势结合在一起,考察二者对分析预测准确性的影响。根据以上文献回顾可知,公开披露信息是分析师进行盈利预测时参考的重要信息。上市公司信息披露质量越高,表明披露的内容越充分、越完整、越及时、越准确。即分析师进行盈余预测时可以利用的公司信息无论数量还是质量都相对较高,从而提高预测的准确性。除此之外,我国证券分析师市场是一个竞争性市场,私有信息对于分析师预测也很重要,分析师有动力通过各种方式来获取公司的第一手信息,从而作出准确性更高的预测,为投资者提供有价值的预测信息。相比非本地分析师,本地分析师可以凭借地域优势,以较低的成本获取本地企业的第一手信息,使得预测更准确。因此我们推测,信息披露质量和分析师本地优势二者为互补关系,两者共同作用使得分析师预测准确性更高。因此,本章提出假设2:

假设2:公司信息披露质量和分析师本地优势二者共同作用提高分析师预测的准确性。

第三节 变量定义及研究设计

一、被解释变量

本章的被解释变量为分析师年度盈余预测的准确度。参照 Malloy(2005)定义的分析师盈余预测准确度,用两个公式计算预测的准确度,第一个公式中 $DAFE_{ijt}$ 为在第 t 年,分析师 i 对公司 j 的 EPS 的预测偏差的绝对值,减去所有对该公司 j 进行预测的分析师的预测偏差绝对值的平均。第二个公式为 $DAFE_{ijt}$ 除以所有对该公司 j 进行预测的分析师的预测偏差绝对值的平均[①]。具体计算公式如下:

$$DAFE_{ijt} = AFE_{ijt} - \overline{AFE_{jt}} \tag{1}$$

$$PMAFE_{ijt} = \frac{DAFE_{ijt}}{\overline{AFE_{jt}}} \tag{2}$$

其中,$AFE_{ijt} = |FE_{ijt} - AE_{jt}|$。

FE_{ijt} 是在第 t 年,分析师 i 对公司 j 的 EPS 的预测值。AE_{jt} 是在第 t 年,公司 j 的 EPS 的真实值。AFE_{ijt} 是在第 t 年,分析师 i 对公司 j 的 EPS 的预测偏差的绝对值。$\overline{AFE_{jt}}$ 是在第 t 年,所有分析师对公司 j 的 EPS 的预测偏差的绝对值的平均。$DAFE_{ijt}$ 的值如果为负值,表明分析师 i 的预测偏差低于所有分析师预测偏差的平均水平;如果为正值,表明分析师 i 的预测偏差高于所有分析师预测偏差的平均水平。$PMAFE_{ijt}$ 的正负值和 $DAFE_{ijt}$ 的正负值代表的含义相同。

二、本地优势和分析师预测准确性

本章首先检验本地优势对分析师预测准确性的影响,参照 Malloy(2005)的做法,本地优势用虚拟变量 $Local_{ijt}$ 衡量,当第 t 年,分析师 i 所属的券商注册地和公司 j 注册地是同一省(或直辖市)则 $Local_{ijt}$ 取 1,否则取 0。假设 1 预测分析师的本地优势能够提高分析师预测准确性,我们通过模型(3)检验假设 1。

$$\begin{aligned}PMAFE_{ijt} = {} & \alpha_0 + \alpha_1 Local_{ijt} + \alpha_2 Exp_{ijt} + \alpha_3 Cover_{it} + \alpha_4 Age_{ijt} + \alpha_5 Star_{it} \\& + \alpha_6 Size_{jt} + \alpha_7 Lev_{jt} + \alpha_8 Growth_{jt} + \alpha_9 Market_{jt} \\& + \alpha_{10} Auditopinion_{jt} + \alpha_{11} Transparency_{jt} + \varepsilon_{ijt}\end{aligned} \tag{3}$$

[①] 根据 Clement(1998),$DAFE_{ijt}$ 除以 $\overline{AFE_{jt}}$ 可以减少异方差。

Malloy(2005)和 Bae 等(2008)研究都表明分析师的经验和预测准确性正相关,参照他们的做法,Exp_{ijt} 表示分析师经验,具体定义为分析师 i 在 CSMAR 数据库出现的第一次预测公告日到在第 t 年分析师 i 对公司 j 作出预测公告日间隔的天数 M,然后用 $Log(1+M)$ 衡量。Clement(1999)研究发现,分析师预测公告日越接近公司报告期时,预测越准确。本章用 Age_{ijt} 来衡量这个时间跨度,即分析师预测公告日到公司报告期的间隔天数 N,然后再取对数 $Log(1+N)$。我们还控制了在第 t 年分析师 i 跟踪的公司个数,用 $Cover_{it}$ 来表示。同时选取第三方的评价,按照《新财富》每年入围的最佳分析师评选设置虚拟变量,当分析师 i 在第 t 年入围最佳分析师评选时 $Star_{it}$ 为 1,否则为 0。此外,根据已有文献的做法,我们还控制了预测公司的相关变量,包括公司规模($Size_{jt}$)、资产负债率(Lev_{jt})和成长性($Growth_{jt}$)以及公司所在地的市场化进程($Market_{jt}$)、审计意见($Auditopinion_{jt}$)和信息披露质量($Transparency_{jt}$)。最后模型中还控制了年度和行业。

三、本地优势、信息披露质量和分析师预测准确性

为检验假设 2,本章使用深交所的信息披露考核结果来衡量信息披露质量,之所以选取这个指标,原因有两个:第一,深交所可获得在该所上市的公司所有的信息披露数据,因而其评级具有一定的权威性;第二,这些评级是对年度信息披露整体情况的评估,而非仅对年报等单一披露方式的考核。这一指标的公开发布,降低了研究者自构指数的主观偏见和不可重复性,使得采用该数据进行的相关研究之间具有较高的可比性(俞春江,2008)。考核结果分为优秀、良好、及格和不及格四个等级,用 $Transparency_{jt}$ 衡量信息披露质量,本章采用两种方法衡量,第一种方法,当考核结果为不及格、及格、良好和优秀时,$Transparency1_{jt}$ 分别取 0、1、2 和 3;第二种方法,当考核结果为不及格时,$Transparency2_{jt}$ 为 0,当考核结果为及格、良好和优秀时,$Transparency2_{jt}$ 为 1。假设 2 预测分析师本地优势和公司信息披露质量两者为互补关系,共同作用提高分析师预测的准确性。所以本章通过模型(4)检验这个假设,模型如下:

$$PMAFE_{ijt} = \alpha_0 + \alpha_1 Local_{ijt} + \alpha_2 Exp_{ijt} + \alpha_3 Cover_{it} + \alpha_4 Age_{ijt} + \alpha_5 Star_{it} + \alpha_6 Size_{jt}$$
$$+ \alpha_7 Lev_{jt} + \alpha_8 Growth_{jt} + \alpha_9 Market_{jt} + \alpha_{10} Auditopinion_{jt}$$
$$+ \alpha_{11} Transparency_{jt} + \alpha_{12} Local_{ijt} \times Transparency_{jt} + \varepsilon_{ijt} \quad (4)$$

模型中,$Transparency_{jt}$ 代表 $Transparency1_{jt}$ 和 $Transparency2_{jt}$。α_{11} 表示分析师不具有本地优势时,信息披露质量和分析师预测准确性之间的关系。($\alpha_{11}+\alpha_{12}$)表示分析师具有本地优势时,信息披露质量和分析师预测准确性之间的关

系。根据已有文献(方军雄,2007;白晓宇,2009)的结论,信息披露质量和分析师预测准确性呈正相关。因此,我们预测 α_{11} 和 $(\alpha_{11}+\alpha_{12})$ 都为负值。此外,我们预测 α_{12} 也为负值,说明分析师本地优势和信息披露质量二者共同作用,提高分析师预测准确性,即分析师进行预测时,不仅依赖公司披露的公共信息,还依赖分析师凭借本地优势获取的私有信息。其他变量定义与模型 3 中变量定义相同。

表 1 列示了本章所用变量的定义。

表 1 变量定义表

变量名称	变量符号	变量定义
分析师盈余预测准确性	PMAFE	第 t 年,分析师 i 对公司 j 的 EPS 的预测偏差的绝对值,减去所有对该公司 j 进行预测的分析师的预测偏差绝对值的平均,然后除以平均值
本地优势	Local	第 t 年,分析师 i 所属的券商注册地和公司 j 注册地是同一个省时 $Local_{ijt}$ 为 1,否则为 0
信息披露质量	Transparency	$Transparency1$ 为虚拟变量,当深交所的信息披露考核结果为不及格、及格、良好和优秀时,$Transparency1$ 分别取 0、1、2 和 3 $Transparency2$:当深交所的信息披露考核结果为不及格时取 0,其他情况取 1
分析师经验	Exp	分析师 i 在 CSMAR 数据库出现的第一次预测公告日到在第 t 年分析师 i 对公司 j 作出预测公告日间隔的天数 M,然后取 Log(1+M)
分析师跟踪的公司数	Cover	在 t 年分析师 i 跟踪的公司个数
预测的时间跨度	Age	分析师预测公告日到公司报告期的间隔天数 N,然后再取对数 Log(1+N)
最佳分析师	Star	按照《新财富》每年入围的最佳分析师名单,当分析师 i 在第 t 年入围最佳分析师时为 $Star_{it}$ 为 1,否则为 0
上市公司规模	Size	公司的总资产,然后取自然对数
上市公司杠杆	Lev	公司的总负债/总资产的比率
上市公司成长性	Growth	公司的(年末主营业务收入－年初主营业务收入)/年初主营业务收入
市场化进程	Market	樊刚和王小鲁(2009)编制的《中国市场化指数:各地区市场化相对进程 2009 年报告》中市场化指数
审计意见	aduitopinion	公司上一年的审计意见为标准无保留意见时取 1,否则取 0

第四节 样本选择及描述性统计

一、样本选择

本章选取中国A股上市公司2003—2008年的数据为样本。信息披露质量数据来自深交所网站(www.szse.cn)披露的"诚信档案"。分析师预测数据和上市公司财务数据来自国泰安的CSMAR数据库。券商注册地数据来自WIND金融数据库,公司注册地数据来自CCER中国经济金融数据库。本章将上市公司年报披露日之前的预测报告作为当年的样本,即上一年年报披露日到本年年报披露日之间分析师的所有预测报告。因为有的分析师报告为多个分析师签字,所以本章将多个分析师拆成单个分析师报告。例如,一个报告由两人签字,则视为两份报告,两份报告作出的预测相同,但预测人不同。剔除了金融行业以及计算变量所需数据缺失的样本,并将资产负债率大于1的样本作为异常值剔除,最后对分析师预测准确性指标进行了1%和99%的截尾处理。我们最终得到35 228个观测值,剔除公司信息披露质量缺失的数据后,观测值减少为15 688个。

二、描述性统计

表2列示了分析师和公司相关数据的描述性统计。从表2可以看出分析师预测准确度($PMAFE$)的均值为-0.062 5,按照分析师预测准确度的定义,全样本的均值应该为0,但是我们删掉异常值后,样本中分析师的预测准确性要好于平均水平。本地优势($Local$)的均值为0.120 5,表明有12%的样本是由本地分析师预测的。分析师的经验(Exp)均值为5.711 4,分析师跟踪的公司数($Cover$)均值为26.69,表明一个分析师在所选样本年度里平均跟踪26家公司。预测的时间跨度(Age)均值为4.885 7,有15%的分析师入围《新财富》的最佳分析师评选名单。公司规模的平均值为22.017 7,成长性的均值为26.65%,资产负债率的均值为0.456 6,公司所在地的市场化指数平均值为9.118 2,公司上一年的审计意见绝大多数为标准无保留审计意见,信息披露考核结果的均值为2.137 6,可知,分析师预测的公司其信息披露质量较好。

表2 样本的描述性统计

变量	N	均值	标准偏差	最小值	最大值
$PMAFE$	35 228	−0.062 5	0.497 2	−0.900 0	1.219 8
$Local$	35 228	0.120 5	0.325 6	0.000 0	1.000 0
Exp	35 228	5.711 4	1.805 3	0.000 0	7.950 1
$Cover$	35 228	26.694 5	31.850 4	1.000 0	226.000 0
Age	35 228	4.885 7	0.803 6	0.000 0	5.902 6
$Star$	35 228	0.147 0	0.354 1	0.000 0	1.000 0
$Size$	15 688	22.017 7	1.311 5	18.650 8	25.504 4
$Growth$	15 688	0.266 5	0.599 0	−0.945 4	29.857 8
Lev	15 688	0.456 6	0.187 0	0.021 0	0.999 4
$Market$	15 688	9.118 2	2.023 2	2.600 0	12.381 0
$aduitopinion$	15 688	0.998 5	0.038 0	0.000 0	1.000 0
$Transparency1$	15 688	2.137 6	0.633 1	0.000 0	3.000 0

第五节　实证结果分析

一、本地优势和分析师预测准确性

表3列示了模型(3)的回归结果,其中列(1)只引入分析师的特征变量,未引入公司相关变量,列(2)和列(3)是加入分析师特征和预测公司相关变量的回归,列(2)中$Transparency$用$Transparency1$衡量,列(3)中$Transparency$用$Transparency2$衡量。从列(1)中可以看出$Local$的系数为−0.015 9,并且在5%的水平上显著,表明本地分析师的预测更准确。模型中控制了公司相关变量后,列(2)中$Local$的系数为−0.012 5,仍在5%的水平上显著;列(3)中$Local$的系数也在5%的水平上显著为负。说明我国分析师行业中存在本地优势现象,验证了假设1。另外,在列(2)和列(3)中,$Transparency1$和$Transparency2$的系数都在5%的水平上显著为负,表明信息披露质量越高,分析师预测准确性越高。除此之外,在三个回归中分析师经验的系数都为负,并在1%的水平上显著,表明分析师经验越丰富,预测的准确性越高。分析师跟踪的公司个数的回归系数也都为负,表明分析师跟踪的公司家数越多,预测越准确。分析师预测的时间跨度的系数都为正,表明时间跨度越长,预测越不准确,越接近公司报告日的预测越准确,

因为在公司报告日,分析师可以观测到更多公司披露的信息,这对作出准确的预测有很大帮助。最佳分析师的系数都不显著,有可能是在我国,最佳分析师比较擅长股票评级,而不是盈余预测。列(2)和列(3)中的公司相关变量显示公司规模越大,预测越不准确,可能规模越大,不确定性越高,导致分析师预测准确性降低;公司资产负债率越大,预测越不准确;公司所在地的市场化程度越高,分析师预测准确性越高。公司的成长性及审计意见与分析师预测准确性之间没有发现显著关系。

表3 本地优势和分析师预测准确性的回归结果

变量	(1) 回归系数	t 值	(2) 回归系数	t 值	(3) 回归系数	t 值
$Intercept$	−0.982 0***	−4.04	−1.452 4***	−4.01	−1.436 8***	−4.18
$Local$	−0.015 9**	−2.43	−0.012 5**	−2.01	−0.016 9**	−2.20
Exp	−0.006 3***	−3.91	−0.007 3***	−2.39	−0.007 8***	−2.63
$Cover$	−0.000 4***	−4.47	−0.004 7***	−3.81	−0.006 5**	−2.14
Age	0.198 3***	4.94	0.296 8***	4.57	0.287 3***	4.40
$Star$	0.005 3	0.57	0.038 5	0.97	0.044 7	0.55
$Size$			0.000 6**	2.14	0.000 3**	2.08
$Growth$			0.000 1	0.12	0.000 1	0.14
Lev			0.067 6**	2.27	0.070 1**	2.42
$market$			−0.004 8*	−1.91	−0.004 9**	−2.03
$auditopinion$			−0.035 0	−0.31	−0.026 1	−0.24
$Transparency1$			−0.019 9***	−2.68		
$Transparency2$					−0.026 4**	−2.56
Industry Dummies	Included		Included		Included	
Fixed Year Effect	Included		Included		Included	
Adj. R^2	10.34%		14.18%		14.37%	
N	35 228		15 688		15 688	

注:t 值均为按公司和年度两个维度聚类调整后的结果;***、** 和 * 分别表示在1%、5%和10%的水平上显著。

二、本地优势、信息披露质量和分析师预测准确性

表4列示了模型(4)的回归结果,列(1)和列(2)中的信息披露质量分别由 $Transparency1$ 和 $Transparency2$ 衡量。我们主要考察本地优势和信息披露质量交叉项的系数。列(1)的回归结果显示,$Local \times Transparency1$ 的系数为

−0.024 0,并在 5% 的水平上显著,列(2)的回归结果显示,$Local \times Transparency2$ 的系数也在 5% 的水平上显著为负,符合我们的预期。这表明分析师本地优势和信息披露质量二者为互补关系,二者共同作用能够提高分析师预测准确性。即,分析师进行预测时不仅依赖公司披露的公共信息,还依赖分析师自身凭借本地优势获取的私有信息。因此,假设 2 得到了验证。另外,模型中其他变量的回归结果基本上跟模型(3)中的结果类似,所以不再重复解释。

表 4 本地优势、信息披露质量和分析师预测准确性的回归结果

变量	(1) 回归系数	(1) t 值	(2) 回归系数	(2) t 值
$Intercept$	−1.453 3***	−4.02	−1.437 4***	−4.19
$Local$	−0.008 0	1.25	−0.006 4*	1.66
Exp	−0.007 3**	−2.40	−0.007 8***	−2.64
$Cover$	−0.004 6***	−2.78	−0.006 4**	−2.12
Age	0.296 7***	4.56	0.287 2***	4.39
$Star$	0.038 7***	2.99	0.044 8***	3.56
$Size$	0.000 6**	2.14	0.000 3**	2.06
$Growth$	0.000 1	0.13	0.000 1	0.15
Lev	0.066 3**	2.23	0.069 4**	2.40
$market$	−0.004 7*	−1.89	−0.004 9**	−2.01
$auditopinion$	−0.036 8	−0.33	−0.026 7	−0.25
$Transparency1$	−0.016 9**	−2.16		
$Local \times Transparency1$	−0.024 0**	−2.12		
$Transparency2$			−0.022 5**	−2.07
$Local \times Transparency2$			−0.032 9**	−2.11
Industry Dummies	Included		Included	
Fixed Year Effect	Included		Included	
Adj. R^2	14.28%		14.42%	
N	15 688		15 688	

注:t 值均为按公司和年度两个维度聚类调整后的结果;***、** 和 * 分别表示在 1%、5% 和 10% 的水平上显著。

三、稳健性检验

1. 删除样本

本章以上回归样本是进行了 1% 和 99% 的截尾处理,我们对样本进行 5% 和

95%的截尾处理后,重新对上述模型进行回归,结果与之前无实质差别。

2. 变量调整

按照 Malloy(2005)的做法,将各个变量进行公司年度均值调整,然后重新进行无截距项的回归,不改变本章的基本结论。

3. 分析师情绪的影响

由于分析师可能存在系统性的乐观情绪,为了控制这一影响,按照 Malloy(2005)的做法,计算分析师 i 在第 t 年作出的盈余预测高于公司实际盈余的比例。将此比例加入模型中进行回归,不影响主要结论。

4. 内生性

基于深交所对上市公司信息披露的考评结果针对的是过去年度的上市公司信息披露情况,为了防止该变量的内生性问题,参照郭杰(2010)的做法,在回归中使用分析师盈余预测前一年度该上市公司的信息披露质量,结果与之前无实质差别。

5. 盈余持续性

盈余信息披露是上市公司信息披露的重要内容,因此本章利用盈余信息质量代替信息披露质量,进一步考察盈余信息披露质量,本地优势和分析师预测准确性三者之间的关系。我们采用盈余持续性(Persistence)衡量盈余信息质量,之所以采用盈余持续性而没有采用琼斯模型估计的可操纵性应计利润来衡量,是因为 Kasznik(1999)发现琼斯模型不能完全正确区分可操纵性应计利润和非可操纵性应计利润。所以本章参照李丹和贾宁(2009)的做法,$Persistence$ 通过模型 $ROA_{j,t}=\beta_0+\beta_1 ROA_{j,t-1}+\varepsilon_{j,t}$ 回归,得到的系数 β_1 即盈余持续性,β_1 越大表明盈余信息质量越高。ROA_{jt} 为公司 j 在第 t 年的资产收益率,模型要求上市公司至少有连续三年的数据。将 $Persistence$ 代替模型(4)中的 $Transparency$,回归结果见表5。

表5 本地优势、盈余持续性与分析师预测准确性的回归结果

变量	(1)		(2)	
	回归系数	t 值	回归系数	t 值
Intercept	−1.013 6***	−4.62	−1.013 2	−4.61
Local	−0.013 5*	−1.75	−0.012 8*	−1.67
Exp	−0.004 5***	−2.99	−0.004 5***	−2.99
Cover	−0.000 1	−0.31	−0.000 1	−0.29
Age	0.173 7***	3.91	0.173 7***	4.31

(续表)

变量	(1)		(2)	
	回归系数	t值	回归系数	t值
Star	−0.005 7	−0.82	−0.005 6	−0.82
Size	0.005 4***	2.70	0.005 3**	2.03
Growth	0.000 1	1.03	0.000 1	1.48
Lev	0.065 9***	3.47	0.065 7***	2.69
market	−0.003 4***	−2.58	−0.003 3***	−2.59
auditopinion	−0.125 0*	−1.93	−0.125 1*	−1.93
Persistence	−0.006 4**	−2.34	−0.006 3**	−2.21
Local×Persistence			−0.002 4*	−1.65
Industry Dummies	Included		Included	
Fixed Year Effect	Included		Included	
Adj. R^2	11.12%		11.14%	
N	24 771		24 771	

注：t值均为按公司和年度两个维度聚类调整后的结果；***、** 和 * 分别表示在1%、5%和10%的水平上显著。

从表5可以看出，列(1)中的 Persistence 系数为−0.006 4，并且在5%的水平上显著，表明盈余信息质量越高，分析师的预测越准确，和原模型中的回归结果一致。另外，列(2)中的 Persistence 系数为−0.006 3，并且在5%的水平上显著，本地优势和盈余信息质量的交叉项 Local×Persistence 的系数为−0.002 4，并在10%的水平上显著，表明分析师本地优势和公司盈余信息为互补的关系，二者共同作用使得分析师的预测更准确，这和原模型中的回归结果一致，进一步验证了假设。

第六节　研　究　结　论

本章以我国2003—2008年A股上市公司为样本，研究本地优势、信息披露质量和分析师预测准确性三者之间的关系。研究结果表明，我国存在分析师本地优势的现象，相比非本地分析师，本地分析师的盈余预测更准确。此外，我们还发现公司信息披露质量和分析师预测准确性正相关，即信息披露质量越高，分析师的盈余预测越准确。同时考虑信息披露质量和本地优势对分析师预测准确性的影响时，发现分析师本地优势和信息披露质量二者为互补关系，二者共同作用，提高分析师预测准确性。这表明分析师在作盈余预测时,不仅依赖公司披露的公共信息,还依赖分析师凭借本地优势获取的私有信息。在进行了一系列的稳健性检验之后,上述结论仍然成立。本章的结论加深了对分析师行为的理解,作为传递上市公司信息的重要媒介,证券分析师向资本市场提供的分析预测信息有助于引导投资者的资本流向。对分析师的行为的充分了解可以帮助投资者更好地理解分析师预测的误差,从而有助于增强证券市场有效性,促进资源合理配置。同时本章结论表明信息披露质量高的公司吸引更多分析师的关注,提高分析师对其预测的准确性,从而促进有效资本信息的对外传递,改善资本市场现有的信息不对称问题,有利于保护相关投资者的利益。

第二章
分析师选择性发布现金流预测的原因

第一节 研究背景与研究意义

随着我国资本市场的不断发展与完善,分析师在其中扮演着愈发重要的角色。他们不仅是上市公司财务信息的使用者,更是企业管理层与投资者之间信息沟通的桥梁(李丹、贾宁,2009)。分析师的主要工作是进行盈余预测、股票估值和评级。通过分析师的专业分析,可以减少被分析公司的信息不对称,从而降低公司的资本成本,提高整个证券市场效率(姜国华,2004)。分析师报告对股票市场众多参与者产生重要影响,因此它吸引了学者的广泛关注,成为财务和会计研究中的一个重要领域(Kothari,2001)。

为了顺应资本市场的发展,分析师报告也不断完善。分析师报告中除了盈余预测、股票估值和评级外,近些年还出现了现金流预测。数据显示,美国市场上的分析师现金流预测数量呈逐年上升趋势,有分析师现金流预测的公司比例从1993年的2.5%上升到2005年的57.2%(Givoly等,2009)[1]。相比国外,我国自2002年开始出现少量的分析师现金流预测,之后逐年增加,截至2009年,有分析师现金流预测的公司比例已经占全部A股上市公司的55.3%。在激烈的竞争环境下,分析师通过提供更丰富的信息来提高服务质量,并使得现金流预测成为分析师报告的重要组成部分。那么,分析师为什么仅对某些公司发布现金流预测?哪些公司特征促使分析师对其发布现金流预测?我国特殊的制度背景决定了我们不能简单套用国外的结论,而必须结合中国资本市场的实际情况加以讨论,这正是本章研究的重点。

信息需求理论认为,分析师之所以对某些公司发布盈余预测之外还发布现金流预测,是因为这类公司现金流信息对投资者投资决策至关重要,因而投资者在

---

[1] 表示既有分析师现金流预测又有盈余预测的公司个数除以有分析师预测的公司个数。

会计盈余信息之外还需要现金流信息辅助决策。因为相比会计盈余,现金流更客观,不易被操纵,并且现金流可以在盈余之外提供增量信息(Bowen 等,1987;Ali,1994;Dechow,1994)。DeFond 和 Hung(2003)从公司盈余、经营和财务特征角度分析现金流在解释盈余和估计公司生存能力方面的作用,认为分析师发布现金流预测是为了满足投资者对现金流信息的需求。但他们并未考察公司股权性质这一特征,而股权性质是我国独特的制度背景。我国企业可以被区分为国有企业与非国有企业,国有企业的控股股东是政府,由于天然的股权关系,政府会利用各种机会和资源来帮助国有企业,使国有企业在财务和政策上能够得到政府更多的支持(Qian,1994;陈晓、李静,2001)。投资者对国有和非国有两类企业现金流信息的需求有所不同,势必影响分析师发行现金流预测的行为。可见,从股权性质角度考察分析师发布现金流预测的动因,可以揭示股权性质潜在经济后果的差异对分析师发布现金流预测行为的影响。

基于以上分析,本章以我国 A 股上市公司 2002—2009 年的经验数据为样本,研究分析师选择性发布现金流预测的动因。研究结果表明,分析师倾向于对应计项目占比越大、盈余波动性越强、资本密集度越高的公司发布现金流预测,以满足投资者对这类公司现金流信息的需求,验证了信息需求理论。结合我国独特的股权制度背景,发现公司为非国有控股时,分析师更可能发布现金流预测。主要是由于国有控股公司凭借天然的股权关系,获得政府的更多支持,使得其财务和经营状况相对较好,且盈余质量较高,因此投资者对国有控股公司的现金流信息需求相对较低,而对非国有控股公司的现金流信息需求较高。我们进一步考察发现,国有股权降低了应计盈余、资本密集度与分析师发布现金流预测概率之间的敏感度。

本章贡献如下:第一,本章首次基于中国证券市场的制度环境研究分析师发布现金流预测的动因,国外文献主要从公司盈余和经营特征角度来考察这一问题,至今还未有文献从股权性质角度考察分析师研究领域的这一重要问题。第二,本章是第一篇研究股权性质如何影响分析师发布现金流预测决策的。由于国有股权是中国证券市场区别于其他国家证券市场的重要特征之一(Zhang 等,2010),本研究有助于理解新兴市场体制下的分析师现金流预测行为,以及中国独特的国有股权制度背景如何影响这一预测等问题,并为此提供了有力的实证依据。第三,本章研究了股权性质如何影响企业外部信息提供者的行为,我们的结论显示,从分析师现金流预测的角度出发,分析师对国有企业发布现金流预测的概率相对较低。本章结论为我们理解股权性质对企业外部信息使用者和提供者的影响提供了一个崭新的视角,丰富了国有股权的相关文献。第四,本章的结论对使用分析师预测信息的投资者有一定的借鉴作用,本章发现分析师同时发布现金流预测和盈余预测时,企业盈余和经营状况相对较差,所以投资者在作出投资决策时需要考虑这个因素,以便作出更加合理的决策。

本章其他部分安排如下:第二节回顾分析师现金流预测相关的文献,第三节在理论分析的基础上提出研究假设,第四节为变量定义及研究设计,第五节阐述数据来源和样本选择过程,第六节为实证结果分析,第七节为本章的主要结论。

第二节 文献回顾

在西方学术界,有关分析师盈余预测的研究由来已久,研究成果层出不穷,其范围主要涉及分析师如何进行盈余预测和荐股、盈余预测的分布特征、盈余预测的信息含量和有效性等方面(Sundaresh 和 Ramnath,2008)。近年来,越来越多的分析师发布盈余预测的同时还发布现金流预测。分析师现金流预测的增加,引起了学者们的广泛关注。DeFond 和 Hung(2003)是第一篇研究分析师现金流预测的文献,他们从公司盈余、经营和财务状况角度探讨分析师发布现金流预测的原因。研究发现,分析师发布现金流预测是为了满足投资者对现金流信息的需求。因为现金流相比盈余更客观,不容易被操纵,所以投资者需要现金流信息辅助投资决策。DeFond 和 Hung(2007)检验了不同国家的分析师发布现金流预测的倾向,发现投资者保护较弱和盈余质量较差国家的分析师发布更多的现金流预测,再次验证了信息需求理论。Givoly 等(2009)从分析师现金流预测的准确性、偏差和有效性三个方面检验了现金流预测的质量,研究发现现金流预测质量低于盈余预测的质量。但 Givoly 等(2009)并未研究现金流预测的作用,Call 等(2009)针对此进行了研究,结果发现相比只发布盈余预测的分析师,同时发布盈余预测和现金流预测的分析师其盈余预测更准确。原因在于,同时发布盈余预测和现金流预测的分析师更加关注盈余的组成部分(现金流和应计项目),并且更好地掌握了盈余及其组成部分的时间序列特征,因此作出的盈余预测更准确。除此之外,分析师现金流预测还能减少公司管理层使用应计项目进行盈余管理的行为,因为分析师同时提供盈余预测和现金流预测,暗含着提供了应计项目的信息。这样会提高信息透明度和公司使用应计项目进行盈余管理的成本。因此,分析师同时提供盈余预测和现金流预测能够减少公司盈余管理行为(McInnis 和 Collins,2011)。

以上文献不仅研究了分析师发布现金流预测的原因,还研究了现金流预测的质量和作用。与国外文献相比,国内关于现金流预测的研究仍为一片空白,这主要是因为数据有限。我国自 2002 年起出现少量分析师现金流预测,限制了学者们对现金流预测的研究。随着现金流预测的增加,我们有必要探讨我国分析师发布现金流预测的动因,这是在深入研究分析师现金流预测的质量以及产生的各种经济后果之前必不可缺的一步。因此结合我国独特的制度背景深入地研究分析师选择性发布现金流预测的动因已经成为实践发展的迫切需要。

第三节 理论分析与假设提出

根据信息需求理论,分析师在发布盈余预测的同时发布现金流预测,是因为投资者需要现金流信息辅助其作出合理的投资决策。事实上,现金流相比盈余更客观,不易被操纵。已有研究证据也表明现金流在盈余之外提供了增量信息(Bowen 等,1987;Ali,1994;Dechow,1994)。那么对于哪些公司,投资者更需要现金流信息呢?换句话说,分析师更倾向于对哪些公司发布现金流预测呢?根据信息需求理论,我们推测分析师倾向于对现金流信息需求大的公司发布现金流预测。具体而言,会计应计项目占总盈余的比重越大、盈余波动性越大和资本密集度越高的公司,其现金流信息对投资者更有用,所以我们推断分析师对于这类公司发布现金流预测的概率较大。

一、会计应计项目

会计盈余由应计项目与经营现金流量两部分组成。尽管众所周知会计盈余在公司估值中优于现金流,但基于应计的会计盈余包含了管理者对未来不确定事件的主观判断,并且管理者对这些不确定事件存在机会主义行为(Watts 和 Zimmerman,1986;Dye 和 Verrecchia,1995;Holthausen 等,1995),所以会计盈余内在地比现金流信息更具有操纵性。吴东辉(2001)发现,国内的会计环境使管理者在确定应计项目方面有很大的操纵空间。Penman(2001)和 Wild 等(2001)也指出,现金流相对盈余不容易被操纵,并且现金流信息可以弥补盈余在反映公司真实盈利能力上的缺陷,有助于估计会计盈余中是否含有重大错报漏报以及盈余质量,因此更能说明企业的收益质量。所以当盈余中应计项目较大时,现金流在估计盈余信息时对投资者更有用。以上分析表明,会计应计项目占比越大,投资者越需要现金流信息帮助解读会计盈余的价值相关信息。因此,本章提出假设 1：

假设 1：会计应计项目占比越大，分析师越有可能发布现金流预测。

二、盈余波动性

盈余波动性是会计盈余质量的重要维度之一，盈余波动有可能是经营上的原因，也有可能是管理者对盈余操纵的结果。具体来看，如果是经营上的原因使得盈余波动，表明企业的经营风险较大，随之而来的破产风险也较大。投资者更加关心这类企业的现金流信息是否能够维持正常的经营活动，因此更需要分析师对此类公司发布现金流预测以辅助投资者作出合理的投资决策。另外，如果是管理者对盈余操纵的原因造成盈余波动，则企业的信息风险较大。由于盈余信息已经被操纵，投资者将更加关心不易被操纵的现金流信息，分析师对此类公司发布现金流预测的可能性较大。王霞和薛爽(2010)发现被操纵的盈余部分会在以后的会计期间转回，而操纵和操纵部分的转回都会增加盈余的波动性，因此公司盈余波动性越大，其信息风险越大，盈余质量越低，投资者需要更多的信息来分辨盈余中可持续的部分(Bos，2000)。此外，Dechow 和 Dichev(2001)发现，会计应计质量与盈余波动性显著负相关，并且现金流提供了企业潜在经营的信息。基于以上分析可知，不论盈余波动性是经营上的原因还是盈余操纵的原因造成的，投资者都更加关心这类公司的现金流信息，即对于盈余波动性大的公司，投资者越需要会计盈余之外的现金流信息来辅助投资决策。因此，本章提出假设 2：

假设 2：公司盈余波动性越大，分析师越有可能发布现金流预测。

三、资本密集度

资本密集度是指固定资产的水平，资本密集度越高，公司越依赖经营现金流来保持现有资产的运转，因而分析师对资本密集度高的公司发布现金流预测对投资者来说更有用。DeFond 和 Hung(2003)指出，他们从卖方分析师的反馈中得知，分析师认为现金流对于资本投入大、固定资产多和资产利用率高的公司更重要，因为这些公司通常无法得到足够的经营性现金流，所以他们依靠外部融资来维持现金流运转。而且，投资者更加关注这类公司的资产流动性，因为他们的资产流动性下降，随之而来的破产概率会增加(Stickney 和 Brown，1999)。换句话说，公司资本密集度越高，分析师更可能对其发布现金流预测。因此，本章提出假设 3：

假设 3：公司资本密集度越高，分析师越有可能发布现金流预测。

四、股权性质

国有股权作为我国企业最重要的特色之一,对企业的经营和财务方面产生重要影响。首先,国有股权所带来的与政府之间的紧密联系,使国有控股公司在财务和政策上能够得到政府更多的支持(Qian,1994),业绩下降或者亏损的国有企业更可能从政府那里得到补贴。此外,由于政策扶持,国有企业能够进入高利润行业,面临更低的竞争。且地方政府出于政绩、税收等方面的考虑也会给予国有企业更多支持(于富生等,2008)。

其次,转轨经济中的中国国有上市公司存在严重的政府隐性担保和企业的预算软约束,这是金融体系和整个经济活动的基本特征(李增泉等,2005)。政府作为企业的所有人时,企业破产的可能性较小,预算约束相对较软(田利辉,2005)。在银行贷款方面,国有银行更倾向于向国有企业提供贷款;在股权融资方面,我国新兴加转轨的证券市场在成立之初,就在国家强制性制度变迁的安排下,将证券市场纳入行政化的轨道,资本市场被严重行政化,成为"有计划的资本市场",企业的融资和再融资制度对国有企业存在优待和偏袒(陆正飞等,2009),这些因素都使得国有企业更容易获得资金,财务风险更低。

再次,由于经营目标和代理形式的差异,国有企业和非国有企业在会计信息质量上也存在差异。国有企业以国有资产保值增值为目标,并且由于所有者的缺位,国有企业的高管与股东利益之间存在一定背离,这使得国企高管通过盈余操纵影响股价的动机减弱;与之相对的是,非国有企业以经济利益为目标,在高管与股东利益更趋于一致的情况下,高管更有动机通过盈余管理操纵会计业绩和股价。

综上所述,相对于国有企业,非国有企业的经营、财务及盈余状况较差。投资者对非国有企业现金流信息的需求高于对国有企业现金流信息的需求,因此我们推测分析师对非国有企业发布现金流预测的可能性更大。因此,本章提出假设4:

假设4:公司为非国有控股时,分析师越有可能发布现金流预测。

我们进一步考察股权性质和企业其他特征的交互作用。通过对假设4的分析可知,由于政府对国有企业财务和政策上的支持,以及经营目标和代理形式的差异使得国有企业相比非国有企业的盈余、经营和财务方面都较好,所以股权性质在一定程度上能够减弱企业盈余、经营和财务特征对分析师发布现金流预测行为的影响。因此,本章提出假设5:

假设5:国有股权性质会减弱会计应计项目、盈余波动性和资本密集度对分析师发布现金流预测行为的影响。

第四节 变量定义及研究设计

我们参照 DeFond 和 Hung(2003)的做法,采用 logistic 回归方法使用如下模型来检验前四个假设:

$$CFF = \beta_0 + \beta_1 Accrual + \beta_2 EV + \beta_3 CI + \beta_4 State + \beta_5 Size + \sum_{m=2002}^{2009} \lambda_m YR_m$$
$$+ \sum_{j=1}^{11} \eta_j IND_J + \varepsilon \tag{1}$$

其中,CFF 为因变量,当公司既有分析师盈余预测又有现金流预测时为 1,公司只有分析师盈余预测时为 0。$Accrual$ 为总应计,本章采用两种方法来衡量,分别用 $Accrual1$ 和 $Accrual2$ 来表示,$Accrual1$ 等于净利润减去经营现金流量后再除以年初的资产总额;$Accrual2$ 等于扣除特殊项目之前的利润减去经营现金流量后再除以年初的资产总额。EV 衡量盈余波动性,本章用扣除特殊项目之前的利润的标准差除以年初总资产,其中利润的标准差使用样本所在年度 2002—2009 年的数据计算所得。CI 衡量资本密集度,本章用固定资产净额加上在建工程净额然后再除以年初总资产。$State$ 衡量公司是否国有控股,当公司前一年最终控制人为国有股时为 1,非国有股时为 0。

另外,参照 DeFond 和 Hung(2003)的做法,本研究控制了公司的规模 $Size$,采用年初总资产的自然对数来衡量公司规模。由于样本跨越 2002—2009 年八年时间,期间市场环境等宏观因素的波动较大,为了控制年度差异,本研究引入年度虚拟变量 YR,当观测值对应的取值期间为 2002 年时则取 1,否则取 0,依此类推设置 7 个虚拟变量。另外本研究还控制了行业差异,引入行业虚拟变量 IND。按照 2001 年证监会颁布的行业分类标准,剔除金融业后,设置 11 个行业虚拟变量。

为了验证假设 5,本研究在模型 1 的基础上加入 $State$ 与会计应计项目、盈余波动性和资本密集度的交叉项,以考察它们对分析师现金流预测行为的交叉影响。相关模型如下:

$$CEF = \beta_0 + \beta_1 Accrual + \beta_2 EV + \beta_3 CI + \beta_4 State + \beta_5 State * X + \beta_6 Size \tag{2}$$
$$+ \sum_{m=2002}^{2009} \lambda_m YR_m + \sum_{j=1}^{11} \eta_j IND_J + \varepsilon$$

其中，X 代表 $Accrual$、EV 和 CI，其他变量定义同模型(1)中变量定义。表1列示了本章所用变量的定义。

表1 变量定义表

变量名称	变量符号	变量定义
因变量	CFF	公司既有分析师盈余预测又有现金流预测时为1，只有盈余预测时为0
总应计	Accrual1	（净利润－经营现金流量）/年初总资产
	Accrual2	（扣除特殊项目之前的利润－经营现金流量）/年初总资产
盈余波动性	EV	扣除特殊项目之前的利润的标准差/年初总资产
资本密集度	CI	（固定资产净额＋在建工程净额）/年初总资产
是否国有控股	State	前一年最终控制人为国有股时为1，非国有股时为0
公司规模	Size	年初总资产的自然对数
年度	YR	观测值对应的取值期间为2002年时则取1，否则取0，依此类推设置七个虚拟变量
行业	IND	按照2001年证监会颁布的行业分类标准，排除金融业后，设置11个行业虚拟变量，当观测值属于某行业时，IND取1，否则取0

第五节 样本选择及描述性统计

一、样本选择

本章选取中国A股上市公司2002—2009年的数据为样本。分析师预测数据、上市公司财务数据和股权结构数据都来自国泰安的CSMAR数据库。本章将上市公司年报披露日之前的预测报告作为当年的样本，即上一年年报披露日到本年年报披露日之间分析师的所有预测报告。剔除了金融行业以及计算变量所需数据缺失的样本，本研究最终得到有分析师预测的5 247个公司年观测，其中既有分析师盈余预测又有现金流预测的公司年观测为2 282个，只有分析师盈余预测的公司年观测为2 965个。表2列示了样本年度分布情况，表3列示样本行业分布情况。

表2中的上市公司为剔除金融行业的A股上市公司，从表中可以看出有分

析师盈余预测的公司个数从 2002 年的 247 家增加到 2009 年的 1 141 家,既有分析师盈余预测又有现金流预测的公司从 2002 年的 5 家到 2009 年的 631 家,两者都在逐年增加。

表 2 样本年度分布

年度	所有上市公司个数	有盈余预测的公司个数	既有盈余预测又有现金流预测的公司个数	既有盈余预测又有现金流预测的公司占所有上市公司比例	既有盈余预测又有现金流预测的公司占有盈利预测公司比例
	(1)	(2)	(3)	(3)/(1)	(3)/(2)
2002	1 195	247	5	0.42%	2.02%
2003	1 256	375	40	3.18%	10.67%
2004	1 346	406	146	10.85%	35.96%
2005	1 341	571	249	18.57%	43.61%
2006	1 420	709	293	20.63%	41.33%
2007	1 526	809	321	21.04%	39.68%
2008	1 580	989	597	37.78%	60.36%
2009	1 669	1 141	631	37.81%	55.30%
总计	11 333	5 247	2 282	20.14%	43.49%

图 1 显示了二者的增长情况。黑色表示有分析师盈余预测的公司个数,灰色表示既有分析师盈余预测又有现金流预测的公司个数,从图中可以看出有分析师盈余预测的公司逐年缓慢增加,而既有分析师盈余预测又有现金流预测的公司从 2002 年到 2005 年迅速增加,2005 年到 2007 年缓慢增加,到 2008 年又迅速增加,

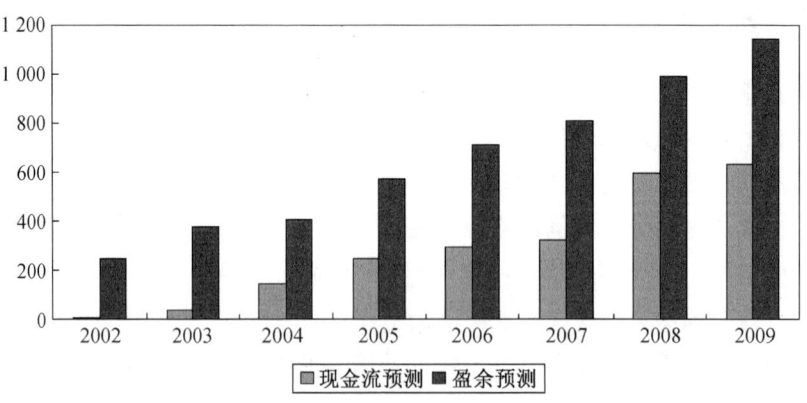

图 1 有分析师盈余预测和有现金流预测的公司数量年度趋势图

2009年放慢速度。既有分析师盈余预测又有现金流预测的公司占所有上市公司的比例从2002年的0.42%一直增加到2009年的37.81%,平均值为20.14%,既有分析师盈余预测又有现金流预测的公司占有分析师盈利预测公司的比例从2002年的2.02%增加到2009年的55.30%,平均值为43.49%。

表3 样本行业分布

行业	所有上市公司的观测个数	有盈余预测的公司观测个数	既有盈余预测又有现金流测的公司观测个数	既有盈余预测又有现金流预测的公司占所有上市公司的比例	既有盈余预测又有现金流预测的公司占有盈利预测公司的比例
	(1)	(2)	(3)	(3)/(1)	(3)/(2)
农、林、牧、渔业(A)	280	101	57	20.36%	56.44%
采掘业(B)	225	167	102	45.33%	61.08%
制造业(C)	6 745	3 234	1 416	20.99%	43.78%
电、煤及水的生产和供应业(D)	461	232	87	18.87%	37.50%
建筑业(E)	236	102	36	15.25%	35.29%
交通运输、仓储业(F)	470	285	141	30.00%	49.47%
信息技术业(G)	717	316	141	19.67%	44.62%
批发和零售贸易(H)	766	287	114	14.88%	39.72%
房地产业(J)	385	168	57	14.81%	33.93%
社会服务业(K)	352	192	77	21.88%	40.10%
传播与文化产业(L)	81	39	20	24.69%	51.28%
综合类(M)	615	124	34	5.53%	27.42%
总计	11 333	5 247	2 282	20.14%	43.49%

表3列示样本公司年观测行业分布情况,从表中可以看出,采掘业中既有分析师盈余预测又有现金流预测的公司占所有该行业上市公司的比例为45.33%,占有分析师盈余预测的该行业公司的比例为61.08%,这两个比例均高于其他行业,可以看出分析师更多地给采掘业的公司发布了现金流预测,可能是因为采掘业的资本密集度较高,投资回报期较长,资金变现能力较差,投资者更需要现金流信息来辅助投资决策,因此分析师更多地对这类公司进行了现金流预测。其中综合类的既有分析师盈余预测又有现金流预测的公司无论是占所有该行业上市公司的比例还是占有分析师盈余预测的公司的比例在所有行业中都是最低的。这可能是因为综合类的公司业务复杂,分析师对此类公司进行预测需花费大量的成

本,所以从成本收益的角度看,分析师对该行业的公司预测较少。

二、描述性统计

表 4 变量描述性统计

变量	N	最小值	均值	中位数	最大值	标准偏差
CFF	5 247	0.000	0.434	0.000	1.000	0.495
Accrual1	5 247	−1.669	−0.016	−0.024	2.178	0.118
Accrual2	5 247	−1.653	−0.004	−0.013	2.238	0.118
EV	5 247	0.001	0.052	0.031	2.445	0.083
CI	5 247	0.000	0.440	0.395	9.647	0.321
State	5 247	0.000	0.682	1.000	1.000	0.466
Size	5 247	16.584	21.606	21.528	27.811	1.208

表 4 列示了所有变量的描述性统计,从表中可以看出,CFF 的均值为 0.434,表明 43.4% 的公司既有分析师盈余预测又有现金流预测。$Accrual1$ 的均值为 −0.016,$Accrual2$ 的均值为 −0.004,这和李远鹏、牛建军(2010)得到的结果类似。盈余波动性的均值为 0.052,中位数为 0.031。资本密集度的均值为 0.440,表明公司资产中平均有 44% 为固定资产投资。$State$ 的均值为 0.682,说明我国上市公司大部分为国有控股公司。

表 5 主要变量 Pearson 相关系数

	Accrual1	EV	CI	State	Size
CFF	0.007*	0.043***	0.065***	−0.001	0.213***
Accrual1	1	0.038***	−0.148***	−0.121***	−0.111***
EV		1	0.102***	−0.032**	−0.177***
CI			1	0.141***	0.118***
State				1	0.327***

注:***、** 和 * 分别表示在 1%、5% 和 10% 的水平上显著。

表 5 列示了主要变量的相关关系,$Accrual2$ 的结果和 $Accrual1$ 的结果类似,所以只列示了 $Accrual1$。从表中可以看出总应计、盈余波动性、资本密集度与因变量 CFF 显著正相关,初步表明公司盈余和经营特征对分析师现金流预测确实有显著的正向影响。是否为国有控股与 CFF 的关系不显著,但这只是单变量相关关系,需要控制其他影响因素之后,在回归分析中进一步检验两者的因果关系。

第六节 实证结果分析

一、公司盈余、经营特征和股权性质对分析师现金流预测行为的影响

表6是模型(1)的回归结果。其中,Model1和Model2只引入公司盈余、经营及财务特征变量,Model3和Model4在Model1和Model2的基础上加入了股权性质($State$)这个变量。表6中显示,4个model的伪决定系数($Pseudo\ R^2$)都在13.40%左右,说明模型拟合程度较好。Model1中$Accrual$1的回归系数为0.724,并且在5%的水平上显著。表明公司应计越高,分析师发布现金流预测的概率越大。另外,该研究的回归系数表明,总应计的标准差增加1个单位,分析师发布现金流预测的概率增加8.5%,即其均值的19.68%[①]。我们的数据结果支持了假设1。另外3个Model中$Accrual$2的回归系数都是显著为正,再次验证了假设1。

表6 公司盈余、经营特征和股权性质对分析师现金流预测行为的影响

变量	被解释变量:CFF			
	Model1 系数	Model2 系数	Model3 系数	Model4 系数
$Intercept$	−9.653***	−9.757***	−9.987***	−10.066***
	(−5.52)	(−5.61)	(−5.14)	(−5.21)
$Accrual$1	0.724**		0.683**	
	(2.18)		(2.09)	
$Accrual$2		1.165***		1.118***
		(2.88)		(3.13)
EV	1.947***	1.939***	1.920***	1.916***
	(2.86)	(2.57)	(2.87)	(3.09)
CI	0.692***	0.716***	0.701***	0.725***
	(4.39)	(5.87)	(4.43)	(4.56)

---

① 总应计$Accrual$1的标准差为0.118,回归系数为0.724,两者相乘为0.085。CFF的均值为0.434,而0.085/0.434=0.1968。

(续表)

变量	被解释变量：CFF			
	Model1 系数[a]	Model2 系数[a]	Model3 系数[a]	Model4 系数[a]
State			−0.153**	−0.142**
			(−2.19)	(−2.16)
Size	0.406***	0.410***	0.425***	0.427***
	(4.94)	(5.02)	(4.55)	(4.62)
YR	Yes	Yes	Yes	Yes
IND	Yes	Yes	Yes	Yes
LR Chi-Square	518.67***	525.94***	518.03***	525.53***
Pseudo R^2	0.133 0	0.134 5	0.133 7	0.135 1
N	5 247	5 247	5 247	5 247

注：括号内为 Z 值，都是按照公司维度聚类调整后的结果；***、**和*分别表示在1%、5%和10%的水平上显著。

Model1 中 EV 的回归系数在 1% 的水平上显著为正，说明公司盈余波动性越大，分析师越有可能发布现金流预测。并且，回归系数表明盈余波动性的标准差增加 1 个单位，分析师发布现金流预测的概率增加 16.2%，是其均值的 37.24%[①]，其他 3 个 Model 中 EV 的回归系数都在 1% 的水平上显著为正，因此假设 2 得到了验证。

Model1 中 CI 的系数为正而且显著，其经济含义为资本密集度的标准差每增加 1 个单位，分析师发布现金流预测的概率增加 22.2%，为其均值的 51.18%[②]。这表明公司资本密集度越大，分析师发布现金流预测的可能性越大，其他 3 个 Model 中 CI 的回归系数都在 1% 的水平上显著为正，验证了假设 3。

Model3 中 State 的回归系数为 −0.153，并且在 5% 的水平上显著。这说明公司是国有控股时，分析师发布现金流预测的概率降低，即分析师倾向于对非国有控股的公司发布现金流预测，假设 4 得到了验证。

Model4 中 State 的回归系数也在 5% 的水平上显著为负，和 Model3 的回归结果基本一致。

四个 Model 中，Size 的回归系数都在 1% 的水平上显著为正，表明公司规模越大，分析师发布现金流预测的可能性越大，跟 DeFond 和 Hung(2003) 的结论相一致。

---

① 盈余波动性 EV 的标准差为 0.083，回归系数为 1.947，两者相乘为 0.162，0.162/0.434 = 0.372 4。

② 资本密集度 CI 的标准差为 0.321，回归系数为 0.692，两者相乘为 0.222，0.222/0.434 = 0.511 8。

二、公司盈余、经营特征和股权性质对分析师现金流预测行为的交叉影响

表 7 是模型(2)的回归结果。模型(2)是为了进一步考察公司盈余、经营和财务特征与国有股权是否交叉影响分析师发布现金流预测的概率。由于篇幅有限,我们只报告了应计用 Accrual1 衡量的研究结果,我们同样检验了 Accrual2,结果和 Accrual1 基本一致,表 8 列示了 Accrual1 的回归结果。

表 7 公司盈余、经营特征和股权性质对分析师现金流预测行为的交叉影响

变量	被解释变量:CFF			
	Model5 系数	Model6 系数	Model7 系数	Model8 系数
Intercept	−10.153***	−10.073***	−10.095***	−10.151***
	(−5.01)	(−5.01)	(−5.30)	(−5.21)
State	−0.150*	−0.178*	−0.043	−0.068*
	(−1.70)	(−1.79)	(−0.16)	(3.279)
Accrual1	1.331***	0.708**	0.679**	1.359***
	(4.51)	(2.14)	(2.10)	(3.70)
State×Accrual1	−0.976*			−1.027*
	(−1.79)			(−1.86)
EV	1.965**	1.566*	1.929***	1.321*
	(2.32)	(1.72)	(2.38)	(1.75)
State×EV		0.748		1.203
		(0.47)		(0.66)
CI	0.674***	0.686***	0.915***	0.978***
	(4.21)	(4.27)	(3.47)	(3.68)
State×CI			−0.286*	−0.385*
			(−1.73)	(−1.67)
Size	0.433***	0.431***	0.426***	0.429***
	(4.51)	(4.54)	(4.60)	(4.57)
YR	Yes	Yes	Yes	Yes
IND	Yes	Yes	Yes	Yes
LR Chi-Square	490.76***	489.78***	494.13***	497.90***
Pseudo R^2	0.1366	0.1362	0.1364	0.1370
N	5 247	5 247	5 247	5 247

注:括号内为 Z 值,都是按照公司维度聚类调整后的结果;***、** 和 * 分别表示在 1%、5%和 10%的水平上显著。

Model5 中加入 $State \times Accrual1$ 变量，从表中可以看出，$Accrual1$ 的回归系数为 1.331，并在 1% 的水平上显著，说明非国有控股企业的应计盈余越大，分析师发布现金流预测的概率越大。$State \times Accrual1$ 的回归系数在 10% 的水平上显著为负，和 $Accrual1$ 的回归系数相加为 0.355（-0.976+1.331），表明国有控股企业的应计盈余和分析师发布现金流预测的概率呈正相关，但显著低于非国有控股企业的应计盈余和分析师发布现金流预测概率之间的关系。交叉项的回归系数说明国有控股对应计盈余和分析师发布现金流预测的概率之间的关系具有负向的边际作用。

Model6 中加入 $State \times EV$ 变量，EV 的回归系数在 10% 的水平上显著为正，说明非国有控股公司的盈余波动性和分析师发布现金流预测的概率呈正相关。$State \times EV$ 的回归系数没有通过显著性检验，意味着国有控股没有对公司盈余波动性和分析师发布现金流预测的概率之间的关系产生显著的影响。

Model7 中加入 $State \times CI$ 变量，$State \times CI$ 的回归系数在 10% 的水平上显著为负，说明了国有控股降低了资本密集度和分析师发布现金流预测的概率之间的敏感度。

Model8 将前面 3 个交叉变量全部加入模型中，得到的结果和前面类似。这个结果表明国有控股企业在国家这个"保护伞"下，相比非国有控股企业具有更低的风险，所以国有控股在一定程度上削弱了企业盈余和经营特征对分析师发布现金流预测行为的影响。

三、稳健性检验

为了检验以上结论的可靠性，我们做了如下稳健性测试：

(1) 为了避免异常值的影响，将连续变量均进行 1% 分位数缩尾处理后重新进行回归，结果与之前无实质差别。

(2) 盈余波动性作为一个重要的变量来解释分析师发布现金流预测的概率大小，根据 Jayaraman(2008) 的做法将盈余波动性用扣除特殊项目之前的利润的标准差来衡量，放入模型中重新回归，结论没有发生变化。

第七节 研 究 结 论

本章基于信息需求理论，以 2002—2009 年中国 A 股上市公司为样本，研究了分析师选择性发布现金流预测的动因。研究结果发现，分析师倾向于对某些公司发布现金流预测。具体表现为，公司应计项目占比越大、盈余波动性越强、资本密集度越高,分析师发布现金流预测的可能性越大;并且公司为非国有控股时,分析师更可能发布现金流预测;进一步研究发现,国有股权对公司应计项目、资本密集度和分析师发布现金流预测的概率之间的关系有负向边际作用。研究结果表明,投资者对应计项目占比越大、盈余波动性越强和资本密集度越高的公司更需要了解其现金流信息,因此分析师越有可能对这类公司进行现金流预测,以满足投资者的需要。考虑我国独特的股权制度背景,由于政府的支持,国有控股公司相比非国有控股公司的盈余和经营状况都较好,所以分析师对国有控股公司发布现金流预测的概率相对较低;进一步研究表明,国有股权降低了公司应计项目、资本密集度和分析师发布现金流预测的概率之间的敏感度。

本章首次基于股权性质,深入讨论和分析了分析师选择性发布现金流预测的动因,填补了我国目前在这一研究领域的空白,加深了对在我国独特的制度背景下,公司盈余、经营特征及股权性质对分析师发布现金流预测行为产生的影响的认识。本章的结论从分析师现金流预测的角度,为国有股权的治理效应提供了证据,丰富了国有股权的研究。除了以上理论上的贡献之外,本章的研究结论对实务也具有一定的启示。本章发现既有分析师盈余预测又有现金流预测的公司,其盈余和经营状况相对较差,对使用分析师预测信息的投资者有一定的参考价值。

第三章

"先扬后抑"的盈余预测：
现象、原因及后果

第一节 研究背景与研究意义

证券分析师又称财务证券分析师（financial analyst），通常供职于券商、基金、证券咨询机构，他们通过搜集上市公司的各种数据、信息，运用专业知识进行分析和研究，然后向投资者发布盈余预测与投资建议（Cheng 等，2006）。这些预测和建议是很多投资者进行证券投资的重要参考依据。因此，证券分析师对公司的盈余预测成为业界人士普遍关注的问题，同时也是学术界探讨的热点问题（Ramnath 等，2008）。证券分析师作为专业的信息中介，在资本市场中发挥着重要作用。然而，其预测的准确性近年来一直为各方所诟病，券商研报"乌龙"事件频繁爆出，特别是银河证券"卫星研报"[1]、双汇发展"瘦肉精"及绿大地财务造假[2]等一系列事件，将证券分析师预测的准确性推向舆论的风口浪尖。此外，在我国，证券分析师通过发布有偏报告取悦上市公司的现象也为众多媒体所关注。例如，有媒体报道，某券商证券分析师在谈到与上市公司之间的关系时提及："证券分析师要对上市公司进行调研，要获得相关的一些数据和消息，就必须与上市公司搞好关系。"[3]由此可见，证券分析师发布有偏报告受到社会各界的关注，但截至目前，证券分析师为什么发布有偏报告并没有得到实证检验，基于此，本章拟主要考察证券分析师发布有偏报告的动机。

证券分析师的成功在很大程度上取决于其能否及时获得或解读所跟踪公司的最新信息甚至内幕信息，而这类信息的主要提供者无疑是上市公司管理层

---

[1] 详细内容请参见 http://business.sohu.com/20110721/n314133242.shtml。
[2] 详细内容请参见 http://finance.sina.com.cn/stock/qsth/20110503/05099782307.shtml。
[3] 详细内容请参见 http://news.hexun.com/2008-11-30/111811761.html。

(Schipper,1991)。因此,发布管理层"喜欢的"而非真实的报告以获取私有信息成为证券分析师的理性选择。西方学者早已注意到这种现象(Lim,2001;Matsumoto,2002;Richardson 等,2004),但他们的研究大多将重心放在证券分析师为了取悦管理层而发布有偏报告的现象上,并没有进一步深入分析和解释证券分析师是否因此而获利。例如,Richardson 等(2004)研究发现,证券分析师对公司进行盈余预测时,往往起先发布乐观的预测报告,在临近公司公布盈余公告时发布悲观的预测报告(Optimistic/Pessimistic 报告,简称"OP 报告")。直到最近才有学者将这种现象与证券分析师获取私有信息相联系(Ke 和 Yu,2006)。但是,由于缺乏对管理层动机的明确界定,这些研究仍存在诸多缺陷,特别是无法排除可能存在的替代假说(Libby 等,2008)。因此,通过分析一个能够清楚界定证券分析师和管理层动机的具体事件,可为此类研究提供更直接的证据。在美国等发达国家,由于股权高度分散,且保持较高的流动性,上市公司高管通常持有大量的该公司股票或期权等衍生工具,他们时刻关注股价,以便随时增持或减持公司股份。因此,研究者很难找到一个管理层特别关注股价的具体事件。与此不同,我国上市公司的股权高度集中,上市公司控股股东为获得控制权私利而不会随时关注公司股票价格(李增泉等,2012),只是在某些特殊的时点(如当上市公司进行配股、增发等再融资时),才会非常关注股票价格,因为再融资价格高低会对其利益产生直接影响(赵良玉等,2013)。为此,本章以我国资本市场股票配股和公开增发事件为研究背景,不仅可为证券分析师盈余预测偏差及其动机研究提供更加直接和有力的证据,还可丰富该研究领域的文献。

事实上,在我国特殊的制度背景下,对这个问题的研究具有更加重要的意义。一方面,与国外资本市场发达的国家相比,我国资本市场发展滞后,投资者法律保护薄弱,内幕交易不容乐观。为提升自身在业内的知名度并满足机构投资者对私有信息的需求,通过取悦上市公司的管理层来获取内幕信息成为许多证券分析师的理性选择。另一方面,由于我国证券分析行业发展比较晚,证券分析师的能力和素质与国外发达国家的证券分析师相比还有相当大的差距(姜国华,2004)。因而,我国的证券分析师能否准确预测公司的盈余,发布管理层满意的预测报告仍值得商榷。那么,我国证券分析师在进行盈余预测时,是否也存在"先扬后抑"的现象?简单地将国外的结论应用到我国可能并不恰当。

因此,本章以 2001—2010 年我国 A 股上市公司配股、公开增发事件为研究对象,实证检验证券分析师发布有偏盈余预测的存在性及其动机,为该领域的研究提供更有说服力的证据。具体来说,本章主要研究以下三个问题:①我国证券分析师在预测盈余时是否存在"先扬后抑"的现象;②当上市公司进行配股、公开增发时,证券分析师出具 OP 报告是否是为了获取私有信息;③当公司私有信息价值较高时,证券分析师是否会更倾向于发布 OP 报告。

研究结果表明:①总体来看,我国证券分析师在预测时并不存在"先扬后抑"的现象,此现象仅仅存在于国有上市公司中;②就全样本来说,我国证券分析师对配股和公开增发的上市公司出具 OP 报告并不能获取私有信息;然而,我们将样本分为国有企业和非国有企业两个子样本之后,发现在国有企业样本中,证券分析师出具 OP 报告能够获取私有信息,进而提高预测准确性;③在国有企业样本中,当上市公司私有信息价值较高时,证券分析师更倾向于发布 OP 报告以取悦管理层来获取私有信息。

本章的主要研究贡献如下:第一,以往的文献主要集中讨论证券分析师发布有偏盈余预测的影响因素(石桂峰等,2007;李丹、贾宁,2009;宋乐、张然,2010),鲜有文献研究证券分析师为什么发布 OP 报告。本章以我国独具制度特色的配股和公开增发事件为研究对象,实证检验了证券分析师发布有偏盈余预测的存在性及其动机。一方面,本章可以提供更加直接和有力的证据以弥补国外就证券分析师发布有偏盈余预测动机研究的不足;另一方面,本章可进一步丰富国内证券分析师盈余预测研究的相关文献。第二,本章的研究结论有助于我们理解证券分析师的预测行为。研究结论表明,对于进行配股和公开增发的国有上市公司,证券分析师更倾向于发布 OP 报告。因此,投资者在进行投资决策时,应考虑证券分析师的这一预测行为,以便作出合理的投资决策。

本章其他部分的安排如下:第二节进行理论分析并提出研究假设,第三节为研究设计,第四节对实证结果进行分析,第五节为稳健性检验,第六节为研究结论。

第二节 理论分析和研究假设

早期的国外学者发现,证券分析师喜欢发布有偏的盈余预测报告以取悦公司管理层(Francis 和 Philbrick,1993;Lim,2001;Matsumoto,2002;Richardson 等,2004),但并未给出直接的证据表明证券分析师因此而获利。为证实公司管理层究竟喜欢哪种盈余预测报告以及证券分析师发布有偏报告的动机,Ke 和 Yu (2006)在以前学者研究的基础上,按证券分析师首次和末次盈余预测是否大于实际盈余,将证券分析师盈余预测报告分为四种(OP、OO、PP、PO)。其中,如果证券分析师首次盈余预测大于实际盈余并且末次盈余预测不大于实际盈余,就为

OP报告；其他三种报告的定义类似。同时，他们以盈余预测准确性衡量证券分析师从管理层获取私有信息的程度，研究发现相比其他盈余预测报告（OO、PP、PO），管理层更喜欢OP报告。发布OP报告的证券分析师由于其通过取悦管理层获得了私有信息，因而随后的盈余预测的准确性更高。为了排除可能存在的替代假说，Libby等（2008）采用实验的研究方法进一步发现，与其他盈余预测形式相比，证券分析师发布OP报告和证券分析师获取私有信息存在因果关系。随后的简报结果（briefing results）表明，证券分析师发布OP报告主要是想获得更多电话会议（conference calls）的参与机会，进而获得私有信息。电话会议是证券分析师与管理层交流私有信息的一种重要形式。Bowen等（2002）研究发现，参加电话会议的证券分析师的盈余预测的准确性更高，Mayew等（2013）也证实了这一结论。

此外，很多文献研究发现，证券分析师的声誉、薪酬及职业成功往往取决于其预测的准确程度。Mikhail等（1999）和Hong等（2000）均发现，与盈余预测准确性较差的证券分析师相比，预测准确的证券分析师往往更不容易被公司辞退。Leone和Wu（2002）研究发现，在"全明星证券分析师排名"（all-star analyst ranking）的评选中，证券分析师盈余预测的准确性是评估时考虑的一项非常重要指标。同时，我国也有媒体报道，入选《新财富》最佳证券分析师"不仅可以迅速提升其在业内的知名度，更会为证券分析师带来直接的利益，包括奖金的大幅度提升或更好的职业生涯[①]。因而，证券分析师都有动机提高自己的预测准确性。Solomon和Frank（2003）则发现，如果证券分析师发布了有悖管理层希望的信息，就会受到管理层的"惩罚"，并且"违逆"的证券分析师以后很少再能获得管理层的青睐。

那么，我国的证券分析师在进行盈余预测时，是否也存在"先抑后扬"的现象？如果存在，则证券分析师发布OP报告的动机是什么？我国的学者并未给出答案。鉴于我国本身制度的特殊性，简单地将国外的结论应用于我国可能并不合适。最重要的是，在西方发达国家，研究者很难找到一个用于界定证券分析师通过发布OP报告提高股价以满足管理层偏好的具体情境。与此不同，我国上市公司股权高度集中，即使在股权分置改革后，控股股东为获得控制权私人收益也不会随时进行交易（李增泉等，2012）。控股股东只是在某些特定的时点（如配股、公开增发等）才会关注公司的股票价格。在我国，证券分析师作为专业的信息媒介，

[①] 详细报道请参见：http://www.chinatimes.cc/licai/licaijing/zhengquan/2011-12-09/27610.shtml。

其预测报告对投资者行为依然具有重大影响(深圳证券交易所,2011)。因此,在再融资申请提出时,证券分析师发布 OP 报告向市场传递好消息,不仅会直接提高投资者的购买意愿,而且会通过影响再融资价格来提高公司的市场价值(Bartov 等,2002;Richardson 等,2004)。在这期间,给上市公司以支持的证券分析师,随后更可能获得管理层的认同,从而获取更多的私有信息。基于以上分析,我们预测,证券分析师对进行配股和公开增发的公司出具 OP 报告能够获取更多的私有信息。Ke 和 Yu(2006)和 Libby 等(2008)以证券分析师盈余预测准确性来衡量私有信息的获取程度。据此,本章提出假设 1:

假设 1:在上市公司配股和公开增发的事件中出具 OP 报告的证券分析师,其后对公司发布的盈余预测更准确。

以上分析表明,尽管出具 OP 报告可能有助于证券分析师从上市公司处获取私有信息,但当有偏报告并非对公司真实状况的描述时,也会给证券分析师带来很大的损失。最极端的情况是,如果投资者对证券分析师彻底失去信心,就将最终导致证券分析师行业的消失。因此,证券分析师在考虑是否需要参与 OP 报告过程以换取私有消息时,会在私有信息的价值与声誉受损之间进行权衡。只有私有信息价值较高时,理性的证券分析师才会选择 OP 报告。此外,Lim(2001)研究发现,证券分析师基于上市公司公布的信息(公共信息)和私有信息进行盈余预测时,与管理层维持良好关系被认为是获取私有信息的有效渠道。相比私有信息,公共信息因为获取成本较低而成为证券分析师进行盈余预测时的重要信息来源(方军雄,2007)。所以,当私有信息价值较低时,理性的证券分析师基于成本的考虑可能会减少私有信息的收集,此时证券分析师也会降低发布 OP 报告的概率。基于以上两个方面的考虑,我们预测,当公司的私有信息价值较高时,证券分析师更倾向于对其出具 OP 报告。Hutton 等(2009)和李增泉等(2011)用股价同步性衡量私有信息的价值。据此,本章提出假设 2:

假设 2:股价同步性越高,证券分析师出具 OP 报告与其后盈余预测准确性之间的关系越弱。

第三节 研 究 设 计

一、样本选择和数据来源

本章以我国 2001—2010 年沪深两市实施配股和公开增发的上市公司为研究

对象①。并且按照以下标准进行筛选：①为了控制预测报告发布时间的远近对预测准确性的影响，本章只选取本年度发布对本年盈余进行预测的报告，剔除了本年度发布的对以后年度盈余的预测报告，以及之前年度对本年度盈余的预测报告。选取的研究报告时间段介于上年盈余公布日至当年盈余公布日之间②。②基于盈余预测报告的形式及变量计量的要求，本章要求每家公司至少要有三个证券分析师跟踪并且每个证券分析师至少在一年内对同一公司发布二次预测报告。③筛选出在配股和公开增发事件前后 90 天内证券分析师出具预测报告的公司。其中，配股的事件日为缴款截止日，公开增发的事件日为网上申购截止日。④由于多个证券分析师一起出具预测报告会对 OP 的计量产生误差，本章剔除了由两个或两个以上的证券分析师同时出具预测报告的公司。⑤由于金融行业的特殊性，本章剔除了金融、保险类公司。⑥剔除 ST、PT 公司。⑦剔除财务数据缺失的公司样本。本章最终得到 522 个样本观测值。本章的证券分析师盈余预测使用的是 CSMAR 和 WIND 合并后的数据；其余数据均来自 CSMAR 数据库。

二、变量定义及描述性统计

1. 因变量：证券分析师盈余预测准确性

文献中关于预测准确性（accuracy）的度量主要有两种：一种用绝对准确性（Lang 和 Lundholm，1996；曹胜、朱红军，2011）；另一种用相对准确性（Ke 和 Yu，2006；Ertimur 等，2007），相比绝对准确性来说，相对准确性可以有效控制公司之间差异的影响，因此本章借鉴 Ke 和 Yu（2006）的方法来度量预测准确性。

计算公式如下：

$$ACCURACY = 100 - \frac{rank_{ijt} - 1}{number\ of\ analysts_{jt} - 1} \times 100$$

其中，$rank_{ijt}$ 为证券分析师 i 在第 t 年对公司 j 绝对预测误差（$FE_{ijt} = |F_{ijt}^{last} - A_{jt}|$）排列后的秩，$F_{ijt}^{last}$ 为证券分析师 i 在第 t 年对公司 j 最后一次的盈余预测值。

2. 自变量：证券分析师的预测形式

（1）OP 预测报告。当 F_{ijt}^{first} 大于 A_{jt} 并且 F_{ijt}^{last} 小于等于 A_{jt} 时，本研究定义

---

① 相比其他再融资事件，CSMAR 中国上市公司配股增发数据库中详细披露了配股和增发数据。基于数据的准确与可获得性，本章只以配股和增发的事件为研究对象。

② 例如，证券分析师对万科（股票代码：000002）2007 年的盈余预测是指从上年 2006 年盈余公告日（2007 年 3 月 20 日）之后到本年盈余公告日（2008 年 3 月 21 日）为止；不在此期间的数据予以剔除。

$OP_{ijt}=1$;否则为 0。其中,F_{ijt}^{first} 为证券分析师 i 在第 t 年对公司 j 最早一次的盈余预测值,A_{jt} 为公司 j 在第 t 年实际公告的盈余值。此外,本研究也类似地定义了 OO、PP、PO 三种盈余预测形式。当 F_{ijt}^{first} 大于 A_{jt} 并且 F_{ijt}^{last} 大于 A_{jt} 时,$OO_{ijt}=1$;否则为 0。当 F_{ijt}^{first} 小于等于 A_{jt} 并且 F_{ijt}^{last} 大于 A_{jt} 时,$PO_{ijt}=1$;否则为 0。当 F_{ijt}^{first} 小于等于 A_{jt} 并且 F_{ijt}^{last} 小于等于 A_{jt} 时,$PP_{ijt}=1$;否则为 0。

(2) 股价同步性(SYN)。对于股价同步性的度量,本章借鉴 Hutton 等(2009)、李增泉等(2011)对该指标的度量,首先从模型(1)得到其调整的 R^2:

$$R_{it} = \alpha + \beta_1 R_{mt-1} + \beta_2 R_{jt-1} + \beta_3 R_{mt} + \beta_4 R_{jt} + \beta_5 R_{mt+1} + \beta_6 R_{jt+1} + \sigma \quad (1)$$

其中,R_{it}、R_{jt}、R_{mt} 分别为公司、行业、市场的日收益率。

然后对 R^2 进行适当转化,得到 $SYN = LOG[R^2/(1-R^2)]$。在回归中,本研究用 DSYN 作为股价同步性的替代指标。当 SYN 大于样本中位数时,我们令 $DSYN=1$;否则 DSYN 为零。

3. 控制变量

(1) 证券分析师分歧度(DEVIATION)。对于 DEVIATION 的构建,本研究参照 Ke 和 Yu(2006)的方法,首先计算 $\hat{F}_{ijt}^{first} = \dfrac{\sum_{m\neq i} F_{mjt}^{first}}{number\ of\ analysts_{jt} - 1}$,然后得到该指标 $DEVIATION = \left| F_{ijt}^{first} - \hat{F}_{ijt}^{first} \right|$。

(2) 证券分析师对特定公司的经验(FIRMEXPERIENCE)。该指标以证券分析师跟踪该特定公司的年数来度量。

(3) 跟踪的证券分析师数量(FOLLOW)。该指标以同一年度对公司进行跟踪的所有证券分析师数目来衡量。

(4) 证券分析师投入精力(FIRMSCOVED)。该指标以证券分析师同一年度内跟踪上市公司的数目来度量。

(5) 预测间隔(GAP)。该指标以证券分析师发布最后一次盈余预测报告的日期与公司年报盈余公告日的天数来度量。

本章因变量(ACCURANCY)采用了相对指标进行度量,因此对控制变量(除 FOLLOW 外)也进行类似的相对化处理。处理后的变量分别为 BOLD、R_FIRMEXPERIENCE、R_FIRMSCOVED、R_GAP,其中,在回归中本研究用 FOLLOW 取自然对数 $Log(FOLLOW)$ 来替代 FOLLOW,用变量 LNFOLLOW 来表示。

三、模型设定

对于检验假设1,我们参照 Ke 和 Yu(2006)的做法构建模型(2):

$$ACCURRANCY = \alpha_0 + \alpha_1 OP + \alpha_2 BOLD + \alpha_3 R\_FIRMEXPERIENCE + \alpha_4 LNFOLLOW + \alpha_5 R\_FIRMSCOVED + \alpha_6 R\_GAP + \varepsilon \tag{2}$$

如果假设1成立(即在上市公司配股和公开增发的事件中出具 OP 报告的证券分析师,其后对公司发布的盈余预测更准确),那么我们预期 OP 的系数 α_1 显著为正。

为了检验假设2,我们在模型(2)的基础上加入交叉变量(OP×DSYN)构建模型(3):

$$ACCURRANCY = \alpha_0 + \alpha_1 OP + \alpha_2 DSYN + \alpha_3 OP \times DSYN + \alpha_4 BOLD + \alpha_5 R\_FIRMEXPERIENCE + \alpha_6 LNFOLLOW + R\_FIRMSCOVED + \alpha_8 R\_GAP + \varepsilon \tag{3}$$

如果假设2成立(即股价同步性越高,证券分析师出具 OP 报告与其后盈余预测准确性之间的关系越弱),那么我们预测交叉项(OP×DSYN)的系数 α_3 显著为负。

第四节 实证结果分析

一、我国证券分析师在盈余预测时是否存在"先扬后抑"的现象

为验证我国证券分析师是否存在"先扬后抑"的现象,在图1中,以纵坐标为标准化盈余预测误差,横坐标为距离实际盈余披露月数(以月为单位),其中0点代表公司实际盈余披露所在的月份。从图1我们可以发现,对于全样本数据来说,盈余预测误差在负8点时开始变为正数,并一直持续到负2点,在0点又变为0,整体来说可能不存在"先扬后抑"的现象;与全样本类似,非国有企业样本也表现出类似的变化规律,"先扬后抑"的现象也不明显;相反,与前两个样本相比,国有企业样本在4点变为正数后就一直持续到0点。因此,就3个样本来说,如果我国证券分析师在盈余预测时存在"先扬后抑"的现象,那么这种现象就最可能存在于国有企业样本中。此外,如果以标准化盈余预测的均值为纵坐标,则我们也会得到类似的结论。为进一步验证我国证券分析师盈余预测"先扬后抑"现象的存在性,以及证券分析师发布 OP 报告的可能动机,我们进行变量分析。

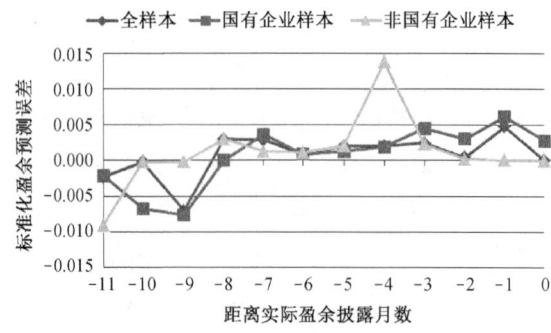

图 1　证券分析师发布盈余预测误差随时间的变化①

二、单变量分析

表1是证券分析师发布 OP 报告影响其后盈余预测准确性的单变量分析结果。从结果我们可以看出,在全样本中,发布 OP 报告的证券分析师其后的盈余预测准确性的均值和中位数分别为31.940和38.562;而未发布 OP 报告的证券分析师其后的盈余预测准确性的均值和中位数则分别为36.068和50.000。均值检验和中位数检验表明两者并不存在显著差异。此外,为进一步检验"先扬后抑"的现象,我们将全样本按实际控制人性质分为国有企业(STATE=1)和非国有企业(STATE=0)两类,同样进行单变量分析。结果发现,在国有企业样本中证券分析师发布 OP 报告对之后的盈余预测准确性影响的均值和中位数都显著高于发布其他形式报告的证券分析师。两者均值 T 检验和中位数 Wilcoxon Rank-Sum 检验的 P 值分别为0.01和0.00,均在1%的水平上显著。而在非国有企业样本中,两类报告的差异并不显著,这说明证券分析师更倾向于对国有上市公司发布 OP 报告。由于单变量分析难以排除其他干扰因素的影响,因此我们下一步采用多变量回归方法控制噪音,进行更深入的探讨。

表1　证券分析师发布 OP 报告对之后的盈余预测准确性影响的单变量分析

P	OP=1(N=58)		OP=0(N=464)		DIFFERENCE	
	均值	中位数	均值	中位数	均值	中位数
STATE=1	67.899	83.333	24.526	43.333	43.373***	40.000***
STATE=0	19.199	15.694	28.405	35.000	−9.206	−19.306
全样本	31.940	38.562	36.068	50.000	−4.128	−11.438

注:***、**和*分别表示在1%、5%和10%的水平上显著。

① 以标准化盈余预测误差的中位数为纵坐标,以距离实际盈余披露月数为横坐标。其中,标准化盈余预测误差用公司的实际盈余减去证券分析师的预测盈余之差除以前一年该股票盈余公布后首次的收盘价来衡量。

三、多变量回归分析

表2是对假设1的回归检验结果。其中,列(1)是单变量回归结果,列(2)是加入控制变量后的多变量回归结果。从列(1)和列(2)我们可以看出,无论是否加入控制变量,OP的系数都不显著。此外,在列(3)中加入证券分析师其他盈余预测形式(OO和PP)后,OP的系数反而显著负相关。也就是说,我国的上市公司整体上并不存在"先扬后抑"的现象。在上市公司需要配股和公开增发时,出具OP报告的证券分析师,其后的盈余预测准确性并没有显著提高。这可能是因为与国外发达资本市场的证券分析师相比,我国证券分析师对上市公司盈余预测质量较差(姜国华,2004)。

表2 证券分析师出具OP报告对盈余预测准确性的影响

变量	(1) ACCURACY	(2) ACCURACY	(3) ACCURACY
OP	−4.128	−3.259	−18.734*
	(−0.587)	(−0.510)	(−1.679)
OO			−11.985
			(−1.190)
PP			−18.882*
			(−1.943)
BOLD		0.255***	0.260***
		(6.079)	(6.125)
R_FIRMEXPERIENCE		−0.236	−0.203
		(−0.701)	(−0.604)
LNFOLLOW		24.153***	25.672***
		(5.576)	(5.782)
R_FIRMSCOVER		−0.325	−0.294
		(−1.172)	(−1.059)
R_GAP		−2.062***	−2.104***
		(−6.887)	(−7.022)
Constant	36.068***	−8.851	2.414
	(15.383)	(−1.014)	(0.187)
N	522	522	522
R-squared	0.001	0.222	0.230

注:括号内是t值;***、**和*分别表示在1%、5%和10%的水平上显著。

在我国,由于作为国有企业实际控制人的政府大股东在享有掌控公司经营决策控制权的同时,却没有显著的现金流量权。因而,政府大股东就有更大的动机最大化其自身的部门利益。此外,相比国有企业,非国有企业的大股东(即私有产权性质的大股东)由于代表着一般股东的特征而追求个人经济利益最大化,其面临的风险回避系数要小于政府大股东。而且,在获取控制权私人收益所支付的成本方面,由于监管力量和法律约束更难以限制政府权力(也即面临的法律诉讼和惩罚风险更低),使得非政府大股东为其侵占行为需要支付更多的成本费用(吴清华、田高良,2008)。综合地看,政府大股东因其行为的特殊性和目标函数的复合性,相比私有产权性质的大股东,其获取控制权私人收益的动机更加强烈。为更好地隐蔽自己的侵占行为,政府大股东及管理层往往不愿意向投资者披露更多的信息。因此,相比非国有企业,为获得更多的私有信息,证券分析师更有动机对国有企业出具 OP 报告。由此,我们将全样本按实际控制人性质进一步划分为非国有企业和国有企业。实证结果如表 3 所示。

表 3 分样本检验证券分析师出具 OP 报告对盈余预测准确性的影响

变量	非国有企业			国有企业		
	(1) ACCURACY	(2) ACCURACY	(3) ACCURACY	(4) ACCURACY	(5) ACCURACY	(6) ACCURACY
OP	−9.206	−10.590	−37.049*	43.373***	27.924**	38.814*
	(−0.861)	(−0.963)	(−1.854)	(2.829)	(2.343)	(1.930)
OO			−17.663			10.610
			(−0.975)			(0.590)
PP			−33.675*			12.252
			(−1.897)			(0.707)
BOLD		0.119	0.131*		0.338***	0.339***
		(1.541)	(1.671)		(5.818)	(5.791)
R_FIRMEXPERIENCE		0.231	0.332		−0.364	−0.333
		(0.425)	(0.615)		(−0.547)	(−0.494)
LNFOLLOW		−3.389	1.803		37.898***	38.127***
		(−0.348)	(0.182)		(4.624)	(4.338)
R_FIRMSCOVER		−0.224	−0.183		−0.029	−0.099
		(−0.474)	(−0.387)		(−0.055)	(−0.184)
R_GAP		−0.769	−0.962*		−4.054***	−4.067***
		(−1.426)	(−1.780)		(−7.872)	(−7.736)
Constant	28.405***	41.602**	56.285**	24.526***	−33.754**	−44.823*
	(7.311)	(2.471)	(2.544)	(5.571)	(−2.096)	(−1.737)
N	197	197	197	182	182	182
R-squared	0.004	0.061	0.089	0.043	0.476	0.477

注:括号内是 t 值;***、** 和 * 分别表示在 1%、5% 和 10% 的水平上显著。

从表 3 我们可以看出,在非国有企业样本($STATE=0$)在无论是单变量回归还是多变量回归,其 OP 系数均为负数;相反,在国有企业样本($STATE=1$)中,无论是否添加控制变量,其 OP 系数都显著正相关。结合表 2 的结果,本研究可以得出这样的结论:就我国整体样本来说,并不存在所谓的"先扬后抑"的现象,这种现象仅仅存在于国有上市公司中。为进一步检验假设 2,本研究只以国有上市公司为研究样本。回归结果如表 4 所示。

表 4 国有上市公司中证券分析师出具 OP 报告对盈余预测准确性的影响

变量	(1) ACCURACY	(2) ACCURACY	(3) ACCURACY
OP	27.924**	45.563***	60.544***
	(2.343)	(6.902)	(5.187)
OO			11.606
			(1.099)
PP			17.085
			(1.519)
$DSYN$		5.565	8.949
		(0.754)	(1.079)
$OP \times DSYN$		−24.243**	−26.764**
		(−1.981)	(−2.150)
$BOLD$	0.338***	0.326***	0.321***
	(5.818)	(4.054)	(3.977)
$R\_FIRMEXPERIENCE$	−0.364	−0.337	−0.273
	(−0.547)	(−0.548)	(−0.435)
$LNFOLLOW$	37.898***	36.709***	34.612***
	(4.624)	(3.843)	(3.234)
$R\_FIRMSCOVER$	−0.029	0.009	−0.048
	(−0.055)	(0.016)	(−0.081)
R_GAP	−4.054***	−4.071***	−4.068***
	(−7.872)	(−8.286)	(−8.037)
$Constant$	−33.754**	−33.921*	−44.444*
	(−2.096)	(−1.690)	(−1.825)
N	182	182	182
R-squared	0.476	0.479	0.482

注:括号内是 t 值;***、**和*分别表示在 1%、5%和 10%的水平上显著。

表 4 报告国有上市公司私有信息价值高低影响证券分析师发布 OP 报告与其后的盈余预测准确性之间关系的回归结果。列(1)是不加交叉变量 $OP\times DSYN$ 的回归结果。列(2)是加入交叉变量 $OP\times DSYN$ 的回归结果,由列(2)可以看出,交叉变量 $OP\times DSYN$ 的系数显著为负。也就是说,对于股价同步性较高的公司,证券分析师为了获取私有信息而发布 OP 报告的可能性较低,这验证了假设 2 的正确性。同时,在列(2)中,OP 的系数依然显著为正,进一步提供了支持假设 1 的证据。此外,作为对照,我们在列(3)中加入证券分析师的其他盈余预测形式。结果表明,与发布其他盈余预测形式(OO 和 PP)的证券分析师相比,出具 OP 报告的证券分析师更可能获取私有信息。

对于控制变量,我们发现 R_GAP 的系数显著为负,说明距离年报公告日越近,信息就越丰富,证券分析师的盈余预测更准确。同时,跟踪的证券分析师(LNFOLLOW)越多,公司的信息越透明,则证券分析师的预测越准确,这与现有文献相一致。但证券分析师分歧度、证券分析师对特定公司的经验以及证券分析师投入精力对证券分析师预测准确性的影响因素与西方有些不同。在我国,证券分析师分歧度(BOLD)越大,预测准确性却越高,而证券分析师对特定公司的经验以及证券分析师投入精力对预测的准确性的影响并不显著。这说明在我国资本市场上,证券分析师的预测准确性更可能与我国的制度特征有关。

第五节 稳健性检验

由上面的结论可知,证券分析师通过出具 OP 预测报告可以提高预测准确性。预测准确性是证券分析师入选"《新财富》最佳证券分析师"的重要参考指标,那么证券分析师出具 OP 报告能否提高其入选的概率以及获得更高的名次。为验证这一假说,我们分别采用 LOGIT 模型和 ORDER LOGIT 模型进行回归分析,结果分别如表 5 和表 6 所示。

表 5 证券分析师出具 OP 报告对入选《新财富》的影响

变量	全样本		非国有企业样本		国有企业样本	
	(1) RANK	(2) RANK	(3) RANK	(4) RANK	(5) RANK	(6) RANK
AOP	−0.419	0.544	−1.934	0.936	0.681	6.846***
	(−0.617)	(0.518)	(−1.216)	(0.413)	(0.679)	(2.806)

(续表)

变量	全样本		非国有企业样本		国有企业样本	
	(1) RANK	(2) RANK	(3) RANK	(4) RANK	(5) RANK	(6) RANK
AOO		0.882		1.219		5.487***
		(1.004)		(0.721)		(2.596)
APP		1.146		3.244*		6.729***
		(1.271)		(1.802)		(2.997)
ABOLD	−0.004	−0.004	0.000	0.001	0.004	0.005
	(−1.215)	(−1.268)	(0.001)	(0.118)	(0.973)	(1.014)
LNEXPERIENCE	0.720***	0.735***	1.450***	1.504***	0.489	0.935**
	(3.608)	(3.655)	(3.982)	(3.766)	(1.449)	(2.421)
CONSTANT	−1.710***	−2.659***	−2.473***	−4.775***	−1.311***	−7.269***
	(−8.302)	(−3.123)	(−5.607)	(−2.708)	(−4.646)	(−3.364)
OBS	522	522	197	197	182	182
Pesudo R^2	0.027	0.031	0.118	0.166	0.018	0.085

注：括号内是 t 值；***、** 和 * 分别表示在1%、5%和10%的水平上显著。

表6 证券分析师出具OP报告对《新财富》排名的影响

变量	全样本		非国有企业样本		国有企业样本	
	(1) RANK1	(2) RANK1	(3) RANK1	(4) RANK1	(5) RANK1	(6) RANK1
AOP	−0.458	−2.222	2.181	32.334***	1.980	−8.219
	(−0.400)	(−1.159)	(0.584)	(2.830)	(1.158)	(−1.450)
AOO		−1.242		15.385***		−8.240*
		(−0.852)		(2.801)		(−1.848)
APP		−1.728		12.599**		−9.881
		(−1.161)		(2.450)		(−1.934)
ABOLD	0.002	0.000	0.010	0.036*	−0.011	−0.018*
	(0.249)	(0.002)	(0.676)	(1.932)	(−1.177)	(−1.762)
LNEXPERIENCE	0.616*	0.565*	0.776	0.011	0.289	−0.147
	(1.882)	(1.710)	(1.234)	(0.015)	(0.549)	(−0.234)
CONSTANT	−0.860**	−2.409	−0.272	12.653**	−1.053**	−10.415**
	(−2.272)	(−1.616)	(−0.405)	(2.403)	(−2.098)	(−2.125)
OBS	103	103	28	28	53	53
Pesudo R^2	0.012	0.017	0.057	0.222	0.021	0.056

注：括号内是 t 值；***、** 和 * 分别表示在1%、5%和10%的水平上显著。

其中,证券分析师《新财富》排名数据来自新财富网站①,rank 为证券分析师是否进入"《新财富》最佳证券分析师"榜单,进入为 1;否则为 0。rank1 为证券分析师在"《新财富》最佳证券分析师"榜单中的排名。AOP、AOO、APP 以及 $ABOLD$ 分别为证券分析师层面的 OP、OO、PP 和 $BOLD$,$LNEXPERIENCE$ 为证券分析师预测经验,用证券分析师预测年数来衡量。从表 5 和表 6 中可以看出,在国有上市公司中,证券分析师出具 OP 报告能有效增加其进入"《新财富》最佳证券分析师"榜单的概率,但并不能提高其在"《新财富》最佳证券分析师"榜单中的名次。可能的原因是,评选新财富考验的不仅是自身的研究实力,还有所在机构、人脉等。在更为激烈的名次争夺战中,可能更要靠自身能力以外的一些资源。正如曾获得"《新财富》最佳证券分析师"的王先生感叹道,"拜票除证券分析师自己要有能力外,最重要的还是公司领导的拜票能力,说到底还是要靠人脉"②,由此出现了上述结果。

此外,为了增加研究结论的可靠性,我们对本章的研究结果还进行了稳健性测试。

一、投行业务对结果的影响

有研究表明,证券分析师发布有偏报告是为了赢得投行业务(Bradshaw 等,2003;原红旗、黄倩茹,2007;潘越等,2011)。在投行工作的证券分析师更可能获得管理层的私有信息,因而会出现假设 1 和假设 2 的情况。为排除这种替代假设对本章结果的影响,我们在国有企业样本的基础上剔除投行证券分析师样本,重新进行回归分析,结果如表 7 所示。

表 7 剔除投行证券分析师样本后证券分析师出具 OP 报告对盈余预测准确性的影响

变量	(1) ACCURACY	(2) ACCURACY	(3) ACCURACY
OP	28.929**	48.355***	70.333***
	(2.395)	(7.067)	(4.371)
OO			20.412
			(1.388)
PP			22.850
			(1.473)

① 参见:http://www.xcf.cn/ljbd/zjfxs/201305/t20130527_445080.htm。
② 参见:http://news.ifeng.com/gundong/detail_2013_08/13/28542500_0.shtml。

(续表)

变量	(1) ACCURACY	(2) ACCURACY	(3) ACCURACY
DSYN		4.955	6.801
		(0.646)	(0.822)
OP×DSYN		−26.365**	−27.856**
		(−2.163)	(−2.283)
BOLD	0.341***	0.328***	0.329***
	(5.753)	(3.974)	(3.987)
R_FIRMEXPERIENCE	−0.437	−0.418	−0.437
	(−0.633)	(−0.648)	(−0.675)
LNFOLLOW	41.626***	40.845***	39.882***
	(4.897)	(4.289)	(3.707)
R_FIRMSCOVERD	−0.309	−0.286	−0.310
	(−0.551)	(−0.442)	(−0.483)
R_GAP	−3.577***	−3.586***	−3.566***
	(−6.176)	(−6.089)	(−5.952)
CONSTANT	−43.132**	−43.732**	−63.311**
	(−2.559)	(−2.151)	(−2.398)
OBS	171	171	171
R-squared	0.446	0.450	0.453

注：括号内是 t 值；***、** 和 * 分别表示在1%、5%和10%的水平上显著。

经检验，表7中OP的系数与表4中的并无显著差异，因而可以剔除投行业务对我们结果可能造成的影响。

二、以上市公司配股和公开增发前后60天的事件为研究样本

回归结果如表8所示。表8中的列(1)至列(3)，OP的系数始终在1%的水平上显著正相关，与表4的结果一致。也就是说，发布OP报告的证券分析师相比发布其他形式报告的证券分析师来说，其预测准确性更高，股价同步性越高；证

券分析师出具 OP 报告的可能性越低。

表8　改变研究样本检验上市公司出具 OP 报告之后对盈余预测准确性的影响

变量	(1) ACCURACY	(2) ACCURACY	(3) ACCURACY
OP	31.723**	53.024***	67.451***
	(2.268)	(5.612)	(4.673)
OO			7.437
			(0.661)
PP			17.731
			(1.413)
DSYN		5.775	12.143
		(0.679)	(1.213)
OP×DSYN		−31.049*	−36.064**
		(−1.860)	(−2.099)
BOLD	0.327***	0.310***	0.298***
	(4.723)	(3.060)	(2.934)
R_FIRMEXPERIENCE	−0.552	−0.490	−0.416
	(−0.740)	(−0.726)	(−0.604)
LNFOLLOW	46.938***	45.801***	41.422***
	(4.846)	(3.900)	(3.288)
R_FIRMSCOVERD	0.270	0.308	0.313
	(0.462)	(0.481)	(0.489)
R_GAP	−3.979***	−3.983***	−3.963***
	(−6.616)	(−7.154)	(−6.974)
CONSTANT	−60.749***	−61.316**	−66.687**
	(−3.038)	(−2.337)	(−2.265)
OBS	140	140	140
R-squared	0.471	0.476	0.482

注：括号内是 t 值；***、** 和 * 分别表示在1％、5％和10％的水平上显著。

三、用连续变量作为股价同步性的替代指标

回归结果如表9所示，仍然与表4的结果一致，并不改变之前的结论。

表 9　采用连续变量检验上市公司出具 OP 报告之后对盈余预测准确性的影响

变量	(1) ACCURACY	(2) ACCURACY	(3) ACCURACY
OP	27.924**	37.961***	53.156***
	(2.34)	(4.12)	(4.02)
OO			12.523
			(1.22)
PP			17.482
			(1.51)
SYN		1.500	2.879
		(0.47)	(0.78)
OP×SYN		−14.683*	−15.790**
		(−1.92)	(−2.07)
BOLD	0.338***	0.336***	0.333***
	(5.82)	(4.23)	(4.21)
R_FIRMEXPERIENCE	−0.364	−0.408	−0.357
	(−0.55)	(−0.66)	(−0.57)
LNFOLLOW	37.898***	37.004***	35.128***
	(4.62)	(3.84)	(3.21)
R_FIRMSCOVERD	−0.029	0.015	−0.027
	(−0.06)	(0.03)	(−0.05)
R_GAP	−4.054***	−4.043***	−4.041***
	(−7.87)	(−8.26)	(−7.94)
CONSTANT	−33.754**	−32.541	−43.353*
	(−2.10)	(−1.60)	(−1.79)
OBS	182	182	182
R-squared	0.476	0.478	0.481

注：括号内是 t 值；***、** 和 * 分别表示在 1%、5% 和 10% 的水平上显著。

四、对连续变量进行缩尾处理

为剔除异常值（outlier）对模型回归结果可能造成的影响，我们对模型中用到的所有连续变量进行 1% 和 99% 的缩尾调整处理。此外，我们也用证券分析师第一次盈余预测值及中位数替代证券分析师最后一次盈余预测来定义因变量。重新对以上模型进行回归，结果与之前无实质差别（限于篇幅，回归结果没有提供）。

五、Bootstrap 有放回抽样解决样本量少的问题

由于本章样本量较少,在单变量检验及多变量回归分析中变量估计可能有偏,为了减小这种误差,我们进行了 1 000 次 Bootstrap 有放回抽样,并重新对变量进行分析和估计。我们的结果与之前并无实质性改变(限于篇幅,分析结果没有提供)。

第六节 研究结论

本章基于我国特有的制度背景,以 2001—2010 年我国上市公司配股和公开增发事件为研究对象,考察出具证券分析师为什么发布有偏预测报告。研究发现,我国上市公司整体上并不存在"先扬后抑"的现象,这种现象仅仅存在于国有上市公司中。也就是说,相比出具其他盈余预测形式的证券分析师,对国有上市公司出具 OP 报告的证券分析师其后的盈余预测准确性更高,更有可能进入"《新财富》最佳证券分析师"榜单,说明对国有上市公司出具 OP 报告的证券分析师能够获得私有信息,进而提高其预测的准确性。进一步的分析表明,这种现象在股价同步性低的国有上市公司中更加显著,说明当公司的私有信息价值较高时,证券分析师出具 OP 报告的概率增加。本章的研究发现不仅为证券分析师发布 OP 报告提供了更直接和有力的证据,弥补了国外在这方面研究的不足,还补充了国内证券分析师盈余预测以及私有信息获取的相关研究文献。

本章的研究结论有助于投资者更好地理解证券分析师的预测行为,进而有利于投资者作出合理的投资决策。另外,本章发现,在私有信息价值低的公司中,证券分析师发布 OP 报告的动机较弱。在这种情况下,证券分析师与公司之间的合谋较弱,表明监管层可以加强对上市公司财务信息质量的监督和管理,提高信息披露水平,遏制证券分析师和上市公司的这种合谋现象,从而促进有效资本信息的对外传递,提高资本市场的资源配置效率。

第四章

分析师修正信息、基本面分析与未来股票收益

第一节 研究背景与研究意义

证券分析师是投资者和上市公司之间传递和解释信息的桥梁(姜国华，2004)。投资者花费大量成本获取分析师研究报告，目的是希望能从中得到有价值的信息，从而作出明智的投资决策。大量以美国数据为基础的研究发现，虽然分析师存在明显的利益冲突(McNichols 和 O'Brien，1997；Lin 和 McNichols，1998；Chen 和 Matsumoto，2006)，但其的确加快了信息融入股价的过程，提高了市场效率(Stickel，1991；Gleason 和 Lee，2003)。

在分析师发布的研究报告中，最核心的信息是盈余预测和投资评级。随着分析师获取的信息不断增加，分析师还会发布新的研究报告，对之前的盈余预测和投资评级进行修正(revision)。国外文献指出盈余预测修正和投资评级修正具有信息含量，并且股票价格没有及时反映这些信息含量，从而可以预测未来股票收益(Chan 等，1996；Womack，1996；Barber 等，2001；Gleason 和 Lee，2003；Jegadeesh 等，2004)。

随着我国分析师行业的快速发展，国内也有研究讨论分析师信息的投资价值。吴东辉和薛祖云(2005)利用国泰君安对 2001 年 A 股上市公司中报和年报发布的盈余预测数据，发现分析师盈余预测能够预测未来股票收益。王征等(2006)利用六家券商在 2004 年 3 月至 2005 年 6 月发布的股票评级数据，发现分析师评级能够预测未来股票收益。洪剑峭等(2012)利用 Wind 数据库 2005 年 1 月至 2010 年 12 月的分析师盈余预测和评级数据，发现盈余预测准确性和投资评级的投资价值之间存在正相关关系。黄宇虹(2013)以 RESSET 数据库 2005 年至 2011 年分析师每一次的预测报告为样本，发现盈余预测、投资评级对公告窗口期股价产生显著影响，但盈余预测修正和投资评级修正没有产生显著影响。张宗

新和杨万成（2016）利用朝阳永续数据库 2010 年至 2014 年分析师数据，发现分析师通过信息挖掘的影响模式能为投资者创造价值。

然而，国内现有研究存在以下几点局限：①现有研究大多数据期间较短、样本较少、数据来源各不相同，可能存在数据的回填误差（back-fill bias），投资者无法证实数据在投资时点的公开可得性。②现有研究在利用分析师信息构建指标时，可能存在数据的前视误差（look-ahead bias）。例如，构建分析师盈余预测精度指标需要利用预测财务年度实际报告的盈余，而在构建投资组合时，投资者无法提前获得这一事后信息。③现有研究大多采用事件研究法研究短窗口期的超额收益，而短窗口期大多包括事件日前一日和事件日当日，投资者无法提前获得这部分超额收益，同样会导致数据的前视误差。④现有研究大多采用分析师报告层面而非公司层面数据进行研究，这可能导致两个问题：第一，回归中同一公司同一期间的样本重复出现，导致残差序列相关；第二，报告发布的时间不固定，投资者难以构建可行的投资组合。⑤现有研究大多只探讨盈余预测或投资评级的一种，并未同时考虑两类信息及其修正信息，也未将盈余预测、投资评级、盈余预测修正和投资评级修正放在统一框架中考察对未来股票收益的影响。⑥现有研究只讨论分析师信息能否预测未来股票收益，并未更深入地探讨分析师信息投资价值的来源。虽然现有研究的目的各不相同，但由于上述局限，研究均无法回答"投资者能否利用公开可得的分析师信息获取超额收益"这一问题。

本章的研究目的即希望解决上述局限，并尝试回答以下问题：在中国 A 股市场，分析师信息是否真的具有投资价值？哪些信息最具投资价值？这些信息的投资价值又源于何处？基于朝阳永续数据库 2007—2014 年的分析师数据，本章发现，分析师盈余预测修正和投资评级修正指标均能够预测未来股票收益，并且具有各自独特的信息含量。进一步分析表明，有明星分析师参与的盈余预测修正和投资评级修正指标均能更有效地预测未来股票收益，说明投资者未能充分意识到明星分析师和普通分析师能力的差异。同时，分析师盈余预测修正和投资评级修正能够预测公司未来的盈利能力、标准化未预期盈余和盈余公告窗口期超额收益，并且套利组合的超额收益集中在盈余公告窗口期，说明分析师修正信息的投资价值主要来源于对公司未来基本面信息的传递。

本章对文献的贡献体现在以下几个方面：第一，本章丰富了分析师行为信息含量的研究。盈余预测和投资评级是分析师发布的最重要的两类信息，以往文献在研究分析师行为的信息含量时，往往仅限于讨论其中的一项（Womack，1996；Gleason 和 Lee，2003；吴东辉、薛祖云，2005；王征等，2006；洪剑峭等，2012；杨宗新、杨万成，2016）。本章构建统一的研究框架，同时考虑分析师盈余预测水平、投资评级水平、盈余预测修正和投资评级修正,并指出在 A 股市场分析师盈余预测修正和投资评级修正具有独特的信息含量,对未来股票收益的预测作用最为明显。这一发现有助于投资者更全面地理解分析师行为的信息含量。

第二,本章丰富了分析师行为与资本市场效率的研究。在非完全有效的市场中,学术研究不应当止于价格是否反映信息含量,更应当关注信息的价格发现过程(Lee, 2001)。以往研究并未进一步探讨投资者如何使用分析师信息,以及信息的价值究竟来源何处。本章指出,投资者未能充分地意识到分析师行为的信息含量:投资者既未充分意识到分析师盈余预测修正和投资评级修正中所包含的公司未来基本面的信息,也未充分意识到明星分析师和普通分析师能力的差别,从而导致可预测的未来股票收益。

第三,本章丰富了分析师行为与证券投资策略的研究。由于前述局限,以往文献均无法回答"投资者能否利用公开可得的分析师信息获取超额收益"这一问题。本章明确指出分析师信息的投资价值:投资者可以根据公开可得的分析师修正信息构建投资组合,在未来期间获取超额收益。对于现有的实证资产定价模型而言,基于分析师修正信息的超额收益是无法被解释的"市场异象"。从理论角度上看,该"市场异象"有力地挑战了有效市场假说;从实践角度上看,由于我国证券市场起步较晚、成熟度较低,基于分析师信息的证券投资策略研究,对于提高信息传递效率,保护投资者利益具有重要意义。

第二节 理论分析与研究假设

本章讨论的分析师信息的投资价值,指的是投资者可以根据公开可得的分析师信号,构建实际可行的投资组合,在未来期间(而非公告事件窗口期)获取超额收益。分析师信号如果能够预测未来股票收益,需要同时满足两个条件:一是分析师信号具有信息含量;二是投资者没有及时充分地理解分析师信号的信息含量。

首先,分析师的盈余预测和投资评级具有各自独立的信息含量。以往研究发现盈余预测和投资评级具有信息含量,但大多仅限于讨论其中的一项。事实上,盈余预测和投资评级存在显著差异:一方面,分析师在发布投资评级时,盈余预测只是分析师利用的信息之一,除此之外,分析师还可能会利用股价水平、宏观经济、资本运作、市场情绪等诸多信息来综合评判公司被高估或低估的程度,因此投资评级比盈余预测包含的信息更全面;另一方面,由于投资评级只有固定的几类,并且分析师不会轻易调整对公司的投资评级,而盈余预测变化的范围更大、更新更为频繁,因此盈余预测能提供比投资评级更为及时的反映公司价值的信息。Francis 和 Soffer(1997)通过模型分析指出,当分析师只发布离散的投资评级而不提供具体估值时,投资者根据投资评级推断的公司价值和实际价值之间会存在偏差,从而造成信息损失,而发布盈余预测能够减少这种信息损失。

然后,分析师的盈余预测修正和投资评级修正,要比盈余预测和投资评级更具信息含量。以往研究表明,分析师的盈余预测和投资评级存在行为偏差,尤其在 A 股市场,普遍存在过度乐观的盈余预测和投资评级,并且分析师的独立性较低(曹胜、朱红军,2011;许年行等,2012;赵良玉等,2013)。盈余预测修正和投资评级修正由于采用分析师信号的变化值而非水平值,能够显著减少分析师行为偏差带来的影响,因此预期具有更高的信息含量。

最后,在有效性较低的 A 股市场,投资者更可能忽视分析师信号的信息含量。自 Banz(1981)发现规模异象以来,由投资者非理性和市场套利有限性共同造成的市场有限有效性,已成为学术界的主流观点。在美国这样的成熟市场,投资者尚且不能充分理解分析师信号的信息含量(Gleason 和 Lee,2003;Jegadeesh 等,2004);在中国 A 股市场,由于散户众多,市场有效性程度更低,投资者对分析师信号的解读能力可能更为有限。如果这些信息没有及时融入股票价格,在未来将获得更为显著的超额收益。此外,在 A 股市场投资者可能更关注较为简单直接的投资评级,而忽视较为复杂抽象的盈余预测,这会进一步导致股票价格在反映两类信号时存在差异。本章认为,在 A 股市场同时考虑盈余预测修正和投资评级修正并比较两者预测未来股票收益的能力,是一个值得研究的实证问题。因此,本章提出假设 1:

假设 1:分析师的盈余预测修正和投资评级修正均能预测未来股票收益,并且有所差异。

分析师排名是分析师的重要特征,它既影响信息含量,也影响市场效率(Gleason 和 Lee,2003)。明星分析师作出的盈余预测修正或投资评级修正可能具有更高的信息含量,但同时也可能提高了信息融入价格的速度。从 2003 年开始,《新财富》杂志开始由机构投资者评选出中国内地的"最佳分析师"。国内相关研究表明,明星分析师的盈余预测准确性更高,包含更多的信息含量(李丽青,2012;伊志宏、江轩宇,2013)。如果市场意识到明星分析师具有更高的信息含量,那么价格会很快(甚至提前于公告日)反映该信息,此时相比普通分析师,未来股票收益没有显著差异,甚至可能更小;但如果市场没有充分意识到明星分析师具有更高的信息含量,那么价格将会在未来逐渐反映这些信息,此时明星分析师信

息能够更有效地预测未来股票收益。因此,本章提出假设2:

假设2:相比普通分析师,明星分析师的盈余预测修正和投资评级修正能更有效地预测未来股票收益。

虽然很多文献研究分析师信息的投资价值,但少有文献进一步探讨投资价值的来源。作为资本市场中信息传递的桥梁,分析师进行盈余预测或投资评级修正的原因是其对信息的发现。相对于公司基本面信息,分析师既扮演信息竞争的角色,又扮演信息补充的角色(薛祖云、王冲,2011)。相关研究表明,分析师提供的信息主要包括以下三类:近期股价涨幅、已披露基本面信息以及未来基本面信息。Klein(1994)指出盈余预测修正的方向和幅度与近期股价涨幅相关;Stickel(1990)指出分析师倾向于在盈余公告发布后修正盈余预测;Jagadeesh等(2004)指出投资评级带来的超额收益可以完全被近期的价格动量和盈余动量所完全解释,但投资评级修正带来的超额收益不能被解释;Abarbanell和Bushee(1997)指出分析师发布盈余预测修正时考虑了公司未来基本面信息。

近期股价涨幅、已披露基本面信息和未来基本面信息都可能与未来股票收益相关,因此它们都可能成为盈余预测修正和投资评级修正投资价值的来源。其中的差异在于,近期股价涨幅和已披露基本面信息均为事前(ex ante)的信息,分析师的作用体现为促进股价反映已有的信息;而未来基本面信息为事后(ex post)的信息,此时分析师的作用更多体现为促进股价反映未来的信息。显然,一个有效率的资本市场更需要分析师依靠专业的分析能力做出对未来的判断,而不是简单地传递已有的信息。如果分析师信息的投资价值来源于其捕捉了近期股价涨幅和已披露基本面信息,那么在控制价格动量和盈余动量等事前指标后,分析师信号对未来收益的预测效果应当显著减弱;如果分析师信息的投资价值来源于其对未来基本面信息的预测,那么在控制未来盈余变动等事后指标后,分析师信号对未来收益的预测效果应当显著减弱。因此,本章提出假设3:

假设3:分析师修正信息的投资价值主要来源于其对公司未来基本面信息的预测能力。

第三节　样本选取与研究设计

一、样本来源

本章的分析师数据来自朝阳永续数据库,之前已有学术研究使用该数据库

（张宗新、杨万成，2016）。朝阳永续从 2006 年 1 月开始收集并提供分析师的研究报告，但早期样本较少，并且计算一致预期需要过去 6 个月的数据，因此本章样本区间为 2007 年 1 月至 2014 年 12 月，共 96 个交易月。该数据库的最大优点在于，所有分析师报告的数据均标识入库日期，从而避免了数据的回填偏差（back-fill bias）。在选取分析师数据时，只保留国内券商对于 A 股上市公司年度盈余发布的正式研究报告，并要求研究报告需要包含非空的盈余预测和投资评级。财务数据和股票交易数据来自 CSMAR 数据库，三因子数据来自 RESSET 数据库，明星分析师数据来自《新财富》杂志官方网站。

二、变量定义

本章的关键变量是个股层面的分析师盈余预测修正（$Frev$）和分析师投资评级修正（$Chgrec$）指标。由于构建的是个股层面指标，我们需要在每个月末先计算分析师的一致盈余预测和一致投资评级，再计算相应的修正指标。参考 Chan 等（1996）、Gleason 和 Lee（2003）、Jegadeesh 等（2004），本研究定义分析师一致盈余预测等于过去 180 日所有分析师最新的研究报告中最近财务年度的预期归属母公司净利润的算数平均值；定义一致投资评级等于过去 180 日所有分析师最新的研究报告中投资评级的算术平均值。由于朝阳永续数据库对分析师投资评级分为五类（卖出、派发、中性、收集和买入），本章将其分别赋值为 0、0.25、0.50、0.75 和 1。进一步，定义分析师盈余预测修正指标（$Frev$）等于过去 6 个月月度盈余预测修正的加总值，公式如下：

$$Frev = \sum_{i=0}^{5}(f_{m-i} - f_{m-1-i})/p_{m-1-i} \tag{1}$$

其中，f_m 是第 m 月末计算的一致盈余预测指标；p_{m-1} 是第 $m-1$ 月末股票的总市值。需要指出，这里 f_m 和 f_{m-1} 对应的财务年度应当保持一致，当财务报表日在第 m 月月中发布时，按第 m 月末对应的最近财务年度为准计算。

表 1　变量定义表

变量名	变量定义
Forecast	分析师盈余预测水平，第 t 月末的分析师一致盈余预测除以第 $t-1$ 月末股票总市值，其中一致盈余预测等于过去 180 日所有分析师最新报告中最近财务年度预期归属母公司净利润的算数平均值
Frev	分析师盈余预测修正，过去 6 个月月度盈余预测修正的加总值，计算公式见式(1)

(续表)

变量名	变量定义
Recommend	分析师投资评级水平,第 t 月末分析师一致投资评级,其中一致投资评级等于过去 180 日所有分析师最新报告中投资评级的算数平均值
Chgrec	分析师投资评级修正,第 t 月末计算的一致投资评级减去第 $t-6$ 月末计算的一致投资评级
Fstar	明星分析师参与的盈余预测修正的虚拟变量,当明星分析师修正盈余预测,且修正方向与个股层面盈余预测修正方向一致时取 1,否则取 0
Cstar	明星分析师参与的投资评级修正的虚拟变量,当明星分析师修正投资评级,且修正方向与个股层面投资评级修正方向一致时取 1,否则取 0
Ret	月度股票收益
Sar	月度经规模调整的超额收益,其中规模组别根据每年年初个股总市值分为 10 组
FF3Alpha	月度经 Fama-French 三因子模型调整的股票收益
Size	规模,第 t 年 4 月底流通市值的自然对数
B/M	账面价值比,第 t 年净资产除以第 t 年底总市值
Profitability	盈利能力,第 t 年营业利润除以第 t 年末净资产
Asset Growth	总资产增长率,第 t 年总资产除以第 $t-1$ 年总资产
Reversal	价格反转,最近 1 个月股票收益
Momentum	价格动量,最近 12 个月(除去最近 1 个月)股票累计收益
Turnover	换手率,第 $t-1$ 月日均换手率的平均值
ROA	总资产收益率,第 t 年营业利润除以第 t 年末总资产
Asset	资产规模,第 t 年末总资产的自然对数
Dividend	现金股利,第 t 年实际发放的现金股利除以第 t 年末总资产
DD	是否发放现金股利的虚拟变量,第 t 年发放现金股利取 1,否则取 0
Leverage	资产负债率,第 t 年末总负债除以总资产
Accrual	应计利润,第 t 年营业利润减去第 t 年经营产生的现金流量净额,除以第 t 年末总资产
Loss	是否亏损的虚拟变量,第 t 年净利润小于 0 取 1,否则取 0
SUE	标准化未预期盈余,第 t 季度未预期盈余除以前 8 个季度未预期盈余的标准差,其中第 t 季度未预期盈余等于第 t 季度营业利润减去第 $t-4$ 季度营业利润
CAR	盈余公告窗口期(-2,0)经规模调整的超额收益

我国分析师投资评级调整并不频繁,因此定义分析师投资评级修正指标 (Chgrec) 等于第 m 月末计算的一致投资评级减去第 $m-6$ 月末计算的一致投资评级。此外,为了在统一的框架下考虑分析师盈余预测水平和投资评级水平的投

资价值,本研究还定义分析师盈余预测水平(Forecast)等于第 m 月月末的一致盈余预测除以第 $m-1$ 月末的股票总市值,该定义类似于分析师预测的每股收益(forward E/P);定义分析师投资评级水平(Recommend)等于第 m 月月末的一致投资评级。为了减小测量误差,本研究在计算上述月度指标时,要求样本公司在过去6个月内至少有2名以上的分析师跟踪。

另一组关键变量是明星分析师参与的盈余预测修正(Fstar)和投资评级修正(Cstar)指标。在每个月月末,本研究采用上年度《新财富》杂志评选的最佳分析师作为明星分析师的代理变量。当明星分析师修正了盈余预测,且修正方向与个股层面盈余预测修正指标方向一致时,本研究定义为有明星分析师参与的盈余预测修正,Fstar 取值为1,否则为0。类似地,当明星分析师修正了投资评级,且修正方向与个股层面投资评级修正指标方向一致时,本研究定义为有明星分析师参与的投资评级修正,Cstar 取值为1,否则取值为0。其他变量的定义见表1。除股票收益率外,所有连续变量均在1%和99%处进行缩尾处理。

三、研究设计

为了避免短窗口期超额收益检验带来的局限,本章采用日历时间法构建投资组合,并采用分组检验和横截面回归两种方法检验超额收益是否存在。具体来说,在第 $t-1$ 月月末,本研究根据朝阳永续数据库已入库的分析师数据,计算出盈余预测修正和投资评级修正指标,在第 t 月进行投资,每月进行一次调仓。在单变量分组检验中,本研究将所有股票按照盈余预测修正或者投资评级修正指标进行排序,分成5组,套利组合即买入指标在前20%的股票,卖出指标在后20%的股票。为了使得结论更为稳健,本研究分别考虑了原始收益、经规模调整的收益和经三因子模型调整的收益。在双变量分组检验中,本研究将所有股票按照盈余预测修正和投资评级修正两组指标独立排序,分别分成3组,一共形成9个投资组合,以检验盈余预测修正和投资评级修正是否独立发挥作用。

为了检验分析师信息对未来股票收益的预测效果,本章参考以往文献(Fama和French,2015;胡聪慧等,2015),设定如下模型进行 Fama-MacBeth 回归:

$$Ret_{i,t+1} = \beta_0 + \beta_1 Frev_{i,t} + \beta_2 Chgrec_{i,t} + \beta_3 Forecast_{i,t} + \beta_4 Recommend_{i,t} + \beta_5 Size_{i,t} \\ + \beta_6 B/M_{i,t} + \beta_7 Profitability_{i,t} + \beta_8 AssetGrowth_{i,t} + \beta_9 Reversal_{i,t} \\ + \beta_{10} Momentum_{i,t} + \beta_{11} Turnover_{i,t} + \varepsilon_{i,t} \tag{2}$$

其中,本研究同时考虑了分析师的四类信息(盈余预测修正 Frev、投资评级修正 Chgrec、盈余预测水平 Forecast 以及投资评级水平 Recommend),并加入了规模($Size$)、账面价值比(B/M)、盈利能力($Profitablity$)、资产增长($Asset\ Growth$)、价格反转($Reversal$)、价格动量($Momentum$)和换手率($Turnover$)作为控制变量。为了便于比较变量的经济显著性,被解释变量(Ret)为百分数,所有解释变量的在横截面进行标准化处理(均值为0,方差为1),并采用Newey-West方法调整的统计量。

为了考察明星分析师的作用,本研究在式(2)的基础上添加明星分析师的交乘项和相应的虚拟变量。$Frev \times Fstar$的系数含义为相对于普通分析师参与的盈余预测修正,明星分析师参与盈余预测修正对未来股票收益的增量影响。$Chgrec \times Cstar$的系数含义为相对于普通分析师参与的投资评级修正,明星分析师参与投资评级修正对未来股票收益的增量影响。

为了揭示分析师投资价值的来源,本章参考Jiang等(2010)和Hou等(2012),设定模型如下:

$$\begin{aligned}ROA_{i,t+1} = & \beta_0 + \beta_1 Frev_{i,t} + \beta_2 Frev_{i,t} \times Fstar_{i,t} + \beta_3 Fstar_{i,t} + \beta_4 Chgrec_{i,t} \\ & + \beta_5 Chgrec_{i,t} \times Cstar_{i,t} + \beta_6 Cstar_{i,t} + \beta_7 ROA_{i,t} + \beta_8 Asset_{i,t} \\ & + \beta_9 Dividend_{i,t} + \beta_{10} DD_{i,t} + \beta_{11} Leverage_{i,t} + \beta_{12} Accrual_{i,t} \\ & + \beta_{13} Loss_{i,t} + \beta_{14} Industry_{i,t} + \beta_{15} Year_{i,t} + \varepsilon_{i,t}\end{aligned} \quad (3)$$

其中,ROA_{t+1}是公司第$t+1$年总资产收益率(为了使得结论稳健,我们分别采用净利润和营业利润计算两组指标);$Asset_{i,t}$是第t年公司总资产的自然对数,$Dividend_{i,t}$是第t年公司实际发放股利除以总资产;$DD_{i,t}$是第t年公司是否发放现金股利的虚拟变量;$Leverage$是公司资产负债率;$Accrual_{i,t}$是第t年应计利润除以总资产(应计利润等于当年营业利润减去经营性现金流量);$Loss_{i,t}$是第t年是否亏损的虚拟变量。模型还添加了行业和年度的固定效应。分析师相关的4组变量均为第$t+1$年4月底构建的月度指标,这样能够保证分析师相关变量和基于第t年财务报表的变量均能在第$t+1$年4月底时根据公开信息获得。

为了区分分析师修正信息的投资价值来源于过去股价信息、过去基本面信息还是未来基本面信息,我们用过去12个月(除去最近1个月)的股票收益($Momentum$)衡量过去股价信息,用最近季度未预期盈余(Sue_0)衡量过去基本面信息,用未来两个季度的未预期盈余(Sue_1和Sue_2)衡量未来基本面信息。借鉴Jegadeesh等(2004)的思路,我们在式(2)的基础上加入最近12个月股票收益、最近季度未预期盈余和未来季度未预期盈余等控制变量,观察在加入控制变量后盈余预测修正和投资评级修正对未来股票收益的预测能力是否发生明显变化。

第四节　实证结果分析

一、样本描述性统计

在 2007 年至 2014 年间，样本选取分析师研究报告共 238 870 份，公司月度样本共 80 867 个，同期样本数量与张宗新和杨万成（2016）基本一致。平均来看，所覆盖的公司占 A 股上市公司数量的 40%以上，占 A 股上市公司总市值的 75%以上。近年来，样本数量均稳定在较高的水平，这说明我国分析师行业的发展趋于成熟。

表 2　月度样本描述性统计量

变量	观测数	均值	标准数	25%	中位数	75%
$Forecast$	80 867	0.046	0.030	0.026	0.039	0.058
$Frev$	80 867	−0.005	0.013	−0.008	−0.002	0.001
$Recommend$	80 867	0.793	0.111	0.750	0.813	0.875
$Chgrec$	80 867	0.003	0.099	−0.050	0.000	0.058
$Fstar$	80 867	0.266	0.442	0.000	0.000	1.000
$Cstar$	80 867	0.060	0.237	0.000	0.000	0.000
Ret	80 867	1.5%	13.7%	−6.9%	0.7%	8.9%
Sar	80 867	0.1%	10.1%	−6.0%	−1.1%	4.8%

表 2 展示了公司月度样本的描述性统计量。盈余预测水平（$Forecast$）的均值为 0.046，即分析师预测的每股收益均值为 0.046 元，换算成预测市盈率约为 21.74 倍；盈余预测修正（$Frev$）的均值和中位数均小于 0，这说明分析师更倾向于向下修正盈余预测，也说明分析师盈余预测存在乐观倾向；投资评级水平（$Recommend$）均值为 0.793，显著大于 0.5 的中性评级，这说明分析师投资评级也存在明显的乐观倾向；和盈余预测修正不同，投资评级修正（$Chgrec$）的均值和中位数均接近 0，说明分析师在修正投资评级时并没有明显的方向偏好；明星分析师参与的盈余预测修正和投资评级修正分别占总样本的 26.6%和 6.0%，后者较少的原因可能是分析师不会频繁修正投资评级。

在未列示的相关系数表中[①]，除盈余预测水平（$Forecast$）外，盈余预测修正

[①] 限于篇幅，正文未报告相关表格，感兴趣的读者可向作者索取。

($Frev$)、投资评级水平($Recommend$)、投资评级修正($Chgrec$)均与未来月度股票收益显著正相关;而4组指标均与未来月度经规模调整的股票收益显著正相关,并在5%的水平上显著。初步证据表明分析师的信息和未来股票收益显著相关。但相关系数的检验没有控制其他因素的影响,需要进一步的实证分析,才能确定分析师的哪些信息最具投资价值。

二、分析师信息的投资价值:投资组合检验

表3展示了单变量分组的结果,我们按流通市值加权的方式计算月度原始收益率、月度经规模调整的收益率以及月度经Fama-French三因子模型调整的收益率。Panel A是按照分析师盈余预测修正指标构建的投资组合,买入排名前20%,卖空后20%的套利组合月均原始收益达0.85%(t值为2.10),控制风险因子后,套利组合的表现进一步提升:经规模调整和三因子模型调整的收益分别为0.99%和1.34%(t值分别为2.77和3.40)。Panel B是按照分析师投资评级修正指标构建的投资组合,买入排名前20%,卖空后20%的套利组合月均原始收益为0.88%(t值为2.93),控制风险因子后,套利组合的表现仍然稳健:经规模调整和三因子模型调整的收益分别为0.80%和0.92%(t值分别为2.81和2.86)。单变量投资组合检验证实了分析师盈余预测修正和投资评级修正的投资价值。

表3 单变量投资组合测试

分组	Low	2	3	4	High	Hedge
Panel A:根据分析师盈余预测修正指标($Frev$)分组						
Ret	1.14	0.86	1.36	1.20	1.99	0.85**
	(1.01)	(0.84)	(1.44)	(1.39)	(1.95)	(2.10)
Sar	−0.40	−0.63	−0.06	−0.16	0.59	0.99***
	(−1.49)	(−3.86)	(−0.26)	(−0.58)	(2.43)	(2.77)
$FF3Alpha$	−0.38	−0.74	0.02	−0.02	0.96	1.34***
	(−1.30)	(−3.62)	(0.09)	(−0.07)	(4.16)	(3.40)
Panel B:根据分析师评级修正指标($Chgrec$)分组						
Ret	1.01	1.10	1.32	1.44	1.89	0.88***
	(0.95)	(1.14)	(1.42)	(1.47)	(1.83)	(2.93)
Sar	−0.46	−0.30	−0.08	0.05	0.34	0.80***
	(−2.17)	(−1.47)	(−0.38)	(0.26)	(2.03)	(2.81)
$FF3Alpha$	−0.58	0.03	0.20	0.17	0.34	0.92***
	(−2.13)	(0.16)	(1.12)	(1.04)	(1.45)	(2.86)

注:***、**和*分别表示在1%、5%和10%的水平上显著。

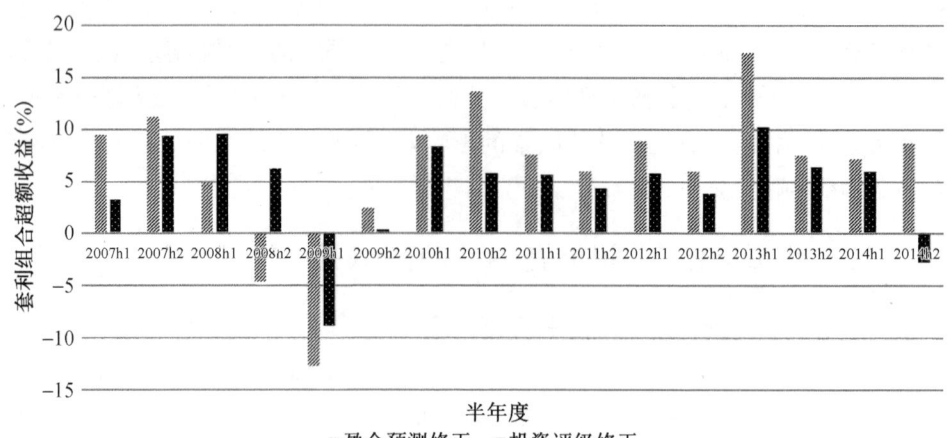

图 1　套利组合超额收益

为了进一步检验两组指标具有独立的信息含量,我们还进行双变量分组检验(将盈余预测修正和投资评级修正分别按照高、中、低分成三组,共 3×3 组)。未列示的结果表明,盈余预测修正和投资评级修正均能提高按另一指标分组的股票收益:在盈余预测修正最低组,投资评级修正最高组和最低组之间原始收益相差 0.38%(t 值为 1.93);在投资评级修正最低组,盈余预测修正最高组和最低组之间原始收益相差 0.85%(t 值为 2.54)。

为了进一步说明超额收益的稳定性,图 1 展示了单变量分组中套利组合的超额收益,柱状图为按半年度累计计算的套利组合超额收益。从图 1 可以看出,在 16 个半年度(2007—2014 年)中,按盈余预测修正指标构建的套利组合只在 2008 年下半年和 2009 年上半年存在负向超额收益,而按投资评级修正指标构建的套利组合只在 2009 年上半年和 2014 年下半年存在负向超额收益。

三、分析师信息的投资价值:横截面回归检验

表 4 展示了分析师信息对横截面股票收益的影响。可以看出,在控制其他因素后,盈余预测修正($Frev$)和投资评级修正($Chgrec$)与未来股票收益均显著正相关。以第(5)列的结果为例,$Frev$ 和 $Chgrec$ 的系数分别为 0.424 和 0.200(t 值分别为 4.84 和 3.28),说明 $Frev$ 和 $Chgrec$ 一个标准差的变动分别能带来 0.424% 和 0.200% 的超额收益。$Size$、$Reversal$ 和 $Turnover$ 的系数均显著为负,说明 A 股市场存在显著的规模异象、短期价格反转异象和换手率异象,这些结论和以前文献保持一致(胡聪慧等,2015)。

表 4　分析师信息与未来股票收益

变量	Ret					
	(1)	(2)	(3)	(4)	(5)	(6)
$Frev$	0.317**	0.269**	0.321***	0.276**	0.424***	0.301***
	(2.55)	(2.06)	(2.77)	(2.33)	(4.84)	(3.33)
$Chgrec$	0.171**	0.185***	0.169*	0.189**	0.200***	0.203***
	(2.32)	(2.76)	(1.85)	(1.99)	(3.28)	(2.73)
$Forecast$		0.280		0.264		0.337*
		(1.22)		(1.07)		(1.90)
$Recommend$		0.016		0.002		0.042
		(0.14)		(0.02)		(0.44)
$Size$					−0.662***	−0.701***
					(−3.17)	(−3.41)
B/M					0.130	−0.014
					(0.73)	(−0.09)
$Profitability$					0.022	−0.152
					(0.20)	(−1.45)
$Asset\ Growth$					0.006	−0.009
					(0.11)	(−0.17)
$Reversal$					−0.453***	−0.414***
					(−3.10)	(−3.01)
$Momentum$					−0.217	−0.119
					(−1.34)	(−0.78)
$Turnover$					−0.305**	−0.353**
					(−2.15)	(−2.56)
$Intercept$	1.963*	1.963*	1.963*	1.963*	1.963*	1.963*
	(1.88)	(1.88)	(1.88)	(1.88)	(1.88)	(1.88)
N	70 364	70 364	70 364	70 364	70 364	70 364
Avg. R^2	1.56%	5.30%	2.27%	6.30%	13.66%	15.32%

注：***、**和*分别表示在1%、5%和10%的水平上显著。

表4还直接比较了分析师四类信息的信息含量。虽然这四类信息在相关性分析中均与未来股票收益正相关，但在控制盈余预测修正（$Frev$）和投资评级修正（$Chgrec$）后，盈余预测水平（$Forecast$）和投资评级水平（$Recommend$）对未来股票收益失去了显著的预测能力。这一结论和Jegadeesh等（2004）一致，说明相比水平变量，修正变量测量误差更小，更能体现分析师拥有的增量信息。表5的结果

有力支持假设 1，分析师的盈余预测修正和投资评级修正均能够预测未来股票收益，并且有所差异。

四、明星分析师参与的修正信息是否更具投资价值

表 5 检验了明星分析师的作用。列(1)中 $Frev \times Fstar$ 的系数为 0.483，且在 5% 的水平显著(t 值为 2.43)，说明相比普通分析师，明星分析师参与的盈余预测修正对未来股票收益的预测效果提高约 1.25 倍(0.483/0.386)。列(2)中 $Chgrec \times Cstar$ 的系数为 0.642，且在 1% 的水平显著(t 值为 2.65)，说明相比普通分析师，明星分析师参与的投资评级修正对未来股票收益的预测效果提高约 3.94 倍。列(3)同时考虑了明星分析师参与的盈余预测修正和投资评级修正，两组交乘项系数仍然显著，且基本保持不变。表 5 的结果支持假设 2，即明星分析师参与的盈余预测修正和投资评级修正更具投资价值。

表 5 分析师信息与未来股票收益：明星分析师的作用

变量	Ret		
	(1)	(2)	(3)
$Frev$	0.386***	0.424***	0.396***
	(4.21)	(4.78)	(4.26)
$Frev \times Fstar$	0.483**		0.433**
	(2.43)		(2.18)
$Fstar$	−0.056		−0.001
	(−0.33)		(−0.01)
$Chgrec$	0.195***	0.163***	0.161**
	(3.24)	(2.65)	(2.63)
$Chgrec \times Cstar$		0.642***	0.609***
		(3.65)	(3.36)
$Cstar$		−0.146	−0.169
		(0.71)	(−0.85)
Controls	Yes	Yes	Yes
N	70 364	70 364	70 364
Avg. R²	14.14%	13.90%	14.37%

注：***、** 和 * 分别表示在 1%、5% 和 10% 的水平上显著。

五、分析师修正信息的投资价值来源

表 6 展示了分析师修正信息对未来盈利能力的预测作用,预测数据的区间是 2007 年至 2014 年。结果说明,分析师盈余预测修正和投资评级修正对未来盈利能力均有正向预测的作用,明星分析师参与的盈余预测修正和投资评级修正的正向预测作用更明显,并且均具有显著的经济意义。以列(3)为例,普通分析师和明星分析师的盈余预测修正指标增加 1 个标准差,公司下年度 ROA 分别增加约 0.62% 和 1.09%;普通分析师和明星分析师的投资评级修正指标增加 1 个标准差,公司下年度 ROA 分别增加约 0.15% 和 0.39%。

表 7 直接比较了公司在未来季度盈余公告时的标准化未预期盈余(SUE)和窗口期超额收益(CAR)。在第 t 季度末(日历日期),我们根据公开可得的信息构建盈余预测修正指标和分析师评级修正指标,检验第 t 季度至第 $t+1$ 季度实际盈余公告时的标准化未预期盈余和窗口期超额收益的大小。Panel A 和 Panel B 展示了按盈余预测修正分成 5 组的结果,结果表明盈余预测修正在未来 2 个季度对 SUE 和 CAR 具有显著的预测效果。以 Panel B 为例,套利组合在第 t 季度盈余公告窗口期(3 个交易日)的超额收益达 0.86%,考虑到在表 3 的 Panel A 中,套利组合经规模调整的月度收益平均为 0.99%,说明套利组合的超额收益集中在盈余公告窗口期。Panel C 和 Panel D 展示了按投资评级修正分成 5 组的结果,结果表明投资评级修正同样在未来 2 个季度对 SUE 和 CAR 具有显著的预测效果,但经济显著性要略低于盈余预测修正。

表 6 分析师信息与未来盈利能力

变量	ROA using net income			ROA using operating income		
	(1)	(2)	(3)	(4)	(5)	(6)
$Frev$	0.633***		0.479***	0.765***		0.589***
	(14.33)		(9.93)	(14.98)		(10.91)
$Frev \times Fstar$			0.361***			0.413***
			(4.17)			(4.16)
$Fstar$			0.004***			0.005***
			(4.58)			(4.19)
$Chgrec$		0.035***	0.015***		0.040***	0.016***
		(8.28)	(3.51)		(8.45)	(3.41)
$Chgrec \times Cstar$			0.024*			0.030*

(续表)

变量	ROA using net income			ROA using operating income		
	(1)	(2)	(3)	(4)	(5)	(6)
Cstar		−0.000	(1.67)		0.000	(1.77)
		(−0.08)			(0.12)	
ROA	0.746***	0.793***	0.745***	0.740***	0.783***	0.739***
	(46.43)	(51.28)	(46.12)	(48.46)	(53.68)	(48.35)
Asset	−0.001*	−0.001**	−0.001**	−0.001	−0.001*	−0.001
	(−1.73)	(−2.34)	(−2.15)	(−1.22)	(−1.90)	(−1.60)
Dividend	0.135***	0.071**	0.134***	0.169***	0.095**	0.168***
	(4.32)	(2.23)	(4.28)	(4.65)	(2.57)	(4.64)
DD	−0.000	0.000	−0.000	−0.001	0.000	−0.001
	(−0.07)	(0.46)	(−0.20)	(−0.47)	(0.02)	(−0.60)
Leverage	−0.012***	−0.011***	−0.011***	−0.014***	−0.014***	−0.014***
	(−4.15)	(−3.98)	(−4.13)	(−4.24)	(−4.25)	(−4.24)
Accrual	−0.063***	−0.068***	−0.062***	−0.073***	−0.076***	−0.071***
	(−9.49)	(−9.74)	(−9.44)	(−9.42)	(−9.51)	(−9.37)
Loss	0.025***	0.020***	0.023***	0.024***	0.017***	0.021***
	(6.00)	(5.21)	(5.65)	(5.33)	(4.11)	(4.93)
Intercept	0.030***	0.033***	0.032***	0.030***	0.034***	0.032***
	(3.21)	(3.43)	(3.52)	(2.74)	(3.08)	(3.02)
Industry fixed effect	Yes	Yes	Yes	Yes	Yes	Yes
Year fixed effect	Yes	Yes	Yes	Yes	Yes	Yes
N	6 286	6 286	6 286	6 286	6 286	6 286
Avg. R^2	64.5%	62.8%	64.9%	65.9%	64.0%	66.2%

注：***、** 和 * 分别表示在1%、5%和10%的水平上显著。

此外，我们还对盈余预测修正和投资评级修正进行双变量分组（3×3），检验对未来期间标准化未预期盈余和盈余公告窗口期超额收益的影响。在未列示的表格中，按照盈余预测修正和投资评级修正均能提高按另一指标分组的标准化未预期盈余和盈余公告窗口期收益：以第 t 季度盈余公告窗口期收益为例，在盈余预测修正最高组，投资评级修正最高组和最低组之间 CAR 相差 0.54%（t 值为 2.25）；在投资评级修正最高组，盈余预测修正最高组和最低组之间 CAR 相差 0.67%（t 值为 3.80）。

表7　分析师信息、未来未预期盈余(SUE)与盈余公告窗口期超额收益(CAR)

分组	Low	2	3	4	High	Hedge
Panel A：分析师盈余预测修正指标($Frev$)：SUE						
Quarter t	−0.24	0.10	0.53	0.79	0.85	1.10***
	(−2.76)	(1.09)	(5.64)	(10.51)	(12.12)	(17.88)
Quarter $t+1$	−0.12	0.08	0.45	0.66	0.69	0.82***
	(−1.44)	(0.97)	(4.85)	(9.15)	(10.36)	(15.16)
Panel B：分析师盈余预测修正指标($Frev$)：CAR						
Quarter t	−0.43	−0.22	0.27	0.20	0.43	0.86***
	(−4.00)	(−1.49)	(2.19)	(1.31)	(3.21)	(5.36)
Quarter $t+1$	−0.22	−0.04	0.21	0.27	0.29	0.51***
	(−1.64)	(−0.35)	(1.83)	(2.24)	(1.98)	(2.79)
Panel C：分析师投资评级修正指标($Chgrec$)：SUE						
Quarter t	0.07	0.31	0.55	0.60	0.50	0.43***
	(0.88)	(3.61)	(6.76)	(7.00)	(7.46)	(9.67)
Quarter $t+1$	0.00	0.29	0.51	0.54	0.43	0.42***
	(0.05)	(3.35)	(5.74)	(8.07)	(6.02)	(9.50)
Panel D：分析师投资评级修正指标($Chgrec$)：CAR						
Quarter t	−0.32	−0.03	0.05	0.29	0.27	0.59***
	(−2.18)	(−0.24)	(0.32)	(3.52)	(1.86)	(3.25)
Quarter $t+1$	−0.19	0.02	0.22	0.29	0.17	0.35*
	(−1.31)	(0.17)	(2.37)	(2.10)	(1.33)	(1.83)

注：***、**和*分别表示在1%、5%和10%的水平上显著。

表8　分析师信息与未来股票收益：投资价值来源

变量	Ret				
	(1)	(2)	(3)	(4)	(5)
$Frev$	0.427***	0.330***	0.253***	0.345***	0.244***
	(4.53)	(3.60)	(2.71)	(3.71)	(2.65)
$Chgrec$	0.172***	0.168***	0.149**	0.129**	0.126**
	(2.82)	(2.76)	(2.42)	(2.13)	(2.06)
$Momentum$	−0.243	−0.315*	−0.424**	−0.415**	−0.496***
	(−1.44)	(−1.89)	(−2.58)	(−2.46)	(−2.97)
Sue_0		0.384***			−0.002
		(5.95)			(−0.03)

(续表)

变量	Ret				
	(1)	(2)	(3)	(4)	(5)
Sue_1			0.951***		0.675***
			(10.75)		(8.39)
Sue_2				0.954***	0.704***
				(10.80)	(8.60)
Controls	Yes	Yes	Yes	Yes	Yes
N	48 004	48 004	48 004	48 004	48 004
Avg. R^2	13.63%	14.07%	15.04%	15.04%	16.04%

注：***、**和*分别表示在1%、5%和10%的水平上显著。

为了区分分析师投资价值来源于过去股价信息、过去基本面信息还是未来基本面信息，我们在表5回归模型的基础上，进一步加入相应的控制变量。表8展示了回归结果。列(1)只考虑过去股价信息，由于过去股价信息均与未来收益呈负相关关系，必然无法解释分析师信号对未来股票收益的正相关关系；列(2)加入过去基本面信息，盈余预测修正和投资评级修正的系数分别降低了22%和2%，这说明分析师信号的投资价值可能部分来源于对过去基本面信息的传递；列(3)和列(4)进一步考虑未来基本面信息后，盈余预测修正和投资评级修正的系数均较列(1)有所降低；列(5)同时考虑了过去股价信息、过去基本面信息和未来基本面信息，此时过去股价信息的系数显著为负，过去基本面信息的系数不显著异于零，而未来基本面信息的系数均显著为正，并且盈余预测修正和投资评级修正的系数较列(1)分别降低了43%和27%。列(5)的结果有力地说明了分析师信号对未来收益的预测能力主要来源于对未来基本面信息的预测，而列(2)得到的结果可能是由于未预期盈余的序列相关性导致。表6至表8的结果有力地支持假设3，即分析师修正信息的投资价值主要来源于其对公司未来基本面信息的预测能力。

六、稳健性检验

本章进行以下稳健性检验：在进行单变量投资组合检验时，按照等权加权的方式构建投资组合；在构建分析师一致盈余预测时，采用中位数而非算数平均数计算分析师一致盈余预测，重新构建盈余预测修正指标；在构建分析师投资评级修正时，将卖出和派发的样本合并处理，重新构建投资评级修正指标；在筛选样本时，保留只有1名分析师跟踪的样本；在利用分析师修正信息预测未来盈利能力时，检验盈余预测修正和投资评级修正对未来季度盈利能力的预测效果。在上述稳健性检验中,主要结果均保持不变。

虽然采用公司层面数据更便于构建投资组合,但在加总分析师盈余预测或投资评级时,可能存在信息的相互抵消作用而不能很好地衡量分析师信号所包含的信息。因此,我们采用报告层面数据(分析师—公司—年)进行稳健性检验,考察盈余预测修正和投资评级修正对分析师报告发布后的长期累计超额收益(6个月和12个月)的预测效果。未列示的结果表明,盈余预测修正和投资评级修正与分析师报告发布后6个月和12个月的超额收益均为正相关关系。这进一步说明盈余预测修正和投资评级修正具有相对独立的信息含量,而投资者并未及时充分地意识到这些信息含量。

第五节 研究结论

本章采用日历时间组合的研究方法,基于公开可得的分析师数据,证实中国A股市场的分析师修正信息具有投资价值。投资者利用分析师盈余预测修正和投资评级修正均可以在未来获得显著的超额收益,并具有各自独特的投资价值,而明星分析师参与的盈余预测修正和投资评级修正对未来股票收益的预测效果更为显著。本章进一步指出,分析师修正信息的投资价值主要来自其能够预测公司基本面信息:分析师盈余预测修正和投资评级修正均能预测未来年度盈利能力、标准化未预期盈余和盈余公告窗口期的超额收益,而在控制未来基本面信息后,盈余预测修正和投资评级修正对未来股票收益的预测效果显著减弱。

虽然我国证券分析师由于过度乐观和缺乏独立性受到质疑,但其作为整体而言,的确发挥了提高市场有效性、促进基本面信息传播的作用。然而,投资者既未充分意识到分析师所传递的公司未来基本面信息,也未充分意识到明星分析师和普通分析师能力的差别。本章希望监管部门和投资者能够意识到分析师信息的价值,并以实际行动促进基本面信息在市场中的传播,捕捉市场错误定价的机会,提高市场效率。

第四部分

信息披露质量

第一章

中国上市公司自愿业绩预告动机研究

第一节 研究背景与研究意义

管理层盈余预测是一种重要的盈余预测信息来源,同时也是一种重要的自愿信息披露机制。通过发布盈余预测,管理层可以建立或者改变市场的盈余预期、提前消除法律诉讼风险或建立及时精确披露的声誉。在西方发达资本市场上,管理层盈余预测扮演着重要角色。研究发现,管理层盈余预测能够影响股价和分析师预测(Hirst 等,2008)。

我国管理层盈余预测机制的建立起步较晚。1998 年 12 月 9 日,证监会开始推出年报预亏制度,其间几经修订,截至 2002 年我国才初步形成涵盖预亏、预警和预增,以及前一季度预告后一季度业绩的业绩预告制度。而在此之前,我国资本市场上基本不存在管理层盈余预测和分析师预测,因而管理层与投资者、机构投资者和中小投资者之间信息不对称问题非常严重。由此导致的内幕交易和庄家操纵等违法行为严重损害了中小投资者利益,影响了证券市场的稳定和健康发展。业绩预告制度的建立正是旨在缓解这一局面。针对业绩预告实施效果的实证研究发现,业绩预告具有信息含量,并能够起到减少股价波动、稳定市场的作用[①]。由此可见,我国的业绩预告和西方的管理层盈余预测在职能方面很相似,但在制度规定上却带有强制性披露的色彩。

业绩预告制度出台之后,我国上市公司对此的反应各不相同——强制披露业绩预告的公司中有些并没有按照要求及时披露盈余预测信息,而很多非强制披露业绩预告的公司却自愿披露了盈余预测信息。由此引发的问题是,什么样的上市公司会选择披露或者隐藏业绩预告? 更有意思的是,什么因素在激励上市公司自

---

① 业绩预告信息含量的研究参见洪剑峭和皮建屏等(2002),蒋义宏、童驯和杨霞(2003),戴德明、毛新述和姚淑瑜(2005)。

愿进行盈余预测？对这些问题的研究有助于理解上市公司的业绩预告行为，为监管部门完善制度提供思路，同时也能够丰富自愿信息披露的理论研究。

管理层自愿信息披露动机是会计研究中的重要问题。西方众多学者对自愿信息披露动机进行了卓有成效的研究，并形成了较为一致的理论。自愿信息披露理论认为，管理者会权衡信息披露带来的成本和收益①以制定公司最优的披露政策（Verrecchia，2001）。上述理论预测，融资需求高、法律诉讼成本高、私有权成本低、管理者利益协同程度高、经营业绩好的上市公司更有动机自愿披露信息。并且西方的研究中大量的经验证据也支持了上述理论（Healy和Palepu，2001；Hirst等，2008）。我国关于自愿信息披露动机的研究尚处于起步阶段，大部分的理论分析文献主要是介绍西方理论②，而仅有张宗新、张晓荣和廖士光（2005）通过构建自愿信息披露指数实证检验了我国上市公司自愿披露行为动机。但构建自愿信息披露指数方法得到的研究样本非常有限，并且也存在一定的主观性。可见，我国上市公司的自愿披露业绩预告的动机仍不明了，本章试图在这一问题上有所发展。

通过借鉴西方的自愿信息披露理论，并结合我国转轨经济的制度背景，本章提出了我国上市公司自愿披露盈余预测信息的三类动机：资本市场交易、管理层股票收益和管理层能力信号传递，并以2001—2008年我国上市公司业绩预告为研究样本对此进行了检验。研究发现，融资需求高、管理者利益协同程度高、会计业绩好以及非国有控股上市公司更有动机自愿披露信息。

本研究对已有文献的贡献如下：第一，本章全面分析了我国上市公司业绩预告制度实施情况，并首次检验了我国上市公司自愿披露盈余预测信息的动机，为自愿信息披露理论提供了经验证据；第二，本章从自愿性盈余预测信息披露角度检验了管理者持股的利益协同作用，为管理者持股利益协同方面的文献提供了新的视角；第三，本章考察了产权性质对于自愿性盈余预测信息披露的影响，为理解政府干预带来的激励机制扭曲所导致的经济后果提供新的证据。

第二节　文　献　综　述

依据自愿信息披露理论，西方文献提出了管理层盈余预测的五种动机：资本

---

① 此处，信息披露成本主要包括披露的私有权成本、法律诉讼和管制成本，而信息披露收益主要包括信息披露缓解了管理者和投资者之间的信息不对称，从而带来融资成本的降低和公司价值的提升。

② 近期关于自愿信息披露的理论研究可以参见何卫东（2003）和王雄元（2005）。

市场交易动机、管理者股票报酬动机、诉讼成本动机、私有权成本动机和管理者能力信号传递动机,并且大量的经验证据证实融资需求越高、管理者激励程度越高、法律诉讼成本越高、私有权成本越低、业绩越好,管理层越有动机发布盈余预测信息(Healy 和 Palepu,2001;Hirst 等,2008)。

1. 资本市场交易动机

契约理论认为,管理者较外部投资者具有信息优势,外部投资者因为承担信息风险而要求溢价,因而融资需求高的管理者有动机通过自愿披露来降低信息不对称程度、并最终降低融资成本(Myer 和 Majluf,1984;Verrecchia,2001)。融资需求越高,无法融资导致其失去高收益的项目带来的机会成本越大,因而融资需求高的公司更可能进行高水平的信息披露。Frankle 等(1995)、Lang 和 Lundholm(1997)、Healy 和 Palepu(2001)、Francis 等(2005)均为这一推论提供了经验证据。

2. 管理者股票报酬动机

管理者股票报酬可以缓解信息披露的代理问题,通过将管理者的薪酬直接与披露行为联系起来,管理者可以直接从信息披露带来的好处中获益,这激励其更多对外披露。Nagar 等(2003)发现,公司信息披露程度(以管理层盈余预测频率和分析师对公司的信息披露评级作为替代变量)与 CEO 基于股票的薪酬的比例和 CEO 持有的股票价值显著正相关。

3. 诉讼成本动机

在完善的法律环境中,管理者的不实或不及时披露可能导致法律诉讼风险,这会促使上市公司提高信息披露水平,尤其是坏消息的披露[①]。一些研究检验了法律诉讼风险的差异导致的信息披露水平的差异,发现外部法律诉讼成本越高,企业越有动机对外披露(Kasznik 等,1995;Baginski 等,2002)。

4. 私有权成本动机

Verrecchia(1983)分析发现,私有权成本(proprietary costs)是上市公司在信息披露决策中需要考虑的重要因素。这是因为信息披露会将公司私有信息揭露给竞争者,促使其采取不利于公司的行动,带来披露的私有权成本。因此,私有权成本低的公司更有动机对外披露。针对这一理论已经存在大量的经验证据。一

[①] 这是因为,如果不存在诉讼,管理者会更喜欢选择发布好消息与坏消息的时机以调和两者带来的不同影响,因而理性的起诉者们和法庭会更关注坏消息的发布是否被延迟(Skinner,1997)。此外,披露的诉讼风险可能是不对称的,发布好消息,投资者买入,如果随后价格下降,则是实实在在的损失,会引起诉讼;发布坏消息,阻止投资者买入,如果价格上涨,则是机会损失,不会引起诉讼(Cheng 和 Lo,2006)。

些研究试图直接考察企业私有权成本与自愿披露之间的关系,但是由于衡量指标缺乏一致性,研究结论并不一致(Ajinkya 等,2005;Rogers 和 Stocken,2005;Wang,2007)。另外一些研究试图考察企业不同分部由于竞争程度不同带来的信息私有权成本差异引起信息披露政策的差异。研究表明,非竞争行业和高竞争行业因为高昂的信息所有权也不愿意主动对外披露(Harris,1998;Botosan 和 Stanford,2005;Jin,2005)。

5. 管理者能力信号传递动机

Trueman(1986)认为富有才华的管理者具有自愿披露盈余预期以显示其才能的激励。企业的会计业绩往往会被投资者们用于判断经理的管理能力,因而披露好的会计业绩能够增强投资者对企业的信心并进而提升企业价值。一些实证研究证实,管理者有动机对外披露好消息体现公司竞争力(Lang 和 Lundholm,1993;Healy 和 Palepu,2001;Miller,2002)。

在国内,张宗新、张晓荣和廖士光(2005)通过构建自愿信息披露指数检验了1998—2003年我国上市公司自愿信息披露的动机。研究发现,大公司、业绩好和存在外资股份的上市公司更多地进行自愿信息披露,这说明突出公司核心竞争力和社会形象、缓解信息不对称是我国上市公司自愿信息披露的主要动机。

第三节 研究背景和假设提出

本章第二节回顾了西方发达资本市场中上市公司自愿信息披露的五种动机,那么我国上市公司自愿披露盈余预告的动机与之相同吗?我们认为,我国资本市场薄弱的法律、管制环境和不完善的盈余预测信息披露机制可能会使得我国上市公司业绩预告动机有别于西方发达资本市场。

首先,现阶段不完善的法律和监管机制难以对公司披露盈余预测信息产生激励和约束。整体来看,我国证券市场的法律诉讼机制还未建立,证券市场的公众监督力很弱,并且证券监管机制也不完善[①]。具体到与业绩预告的相关法律和监管政策更是缺乏,对违反信息披露及时性、真实性和准确性的行为如何认定、如何追究责任人的民事责任以及责任人之间的责任如何划分等问题几乎没有涉及,并

[①] 我国证券法律制度所采纳的仍是以行政责任和刑事责任为中心的法律责任体系,民事责任相对缺乏,这使得投资者的损失得不到赔偿,证券的诉讼机制并未完全建立、公众的监督力很弱。而信息披露的监督权主要集中于证监会、国资委等监管层,使得监管层超负荷运作,对信息披露违规行为的监管力不从心。

且沪深交易所对违反信息披露的行为处罚手段只有责令改正、内部批评、公开谴责、罚款等几种,威慑力不够,导致不按照规定披露或披露失实的现象频频发生(林江辉,2003)。因而,本章将薄弱的法律和监管环境作为一种资本市场制度背景,并在假设提出时加以考虑。

其次,我国业绩预告制度还处于初级阶段,业绩预告的程度低且较少涉及重要信息。现阶段业绩预告制度并未对披露形式和内容作出具体规范,导致上市公司的披露程度低且内容较为粗略,这种情况在预测的窗口、准确性和详细程度上都有体现。大部分的业绩预告都是短时间窗口的预告,不存在实质意义上的预测,而且盈余预测的精确性也没有保证。此外,关于业绩变动原因的解释也不够清晰,大部分上市公司将原因归为宏观和政策因素,而较少涉及公司生产经营的重要信息(洪剑鞘、皮建屏,2002)。由于披露的并非详细的、重要的信息,本章不对信息披露的私有权成本进行详细讨论,而只是在检验中对此加以控制。

下面着重讨论我国上市公司管理层自愿业绩预告的资本市场交易动机、管理者薪酬动机和管理者能力信号传递动机。

一、资本市场交易动机研究假设

公司上市最直接、最重要的目的就是融资,因而融资资格和融资成本是上市公司首要考虑的问题。尤其在我国经济稳定高速增长的宏观环境下[①],资金不充裕就意味着公司将失去很多的投资机会,从而带来巨大的机会成本,因而上市公司普遍存在较强的融资需求。信息披露能够降低管理层和投资者之间的信息不对称程度,减少公司被低估的风险和融资成本,因而上市公司会基于降低资本市场交易成本的动机自愿对外披露信息。并且研究证实外部融资需求越强,上市公司越有动机主动对外披露,尤其是在上市公司发行证券再融资之前这种动机更加明显(Lang 和 Lundholm,1997;Healy 和 Palepu,2001;Francis 等,2005)。基于上述分析提出如下假设:

假设 1a:外部融资需求越强,上市公司越有动机自愿披露盈余预测信息。

假设 1b:预期未来进行再融资的上市公司更有动机自愿披露盈余预测信息。

虽然我国资本市场的融资机制逐步完善,但是政府干预依然广泛存在,这直接导致了国有控股上市公司相对非国有控股上市公司具有融资优势(李增泉,

---

[①] 我国经济处于稳定的高速增长时期,公司大多具有较强的对外融资需求。年鉴数据显示,1995年以来我国 GDP 增长速度都在 7% 以上,而 2001 年和 2003 年 GDP 增长幅度则均为 9.50%;投资增长率也保持高速增长的态势,2003 年和 2001 年的增长幅度分别高达 27.7% 和 26.6%。

2003；孙铮、刘凤委和李增泉，2005；孙铮、李增泉和王景斌，2006；祝继高、陆正飞，2011）。由于担心股市规模的过度发展，我国政府一直对股权融资进行管制，公司的上市资格和再融资均需要经过证券监管机构的严格审批。李增泉（2003）认为，以行政审批为主导下的股票发行机制把上市公司的利益与地方政府的利益紧密地连在了一起，使地方政府、中介机构与上市公司在争取融资权方面结成了"利益共同体"。这导致我国很多政策都体现了"国企优待"原则，使得国有上市公司相对非国有上市公司具有融资优势。并且，祝继高和陆正飞（2011）的实证研究发现，相比非国有控股上市公司，国有控股上市公司更可能获得 IPO 和 SEO 资格。基于上述研究结论，本章预测由于相对具有融资优势，国有控股上市公司的自愿信息披露动机更弱。基于上述分析提出如下假设：

假设 1c：相比非国有控股上市公司，国有控股上市公司自愿披露盈余预测信息的动机更弱。

二、管理者股票报酬动机研究假设

契约理论认为，管理者持股可以缓解信息披露的代理问题。管理者具有信息优势，并且通常情况下管理者不愿意披露私有信息，因为披露会减少其私有收益（Nagar 等，2003）。但管理层持股将管理层的薪酬与信息披露行为联系起来，这使得管理者可以直接享受信息披露带来的股价上升、资本成本下降等的收益，因而激励其更多对外披露。Nagar 等（2003）发现，以管理者盈余预测频率和分析师对公司信息披露的评级作为公司信息披露的替代变量，与 CEO 基于股价的薪酬比例和 CEO 持有的股票价值显著正相关[①]。

而自 1996 年正式引入以来，我国上市公司管理层持股已经比较普遍[②]，并且研究显示管理层持股能够发挥一定的利益协同效应。已有的研究主要从高管股权激励与公司业绩之间的关系角度考察其利益协同效应。魏刚（2000）、李增泉（2000，2003）等没有发现高管持股对公司业绩的影响，但周建波和孙菊生（2003）、王克敏和陈井勇（2004）、黄之骏和王华（2006）研究发现，管理者股权激励与公司经营绩效存在正相关关系。上述研究结论的差异可能与研究样本的期间有关，随着高管持股普遍性的提高，股权激励的效果可能才会逐渐显现。基于上述分析，

[①] 上市公司的各项决策包括信息披露政策制定通常由 CEO 或由管理层集体做出，并且 CEO 对于信息披露具有灵活性。

[②] 根据 Wind 资讯统计，截至 2008 年中期，沪深两市有 531 家上市公司共 2 245 位高管因股权激励计划持有自家股票，市值高达 1 094 亿元之多。

可以看出高管持股在我国市场也发挥了类似于成熟市场的激励作用,故而提出如下研究假设:

假设2:CEO持股比例越高,上市公司自愿披露盈余预测信息动机更强。

三、管理者能力信号传递动机研究假设

管理者有动机对外披露好消息体现公司竞争力(Trueman,1986;Lang 和Lundholm,1993;Healy 和 Palepu,2001;Miller,2002),而诉讼和管制风险会促使上市公司更多对外披露坏消息、更谨慎披露好消息(Kasznik 等,1995;Skinner,1997;Cheng 和 Lo,2006)。在现阶段我国的资本市场上,资本市场竞争的加剧会促使上市公司披露好消息动机加强,而法律和管制环境的薄弱又难以对管理者披露好消息的动机产生约束,这就使得上市公司会更激进的披露好消息。因而,可以预期我国上市公司更倾向于自愿披露盈余好消息。据此提出如下假设:

假设3:上市公司业绩越好,自愿披露盈余预测信息动机越强。

第四节 业绩预告数据描述

上市公司业绩预告制度自1998年开始在我国推行以来变动频繁并渐成体系,通过整理上海证券交易所和深圳证券交易所发布的信息披露指引得到业绩预告制度的演变过程(具体参见表1)。截至2008年,业绩预告制度规定,上市公司亏损、扭亏、业绩发生大幅上升、下降(幅度大于或等于50%)需要在前一季度的季报中,或者本期定期报告之前以临时公告的形式进行盈余预告。

表1 业绩预告制度的演变

时间	对象	类型	具体规定
1998—2000 年	年报	预亏	上市公司发生连续亏损或者可能导致重大亏损的情况,应该进行预亏公告
2001 年	中报	预亏	预计中期报表将出现亏损,应该在7月31日之前及时刊登盈余预警
2001 年	年报	预警	业绩水平大幅波动要及时披露盈余预警,指本年利润总额与上年相比下降或上升50%以上(含50%)应该进行业绩预告,基数较小的公司可以豁免披露
2002 年至今	季报	前一季度预警	公司管理层如果预测下一报告期的经营成果可能为亏损或者与上年同期相比发生大幅度变动,应当在前一季度报告中予以警示

业绩预告制度出台之后，很多强制业绩预告上市公司按照规定披露了预期盈余，但很多公司并未按照规定披露业绩预告。此外，还有部分非强制业绩预告的上市公司却自愿披露了盈余预测信息，这些预告包括业绩变动幅度小于50%、业绩不确定、预盈的预告，据此本章将这些业绩预告定义为管理层自愿业绩预告。

本章的样本区间选择在2001—2008年，这是因为2001年之前业绩预告类型单一、数量少，并且几乎没有出现自愿业绩预告，这种情况会对分析结果造成偏差。本章的业绩预告数据来自Wind金融数据库，其他数据来Sinofin数据库。

表2 业绩预告制度执行情况

业绩状况	实际盈余变化（占总样本比例）	盈余预告	要求预告而未预告	不要求预告而预告
亏损	0.132	0.086	0.048	0.002
扭亏	0.063	0.039	0.027	0.002
业绩上涨50%	0.211	0.123	0.098	0.011
业绩下降50%	0.077	0.040	0.043	0.006
总计	0.483	0.288		

表2描述了强制性业绩预告制度的执行情况。本研究依据上市公司某一季度的实际盈余推断出其是否满足强制性业绩预告的条件，并将之与实际的业绩预告情况进行比较。在样本期间，强制业绩预告公司及时披露了业绩预测信息的占总样本的29%，而依据实际实现盈余推断需要强制业绩预告的公司占到了总样本的48%，这说明近一半的强制业绩预告公司未能及时披露预测业绩。即便排除盈余预测不准确的因素，强制业绩预告公司未及时披露的情况还是非常普遍。

表3是对2001—2008年上市公司公开披露的业绩预告的详细描述，从中可知：第一，我国上市公司自愿业绩预告已经达到一定数量。样本期间，A股上市公司共发布业绩预告总数为10 864次，占样本总数的32.6%。其中，强制性预告次数为9 611，占预告总数的88.3%，自愿业绩预告次数为1 253次，占预告总数的11.7%。第二，好消息比重较大。在强制业绩预告中预增公告比重最大，占告总数的12.3%，并且在自愿业绩预告中略增公告的比重也是最高，占到预告总数4.4%。

为了考察再融资动机的业绩预告，本章按照未来一年内是否进行股权再融资将样本分为两组的分组描述。比较两组样本可知，与预期不太一致，SEO组的自愿业绩预告数量和比例并没有大于非SEO组，但是SEO组披露业绩预增信息的比例(25.6%)远大于非SEO组(11.6%)。这可能是由于进行再融资的上市公司业绩更好，也可能是与基于融资的披露动机有关，预期进行再融资的上市公司更有动机提前披露好的业绩信息。

表 3 业绩预告数据描述

业绩预告	总样本描述			按照未来是否 SEO 分组描述	
				NonSEO	SEO
	样本数量	占总样本比例	占预告样本比例	占样本比	占样本比
预告总数	10 864	0.326	1.000	0.325	0.342
强制披露	9 611	0.288	0.883	0.287	0.314
自愿披露	1 253	0.038	0.117	0.038	0.028
Panel A：强制性业绩预告分类					
预减	1 338	0.040	0.139	0.042	0.012
预增	4 112	0.123	0.428	0.116	0.256
扭亏	1 287	0.039	0.134	0.039	0.026
首亏	1 793	0.054	0.187	0.056	0.013
续亏	1 081	0.032	0.112	0.034	0.007
Panel B：自愿性业绩预告分类					
不确定	75	0.002	0.060	0.002	0.001
略减	313	0.009	0.250	0.010	0.004
略增	556	0.017	0.444	0.017	0.019
预盈	241	0.007	0.192	0.007	0.003
其他	68	0.002	0.054	0.002	0.000

第五节 实 证 检 验

一、研究模型和变量设计

本章主要考察上市公司自愿业绩预告的动机，根据上文分析构建如下模型：

$$probit(VD) = \beta_1 external\ finance + \beta_2 manageshare + \beta_3 performance + \beta_4 (controls) + \varepsilon \quad (1)$$

其中,本章的因变量是自愿业绩预告,如果样本公司在某一会计期间自愿披露业绩预告,则 VD 取值为 1,否则为 0;$external\ finance$ 为外部融资需求替代变量;$manageshare$ 是 CEO 持股比例的替代变量;$performance$ 为管理者能力信号传递的替代变量;$controls$ 为其他控制变量。

结合国内外研究成果和我国实际情况,本章对主要变量衡量如下。

对于自愿业绩披露(voluntary disclosure,VD)的虚拟变量,如果样本公司针对某一会计期间自愿发布业绩预告,则该样本期间中 VD 取值为 1,否则为 0。这些自愿业绩预告包括业绩变动幅度小于 50%、业绩不确定和预盈公告。

外部融资动机用三类指标衡量。公司成长性变量 $Growth$,用于衡量其对外融资需求,以年度总资产增长率衡量。公司成长性越强,融资预期需求越强,并越有动机自愿披露业绩预告。预期股权再融资虚拟变量 SEO,用于考察未来再融资对信息披露行为的影响。参照 Lang 和 Lundholm(1997)设置 SEO 虚拟变量,如果上市公司进行再融资之前一年内的某会计期间发布业绩预告,则 SEO 取值为 1,否则为 0,我们预测 SEO 与自愿性信息披露显著正相关。国有控股公司虚拟变量 $State$,用于考察股权性质对于信息披露的影响。如果企业最终控制权为政府,则 $State$ 取值为 1,否则为 0,我们预测 $State$ 与自愿信息披露显著负相关。

管理者能力的信号传递动机用会计业绩 ROA 来衡量。由于强烈的融资需求和薄弱的法律和管制环境,上市公司披露好消息动机很强,我们预测 ROA 与自愿信息披露显著正相关。

管理层股票收益动机以 CEO 持股比例($CEOshare$)来衡量。具体来说,以董事长持股比例作为 CEO 持股的替代。李增泉(2003)的研究表明,从实践来看,董事长在我国经营活动中发挥的作用似乎远大于总经理[1]。我们预测 CEO 的持股比例与自愿性信息披露显著正相关。

此外,本章还控制了行业竞争性、公司规模和财务杠杆。借鉴产品市场竞争领域的研究和实践的做法[2],利用赫芬达尔-赫希曼指数(Herfindahl-Hirschman

---

[1] 从我国上市公司的董事会领导结构变迁的实践上看,董事长的权利似乎大于总经理。例如,更多的董事长兼任总经理在要求两职分离时候,选择了保留董事长;此外,从证监会处罚的众多违规公司来看,董事长承担的违规责任大多大于总经理(李增泉,2003)。

[2] Harris(1998)等均都采用这种方法。并且在现实中,美国司法部在反托拉斯调查过程中也采用了这一指数。赫芬因德指数合理反映了产业市场集中程度,可较好反映行业竞争情况。当行业可容纳的公司数目一定时,行业中类似规模的公司就越多,赫芬因德指数越小,行业内公司之间的竞争越激烈。因此,在行业内公司数目一定的条件下,赫芬因德指数越小,市场竞争强度越大;赫芬因德指数越大,市场竞争强度越小。

Index,简称"HHI 指数")作为产品市场竞争强度的替代指标,$HHI = \sum(X_i/X)^2$ 其中,$X = \sum X_i$, X_i 为公司 i 报告期内的销售额。公司规模($Size$)的含义非常复杂,它是影响信息披露的重要因素(Francis 等,2005),在本章中以上市公司会计期末总资产的自然对数表示。公司资产负债率越高,公司财务失败的风险也提高,因而无论债权人还是股东都要求更多的信息,因而本章对此加以控制。具体来说,本章以会计期末总负债与期末总资产之比(LEV)表示。

二、主要考察变量的描述性统计

表 4 中的 Panel A 是对主要研究变量的描述性统计。样本公司的总资产增长率均值为 0.149,说明样本期间公司增长速度很快。样本公司的平均 ROA 为 0.02,国有控股样本公司占总样本的 70.4%。在业绩预告之后一年内进行了再融资的样本公司占总样本的 4.9%。样本公司 CEO 的持股比例为 0.4%,说明 CEO 持股已经达到一定比重。

表 4 中的 Panel B 是按照披露意愿分组的样本均值描述。按照披露意愿将总样本分为四组:强制业绩预告公司及时披露了盈余预测信息(简称"强制披露",MD)、强制业绩预告公司未及时披露盈余预测信息(简称"不愿披露",WH)、非强制业绩预告公司自愿披露盈余预测信息(简称"自愿披露",VD)以及非披露样本(NOND)。可以看出其中一些变量在四组之间表现出一定的规律。例如,高管持股呈现逐渐上升的趋势,而国有控股呈现逐步下降的趋势。Panel C 的样本均值检验结果显示,相对于不愿披露(WH)组和非披露(NOND)组,自愿披露(VD)组的成长性、高管持股比例和会计业绩都显著高,而国有控股比例、公司规模和财务杠杆显著低。此外,行业竞争性在各组之间并无显著差异。上述发现与我们的假设相符。

在此值得关注的是,相对于不愿披露(WH)组和非披露(NOND)组,自愿披露(VD)组的 SEO 比例更低,这与样本描述的发现一致,而与本章的假设存在出入。我们预测这是由于 SEO 公司可能具有更好的业绩,因而更可能发布预增公告。后文中,我们还将对此进行进一步分析和解释。

表 5 列示了主要考察变量的相关性系数表。可以看到,自愿信息披露(VD)与成长性、CEO share 和 ROA 显著正相关,与国有控股性质、公司规模和财务杠杆均显著负相关,而与行业竞争性 HHI 没有显著关系。不愿意披露(WH)与成长性、SEO、CEO share 和 ROA 均显著负相关。这些发现与预期一致。

表 4　主要考察变量的描述

	Growth	SEO	State	CEOshare	ROA	Size	LEV	HHI
Panel A：研究样本一般描述性统计								
mean	0.149	0.049	0.704	0.004	0.020	21.305	0.493	0.079
sd	0.293	0.216	0.457	0.026	0.038	0.988	0.184	0.107
p25	−0.008	0	0	0	0.004	20.627	0.365	0.036
p50	0.232	0	1	0.000	0.035	21.894	0.626	0.086
p75	0.090	0	1	0.000	0.015	21.203	0.503	0.050
Panel B：研究样本按照披露意愿分类统计								
WH	0.132	0.035	0.699	0.002	0.009	21.169	0.524	0.078
NOND	0.158	0.053	0.732	0.003	0.028	21.421	0.458	0.080
MD	0.142	0.054	0.678	0.005	0.011	21.247	0.537	0.078
VD	0.182	0.037	0.557	0.025	0.034	20.967	0.456	0.075
Total	0.149	0.049	0.704	0.004	0.020	21.305	0.493	0.079
VD-WH	0.049***	0.002	−0.142***	0.023***	0.023***	−0.202***	−0.068***	−0.003
T-value	4.551	0.025	−9.895	25.08	29.46	−6.59	−11.81	−0.89
VD-NOND	0.02**	−0.017**	−0.175***	0.022***	0.006***	−0.45***	−0.002	−0.004
T-value	3.24	2.54	−13.33	26.55	8.65	−16.33	−0.049	−1.38

注：***、** 和 * 分别表示在1%、5%和10%的水平上显著。

表 5　主要考察变量相关性系数表

	VD	MD	WH	Growth	SEO	State	CEOshare	ROA
VD	1							
MD	−0.126***	1						
WH	−0.097***	−0.314***	1					
Growth	0.022***	−0.015**	−0.030***	1				
SEO	−0.011**	0.013**	−0.032***	0.098***	1			
State	−0.063***	−0.035***	−0.005	−0.016***	−0.015**	1		
CEOshare	0.153***	0.014**	−0.045***	0.077***	0.027***	−0.225***	1	
ROA	0.074***	−0.149***	−0.130***	0.251***	0.096***	0.014**	0.090***	1
Size	−0.067***	−0.037***	−0.068***	0.257***	0.084***	0.228***	−0.069***	0.188***
LEV	−0.040***	0.151***	0.082***	0.099***	0.059***	−0.040***	−0.061***	−0.304***
HHI	−0.007	−0.004	−0.003	0.033***	0.011*	0.057***	0.002	0.090***

注：***、** 和 * 分别表示在1%、5%和10%的水平上显著。

三、回归分析

本章主要考察自愿信息披露的动机,由于无法消除依据规定进行的强制性预告公司可能存在的自愿披露的动机,为了减少实证检验的噪音,本章在分析回归时剔除了强制性业绩预告样本,这样总共得到 23 739 个研究样本。此外,本章在回归中还控制了披露年度、季度和证券交易所的影响。

表 6 是自愿业绩预告披露动机的回归结果①。数据显示:第一,外部融资需求替代变量成长性($Growth$)与自愿业绩预告显著正相关,国有控股($State$)与自愿业绩预告显著负相关,这说明外部融资需求越强,企业越有动机自愿披露业绩预告,而国有控股上市公司因为具有融资便利而对外披露动机更弱。这与之前的预期一致,资本市场交易动机假说成立。第二,CEO 持股比例($CEOshare$)与自愿业绩预告显著正相关,董事长持股比例越高越可能自愿发布业绩预告。这说明管理者持股有助于协同其与股东利益,激励其对外披露私有信息,管理者股票报酬假说成立。第三,会计业绩(ROA)与自愿性信息披露显著正相关,会计盈余越大,公司越有动机进行业绩预告。这说明上市公司更倾向于报告好消息,管理层信号传递假说。此外,公司规模与自愿信息披露显著负相关,财务杠杆与自愿信息披露显著正相关,而没有发现行业竞争性变量 HHI 存在显著的线性关系。

为了使研究结论更加稳健,本章将该披露而未披露的样本与非披露样本公司加以区别之后再检验上述动机对披露意愿的影响。本章设置披露意愿变量 $Disclosure$,将不愿意披露的公司取值为 1,非披露公司取值为 2,自愿披露公司取值为 3,并据此建立如下模型进行检验:

$$reg(Disclosure) = \beta_1 exterfinance + \beta_2 manageshare + \beta_3 goodnews + \beta_4 (controls) + \varepsilon \quad (2)$$

回归结果如表 7 所示。可以看到,改变自变量和衡量方法之后,研究结论依然成立。$Growth$ 与披露意愿之间显著正相关,说明公司成长性越高,对外披露的意愿越强。$State$ 与披露意愿之间显著负相关,说明国有企业更少对外披露。$CEOshare$ 与披露意愿之间显著正相关,说明管理层持股有助于其对外披露。ROA 与披露意愿之间显著正相关,说明企业业绩越好越愿意对外披露。

---

① 本章上文发现,由于 SEO 公司具有更好的业绩,因而这类公司更可能发布业绩增公告,而非略增、预盈公告,故在这一回归中没有放入 SEO 虚拟变量,而是在本章后文中对此单独进行检验。

表6 自愿业绩预告披露动机的回归结果

变量	Model1	Model2	Model3	Model4	Model5
ROA	2.360***				1.031*
	(4.165)				(1.750)
Growth		0.305***			0.187***
		(5.584)			(3.235)
State			−0.201***		−0.0744**
			(−6.107)		(−2.128)
CEOshare				6.242***	5.752***
				(15.63)	(13.72)
HHI	−0.116	−0.0910	−0.0506	−0.0654	−0.0780
	(−0.729)	(−0.568)	(−0.315)	(−0.401)	(−0.479)
Size	−0.248***	−0.249***	−0.207***	−0.211***	−0.218***
	(−14.10)	(−14.17)	(−11.56)	(−11.98)	(−11.65)
LEV	0.273***	0.0662	0.0777	0.188**	0.210**
	(2.862)	(0.752)	(0.888)	(2.128)	(2.137)
Constant	1.531***	1.611***	0.931**	0.816**	0.972**
	(4.162)	(4.350)	(2.506)	(2.191)	(2.528)
Year	controlled	controlled	controlled	controlled	controlled
Season	controlled	controlled	controlled	controlled	controlled
Stkexchange	controlled	controlled	controlled	controlled	controlled
N	23 739	23 739	23 739	23 739	23 739
Pseudo R^2	18%	18%	20%	18%	19%

注：***、**和*分别表示在1%、5%和10%的水平上显著。

表7 披露意愿动机的回归结果

变量	Model1	Model2	Model3	Model4	Model5
ROA	3.042***				2.688***
	(19.97)				(17.48)
Growth		0.133***			0.0738***
		(10.28)			(5.649)
State			−0.0473***		−0.0127*
			(−6.446)		(−1.709)
CEOshare				2.473***	2.131***
				(18.76)	(15.84)
Controls	controlled	controlled	controlled	controlled	controlled
N	23 739	23 739	23 739	23 739	23 739
Adj. R^2	0.140	0.130	0.133	0.142	0.155

注：***、**和*分别表示在1%、5%和10%的水平上显著。

此外，本章还检验了 SEO 动机的业绩预告行为。在描述统计部分我们发现，SEO 公司更可能发布业绩预增预告，而非自愿业绩预告①。这可能是由于进行再融资的上市公司业绩更好，更可能发布业绩预增（业绩上升幅度大于 50%）公告，而非自愿业绩预告（如业绩增长幅度小于 50% 的略增公告）。表 8 是对预增公告的 SEO 动机检验的回归结果。可以看到，在控制其他因素影响之后，SEO 与预增公告显著正相关，这说明未来 SEO 公司的确有动机提前披露好消息，以期降低融资成本。

表 8 业绩预增公告的 SEO 动机回归结果

变量	Model1	Model2	Model3
ROA	11.87***	11.90***	10.99***
	(36.81)	(36.86)	(33.96)
SEO		0.386***	0.364***
		(10.56)	(9.835)
Growth			0.165***
			(14.02)
Controls	controlled	controlled	controlled
N	33 350	33 350	33 350
Adj. R^2	0.14	0.15	0.18

注：***、** 和 * 分别表示在 1%、5% 和 10% 的水平上显著。

此外，为了保证研究结论的可靠性，本章还进行了如下稳健性检验：第一，由于我国企业中是董事长还是总经理对企业信息披露决策负责并不十分明确，本章进一步运用总经理持股比例作为 CEO 持股替代变量，研究结论并没有改变。第二，前文考察 SEO 之前 12 月的业绩预告披露行为的影响具有一定随意性，因而本章进一步考察 SEO 之前 6 个月、24 个月的业绩预告披露行为的影响，研究结论并没有改变。

第六节 研 究 结 论

本章首先全面分析了 2001—2008 年我国上市公司业绩预告制度的执行情况。分析发现，我国上市公司自愿业绩预告已经达到一定数量。样本期间，30%

---

① 在数据描述中，我们发现进行股权再融资的公司在之前一年内发布业绩预告数量和比例均小于非再融资公司，而披露业绩预增信息的比例（25.6%）远大于非再融资公司（11.6%）。

左右的样本公司发布了业绩预告,其中符合强制性预告标准的样本占88.7%,而11.3%为自愿披露样本。而事实上,业绩预告制度的执行远远说不上好,因为分析发现还有很大一部分达到预告要求的公司并未及时进行预告。

本章从经典的自愿信息披露理论出发,结合我国转轨经济的特殊制度背景分析提出了我国上市公司自愿披露盈余预测信息的三类动机:资本市场交易、管理层股票收益和管理层的信号传递。以2001—2008年我国上市公司在强制性业绩预告规定之外、自愿披露的业绩预告作为样本,本章对此进行了检验。研究结果显示:

第一,针对资本市场交易成本假说,研究发现,公司成长性越高越有动机自愿对外披露业绩预告,而国有控股性质弱化了上市公司对外披露动机,并且预期进行股权再融资的上市公司在之前的一年中显著增加了业绩预增信息的披露。这说明公司融资需求越强,越有动机对外披露信息降低信息不对称、提升股价和降低融资成本,而国有控股上市公司相对非国有上市公司具有融资便利,对外披露动机减弱。

第二,针对管理者持股假说,研究发现,CEO持股比例越高越有动机对外披露业绩信息,这说明高管持股能够发挥利益协同作用,激励管理者更多对外披露信息。

第三,针对管理者能力信号传递假说,会计业绩与自愿性信息披露显著正相关,未预期盈余越大,公司越有动机进行业绩预告。这说明上市公司通过披露好的业绩信息传递管理者能力的信号。

本章的研究结论可能带来如下启示:其一,现阶段业绩预告的执行效果并不尽如人意,还有很多应该披露业绩预告的公司却未发布业绩预告,这与我国薄弱的法律环境和证券监管的不完善有关,因而完善法律诉讼机制和证券监管制度显得尤为紧迫。其二,国有控股公司对外披露的动机更弱,这可能由于政府干预经济、国有控股企业相对非国有控股企业具有融资优势、对外披露动机减弱,从这一角度来送,现有的融资机制市场化程度还有待加强。其三,本章的发现从信息披露的角度为高管股权激励协同作用的发挥提供了证据,预期加强管理者股权激励力度是促进其对外披露的有效途径。

第二章

披露内部控制自我评价与鉴证报告对公司资本成本的影响

第一节 研究背景与研究意义

近年来,随着财务舞弊案件的增多,上市公司内部控制信息的披露受到投资者和各国监管机构的高度重视。2008 年,我国财政部等五部门发布《企业内部控制基本规范》,规定上市公司应当披露年度内部控制自我评价报告,并可聘请具有证券、期货业务资格的中介机构对内部控制的有效性进行审计。到目前为止,我国一般上市公司的内部控制自我评价报告与内部控制鉴证报告[1],尤其是内部控制鉴证报告,仍然属于自愿披露范畴。在这种情况下,内控自我评价与鉴证报告的披露是否会对资本成本产生影响呢?这一问题的回答将深化和拓展我们对内控自我评价与鉴证报告的认识。

已有研究多关注内部控制信息的披露动机、形式及程度,而对内部控制信息的披露和资本成本之间的关系关注极少。信号传递理论认为自愿性信息披露能够减少信息不对称,有利于降低公司的资本成本。内控自我评价报告的披露使投资者获得更多有关公司内部控制有效性的信息,不但可以减少投资者和经理人之间的信息不对称,增加股票流动性,降低交易成本,还可以降低投资者估计未来收益时考虑的风险水平,因此投资者要求的回报率降低,资本成本相应降低。审计师出具的鉴证报告又增加了这些信息的可信度,因而能进一步降低公司的资本成本。

基于以上分析,我们通过手工搜集深沪两市上市公司自愿披露内控自我评价与鉴证报告的数据,研究内控自我评价与鉴证报告的披露对资本成本的影响。结果发现:披露内控自我评价报告的公司具有较低的资本成本;同时披露内控自我

---

[1] 为表述简便,本章内部控制简称为内控,内部控制自我评价报告与内部控制鉴证报告二者简称为内控自我评价与鉴证报告。

评价和内控鉴证报告的公司具有更低的资本成本,并且这种关系在所有权性质不同的公司中同样成立。

本章的贡献主要有两点:第一,区别于美国强制性要求披露内控鉴证报告的制度环境,我国内控自我评价与鉴证报告属于自愿披露范畴。吴爱军(2010)研究了披露内控自我评价报告对权益资本成本的影响,但未研究披露内控自我评价报告对资本成本的影响。至今还未有文献研究披露内控鉴证报告对资本成本的影响。本章首次利用我国上市公司的数据研究了披露内控自我评价与鉴证报告对资本成本的影响以及影响的差异,不仅丰富了资本成本影响因素的研究,还丰富了内部控制信息披露经济后果的研究,同时也拓展了自愿性信息披露的研究范畴。第二,本章的结论对公司管理层和政策制定者都具有一定的参考价值。公司管理层可以根据本章的结论披露内控自我评价与鉴证报告来降低公司的资本成本。此外,本章为政策制定者强制要求披露内控自我评价与鉴证报告提供了经验证据。

本章其他部分安排如下:第二部分为文献回顾,第三部分在理论分析的基础上提出研究假设,第四部分为研究设计,第五部分为实证检验及分析,最后一部分为本章的主要结论。

第二节 文献回顾

近年来,国外鲜有文献研究内控自我评价与鉴证报告,大量文献研究内部控制重大缺陷。这主要是因为《萨班斯法案》强制要求上市公司对财务报告的内部控制重大缺陷进行披露,为学者们进行这方面的研究提供了充实的数据,因此催生了一系列有关内部控制重大缺陷方面的文献(Bryan 和 Lilien,2005;Doyle 等,2007;Ashbaugh-Skaife 等,2007)。国内对内控自我评价与鉴证报告做了一些探索性研究,研究发现,内部控制有效性强的公司更有动力对外披露内控自我评价与鉴证报告,并且鉴证报告能够提升会计盈余质量(杨友红、陈凌云,2009;林斌、饶静,2009;张龙平等,2010)。

目前关于资本成本的研究,主要集中在信息披露和资本成本之间的关系等方面。国外这类文献主要从股票流动性和风险补偿的角度探讨它们之间的关系,并得出一致的结论,即披露的信息越充分、质量越高,资本成本越低(Copeland 和 Galai,1983;Handa 和 Linn,1993;Botosan 和 Plumlee,2002;Bhattacharya 等,2003)。国内学者通过大量实证检验,也发现信息披露水平和资本成本负相关(汪炜、蒋高峰,2004;曾颖、陆正飞,2006)。

关于内部控制信息披露与资本成本关系的研究却少有文献关注,目前国外有两篇文献研究内部控制重大缺陷和资本成本之间的关系。Ogneva 等(2007)发现披露内部控制缺陷的公司资本成本越高,Beneish 等(2008)却发现在 404 条款下,内部控制缺陷披露并不能导致资本成本显著上升。国内仅有吴爱军(2010)研究了披露内控自我评价报告对权益资本成本的影响,但未研究其对资本成本的影响。

综上所述,现有文献针对内部控制信息披露对资本成本影响的研究较少,还未有文献研究内控自我评价与鉴证报告的披露对资本成本的影响,这为本章的研究留下了一定的空间。本章的目的是对内控自我评价与鉴证报告和资本成本的关系进行较为深入的经验分析,这既可以为有效降低我国上市公司资本成本提供经验证据,又可以为内控自我评价与鉴证报告制度的设计提供一定的政策参考。

第三节 假设提出

内控自我评价报告是由董事会对公司内部控制有效性作出的评价(或由审计委员会编制,经董事会审议)。资本成本是投资者要求的必要回报率。信号传递理论认为自愿性信息披露能够减少信息不对称,有利于降低公司的资本成本。内控自我评价报告的披露可能会通过两个渠道对资本成本造成影响:一是降低投资者预计风险;二是提高股票流动性。

一方面,由于投资者要求的回报率与预测的风险水平成正比,未来收益的不确定水平越高,投资者要求的回报率就越高。内控自我评价报告的披露使投资者获得更多公司内部控制有效性的信息,可以降低投资者估计未来收益时考虑的风险水平,从而投资者要求的回报率降低,资本成本相应降低。另一方面,已有研究发现,公司通过增加信息披露可以减少与投资者之间的信息不对称,使潜在投资者更愿意投资于公司(Copeland 和 Galai,1983;Diamond 和 Verrecchia,1991;Botosan 和 Plumlee,2002)。因此,公司通过对外披露内控自我评价报告,可以减少公司经理人和投资者之间的信息不对称,增加股票的流动性,降低交易成本。交易成本越低,投资者的预期收益也就越低,从而资本成本越低。

基于以上分析,本章提出假设 1:

假设 1:披露内控自我评价报告的公司具有较低的资本成本。

因为内控自我评价报告是由公司管理层制定的,所以在缺乏第三方监督的情况下,投资者对内控自我评价报告内容的可信度可能存在疑问。已有研究表明,外部审计和审计师选择可以传递企业真实价值的有效信号(Datar 等,1991)。内控鉴证报告是由审计师对内控自我评价报告作出的核实评价意见,并且绝大多数意见为无保留意见,认为被审单位与财务报表相关的内部控制在所有重大方面是有效的。因此,公司可以通过增加披露内控自我评价报告的鉴证报告,来提高内控自我评价报告内容的可信度,从而提升投资者对公司的估值,使得公司资本成本更低。据此,本章提出假设2:

假设2:同时披露内控自我评价与鉴证报告的公司具有更低的资本成本。

第四节 研 究 设 计

一、样本来源及处理

考虑到证监会对于金融类和中小板上市公司内部控制信息的披露有额外要求,因此,本章选取2007—2010年深沪两市A股主板上市公司为研究对象。由于内部控制自我评价与鉴证报告的披露情况在年报中有明确说明,上市公司是否披露内部控制自我评价与鉴证报告通过从公司年报中手动搜集信息来确定,其他数据来自色诺芬数据库。本章对样本作了如下处理:①由于报告期内首发上市公司的内部控制信息披露具有特殊要求,因此剔除当期IPO的公司;②由于ST公司存在特殊的营运和财务状况,因此剔除ST公司;③剔除数据缺失的公司;④对所有连续变量进行了上下5%的缩尾处理。我们最终得到4554个观测值。

二、研究模型与变量

为了检验假设1,本章借鉴汪炜和蒋高峰(2004)、曾颖和陆正飞(2006)的研究成果,构建了如下模型:

$$K = \beta_0 + \beta_1 self\_eva + \beta_2 size + \beta_3 roa + \beta_4 lev + \beta_5 growth + \beta_6 mbratio + \beta_7 auditopinion + \varepsilon \tag{1}$$

模型中的K为资本成本,我们采用Solomon等(1970)推广的加权平均资本成本,用模型$K=KD(1-T)(D/A)+KE(E/A)$计算所得。其中,KD为债务资本成本;KE为股权资本成本;T为企业所得税税率;D为总负债;E为所有者权益;A为总资产。借鉴前人的研究,采用CAPM模型计算股权成本KE。根据CAPM模型$KE=R_f+\beta(R_m-R_f)$,R_f采用十年期国债的利率作为无风险利率,市场预期收益率R_m通过对过去十年的深证A股成分股指数回报率回归所得,β

值也是通过历史数据回归所得。债务资本成本 KD,按照 Adams 和 Zou(2008)的方法,使用"(利息支出+资本化利息)/年初年末平均总负债"来估算。$self\_eva$ 是公司是否披露内控自我评价报告的虚拟变量,披露取 1,未披露则取 0。

根据 Ogneva 等(2007)、Beneish 等(2008)、曾颖和陆正飞(2006)等相关文献,模型中还控制了以下影响资本成本的因素:$size$ 表示公司规模,这里采用公司当期年末总资产的对数;roa 为资产利润率,用来反映公司的盈利状况;lev 为资产负债率;$growth$ 代表公司的成长能力,这里采用营业收入增长率;$mbratio$ 为市净率;$auditopinion$ 是指外部审计师对公司财务报告出具的审计意见类型,为虚拟变量,标准无保留意见用 1 表示,其他意见类型用 0 表示。另外,我们还在模型中控制了年度差异和行业差异,引入年度虚拟变量 YR 和行业虚拟变量 IND。

为了检验假设 2,我们从全样本中提取出披露内控自我评价报告的子样本,然后运用下面的模型①进行回归分析:

$$K = \beta_0 + \beta_1 interctrl + \beta_2 size + \beta_3 roa + \beta_4 lev + \beta_5 growth + \beta_6 mbratio + \beta_7 auditopinion + \varepsilon \qquad (2)$$

其中,$interctrl$ 为虚拟变量,披露内控自我评价报告的公司中披露了鉴证报告的取 1,没有披露鉴证报告的取 0。模型中的其他变量和模型(1)中的变量定义相同。

第五节 实 证 检 验

一、样本分布

表 1 报告了样本分布情况。Panel C 显示,2007—2010 年样本总数为 4 554,其中,披露内控自我评价报告的样本为 2 367,占样本总数的 51.98%;披露内控鉴证报告的样本为 907,占样本总数的 19.92%,占披露内控自我评价报告样本的 38.32%。Panel A 为深市披露情况,其中 2007 年披露内控自我评价报告的样本

---

① 另外我们采用在一个模型中考虑两个假设的回归方法,构建如下模型:
$k = \alpha_0 + \alpha_1 self + \alpha_2 self\_inter + \alpha_3 size + \alpha_4 roa + \alpha_5 lev + \alpha_6 growth + \alpha_7 mbratio + \alpha_8 auditopinion + \varepsilon$
其中,$self$ 为虚拟变量,当公司仅披露内控自我评价报告时取 1,否则取 0;$self\_inter$ 为虚拟变量,当公司同时披露内控自我评价和鉴证报告时取 1,否则取 0。假设 1 预期 α_1 和 α_2 都小于 0,并且假设 2 预期 α_1 的绝对值小于 α_2 的绝对值。回归结果与限制样本回归结果一致。

为76,占当年总样本的19.59%。之后三年,此比例达到97%以上,只有极个别公司未披露内控自我评价报告。披露内控鉴证报告的公司从2007年的31家上升到2010年的75家,平均占总样本个数的19.43%。Panel B为沪市披露情况,披露内控自我评价报告的样本从2007年的123家不断上升到2010年的365家公司,平均占总样本的37.94%;披露内控鉴证报告的样本也呈逐年增加的趋势,平均占总样本的22.78%。对比Panel A和Panel B可知,深市披露内控自我评价报告的公司比重远高于沪市披露内控自我评价报告的公司比重,这主要是由于两市有关内控自我评价报告披露的法律法规存在一定差异,并且深市公司较好地执行了监管部门的政策。

表1 内控自我评价与鉴证报告的披露情况

年度	主板上市公司	披露内控自我评价报告公司	披露内控鉴证报告公司	披露内控自我评价报告公司占主板上市公司比例	披露内控鉴证报告公司占主板上市公司比例	披露内控鉴证报告公司占披露内控自我评价报告公司比例
	(1)	(2)	(3)	(2)/(1)	(3)/(1)	(3)/(2)
Panel A:深市内控自我评价与鉴证报告的披露情况						
2007	388	76	31	19.59%	7.99%	40.79%
2008	395	387	47	97.97%	11.90%	12.14%
2009	396	393	73	99.24%	18.43%	18.58%
2010	386	377	75	97.67%	19.43%	19.89%
小计	1 565	1 233	226	78.79%	14.44%	18.33%
Panel B:沪市内控自我评价与鉴证报告的披露情况						
2007	722	123	123	17.04%	17.04%	100.00%
2008	743	313	158	42.13%	21.27%	50.48%
2009	761	333	202	43.76%	26.54%	60.66%
2010	763	365	198	47.84%	25.95%	54.25%
小计	2 989	1 134	681	37.94%	22.78%	60.05%
Panel C:深沪两市内控自我评价与鉴证报告的披露情况						
2007	1 110	199	154	17.93%	13.87%	77.39%
2008	1 138	700	205	61.51%	18.01%	29.29%
2009	1 157	726	275	62.75%	23.77%	37.88%
2010	1 149	742	273	64.58%	23.76%	36.79%
总计	4 554	2 367	907	51.98%	19.92%	38.32%

二、描述性统计

表2报告了主要变量的描述性统计结果。公司的资本成本平均值为 0.054 2,中位数为 0.051 8,最小值为 0.023 3,最大值为 0.097 5;$size$ 取自然对数的平均值为 21.894 3;roa 的平均值为 1.502 7;lev 的平均值为 0.514 8;$growth$ 的平均值 0.913 9;$mbratio$ 的平均值为 4.649 8;$auditopinion$ 的平均值为 0.972 5,表明 97.25% 的审计意见为标准无保留审计意见。

表 2 主要变量的描述性统计

变量	N	最小值	均值	中位数	最大值	标准偏差
k	4 554	0.023 3	0.054 2	0.051 8	0.097 5	0.020 1
$size$	4 554	20.194 2	21.894 3	21.774 0	24.149 0	1.089 0
roa	4 554	−0.085 5	1.502 7	0.043 8	10.708 1	3.086 5
lev	4 554	0.195 0	0.514 8	0.525 7	0.793 7	0.171 2
$growth$	4 554	−0.999 9	0.913 9	0.137 8	12.687 5	2.987 8
$mbratio$	4 554	1.212 2	4.649 8	3.846 7	12.450 1	3.012 5
$auditopinion$	4 554	0.000 0	0.972 5	1.000 0	1.000 0	0.163 4

表3报告了披露和未披露内控自我评价与鉴证报告对资本成本影响差异的比较结果。披露内控自我评价报告公司的资本成本平均值为 0.051 5,未披露内控自我评价报告公司的资本成本平均值为 0.057 2,二者差异为 −0.005 7,约为未披露内控自我评价报告公司的资本成本的 10%。此外,均值 T 检验表明差异是显著的;二者中位数的差异为 −0.003 5,且 Wilcoxon 秩和检验 P 值在 1% 的水平上显著,这说明披露内控自我评价报告公司的资本成本显著低于未披露内控自我评价报告公司的资本成本。同理可知,披露内控鉴证报告公司的资本成本不仅显著低于未披露内控自我评价报告公司的资本成本,而且还显著低于披露内控自我评价报告公司的资本成本。

表 3 披露和未披露内控报告的公司资本成本差异的比较

	未披露内控自我评价报告的样本 (1)	披露内控自我评价报告的样本 (2)	披露内控鉴证报告的样本 (3)	差异 (2)−(1)	差异 (3)−(1)	差异 (3)−(2)
均值	0.057 2	0.051 5	0.049 9	−0.005 7***	−0.007 3***	−0.001 6**
中位数	0.054 1	0.050 6	0.048 1	−0.003 5***	−0.006 0***	−0.002 5***
观测值	2 187	2 367	907			

注:均值 t-test 和中位数 Wilcoxon-test 都是双尾检验;***、** 和 * 分别表示在 1%、5% 和 10% 的水平上显著。

三、回归分析

表 4 列示了模型(1)的回归结果。从全样本来看,模型(1)的调整 R^2 分别为 0.57,表明模型拟合程度较好。$self\_eva$ 的系数为 -0.0041,并且在 1% 的水平上显著,表明披露内控自我评价报告公司的资本成本显著低于未披露内控自我评价报告公司的资本成本,验证了假设 1。控制变量的回归系数表明,公司规模越大、杠杆率越高、账面市值比越大,公司的资本成本越低;资产收益率和收入增长率越高,公司的资本成本越高。

在国有企业和非国有企业两组子样本中,$self\_eva$ 的系数都显著为负,这说明假设 1 在国有企业和非国有企业两组子样本中同样成立,控制变量的回归结果和全样本的回归结果相一致。

表 4 披露内控自我评价报告对资本成本影响的回归结果

变量	全样本		国有企业		非国有企业	
	系数	t	系数	t	系数	t
$Constant$	0.1530***	5.52	0.1541***	5.11	0.1455***	6.47
$self\_eva$	-0.0041***	-9.32	-0.0038***	-7.37	-0.0048***	-5.92
$size$	-0.0025***	-3.46	-0.0026***	-2.94	-0.0021***	-3.72
roa	0.0020	6.19	0.0019	5.71	0.0020***	6.34
lev	-0.0653***	-10.67	-0.0641***	-10.34	-0.0693***	-10.07
$growth$	0.0004***	4.45	0.0004	3.97	0.0004**	2.02
$mbratio$	-0.0003***	-2.90	-0.0002**	-2.10	-0.0003*	-1.70
$auditopinion$	-0.0002	-0.16	-0.0008	-0.55	0.0007	0.25
YR	yes		yes		yes	
IND	yes		yes		yes	
Adj. R^2	0.57		0.5829		0.5501	
N	4554		3126		1428	

注:t 值均为按公司维度聚类调整后的结果;***、**和*分别表示在 1%、5% 和 10% 的水平上显著。

表 5 列示了模型(2)的回归结果,其中子样本是指披露内控自我评价报告的样本。从子样本回归结果来看,调整 R^2 为 0.6996,表明模型拟合程度较好。$interctrl$ 的系数为 -0.0022,并在 1% 的水平上显著为负,说明同时披露内控自我评价报告和内控鉴证报告公司的资本成本显著低于仅披露内控自我评价报告公司的资本成本,即内控鉴证报告比内控自我评价报告更能降低企业的资本成本。这验证了本章假设 2。本章把子样本分国有企业和非国有企业重新用模型

(2)回归，$interctrl$ 的系数都显著为负，表明假设 2 在国有企业和非国有企业中仍然成立。模型中的其他变量回归结果和前面回归结果类似，所有不再重复解释。

表 5　披露内控自我评价与鉴证报告对资本成本影响差异的回归结果

变量	子样本		国有企业		非国有企业	
	系数	t	系数	t	系数	t
$Constant$	0.142 7***	12.68	0.139 6***	11.41	0.137 3***	10.92
$interctrl$	−0.002 2***	−4.50	−0.002 3***	−3.94	−0.001 9**	−2.06
$size$	−0.002 5***	−4.95	−0.002 3***	−5.31	−0.002 1***	−3.77
roa	0.001 4***	7.42	0.001 4***	6.15	0.001 2***	7.78
lev	−0.062 2***	−11.66	−0.060 9***	14.23	−0.066 3***	−10.72
$growth$	−0.000 5***	−4.00	−0.000 5***	−3.41	−0.000 6***	−2.35
$mbratio$	−0.000 8***	−4.18	−0.000 7***	−5.16	−0.001 0***	−4.53
$auditopinion$	−0.001 8	−1.51	−0.003 5	−1.45	0.002 5	0.89
YR	yes		yes		yes	
IND	yes		yes		yes	
Adj. R^2	0.699 6		0.698 7		0.550 1	
N	2367		1 676		691	

注：t 值均为按公司维度聚类调整后的结果；***、** 和 * 分别表示在 1％、5％ 和 10％ 的水平上显著。

第六节　进一步分析

一、纵向比较模型的进一步验证分析

为了进一步验证公司披露内控自我评价与鉴证报告能够降低资本成本，我们另外构建了纵向比较模型(即变化模型)，以考察上一期未披露内控自我评价报告而本期披露的样本是否本期资本成本较上一期有所降低，以及本期同时披露内控鉴证报告的样本是否能够进一步降低本期的资本成本。模型如下：

$$\Delta k = \alpha_0 + \alpha_1 disclosure + \alpha_2 disinter + \alpha_3 disclosure \times disinter + \alpha_4 \Delta size + \alpha_5 \Delta roa + \alpha_6 \Delta lev + \alpha_7 \Delta growth + \alpha_8 \Delta mbratio + \alpha_9 \Delta auditopinion + \varepsilon \quad (3)$$

其中，$disclosure$ 为虚拟变量，上一期未披露内控自我评价报告而本期披露的样本取 1，否则为 0；$disinter$ 为虚拟变量，本期披露内控鉴证报告的样本取 1，否

则取 0;其他变量都是本期和上一期相应数值的差额,具体定义和模型(1)中变量定义相同。模型回归结果见表 6。

表 6 中 $disclosure$ 的系数在 1% 的水平上显著为负,表明 $disclosure$ 和 Δk 显著负相关,也说明上一期未披露内控自我评价报告而本期披露了的样本,本期资本成本较上一期有所降低。$disclosure \times disinter$ 的系数为 -0.0044,并在 1% 的水平上显著,$disclosure$ 的系数和 $disclosure \times disinter$ 的系数相加为 -0.0101 [$(-0.0057)+(-0.0044)$],表明上一期未披露而本期披露内控自我评价报告的样本中,本期同时披露内控鉴证报告的样本其资本成本进一步降低。

表 6 披露内控自我评价与鉴证报告对资本成本变动的影响回归结果

变量	因变量:Δk	
	系数	t
Constant	-0.0080***	-11.3
$disclosure$	-0.0057***	-6.18
$disinter$	-0.0015***	-2.72
$disclosure \times disinter$	-0.0044***	-2.87
$\Delta size$	0.0037***	2.74
Δroa	0.0002**	2.11
Δlev	-0.0912***	-6.25
$\Delta growth$	0.0003***	3.25
$\Delta mbratio$	0.0011***	3.32
$\Delta auditopinion$	0.0008	0.41
YR	yes	
IND	yes	
Adj. R^2	0.2556	
N	3290	

注:t 值均为按公司维度聚类调整后的结果;***、** 和 * 分别表示在 1%、5% 和 10% 的水平上显著。

二、国有股权的影响

有研究表明,国有股权对企业风险产生重要影响。国有股权所带来的政治关联,使国有企业在财务和政策上能够得到政府更多的支持,降低了企业的经营风险和财务风险(Qian,1994)。因此投资者对国有企业的投资风险水平也随之降低,进而影响资本成本。那么,国有股权和内部控制报告披露的交互作用如何影响资本成本呢？为此，我们在模型(1)和模型(2)中分别加入国有股权 state、state 与 self_eva 的交叉变量以及 state 与 interctrl 的交叉变量。state 为虚拟变量，当样本为国有企业时取 1，否则取 0。

回归结果显示在控制了其他影响资本成本的因素以后，披露内控自我评价与鉴证报告对国有企业和非国有企业降低资本成本的程度并没有差异。这有可能是因为，相对国有企业，非国有企业的信息风险较高，所以鉴证报告对非国有企业更有用，因此更能降低非国有企业的资本成本。但是，非国有企业的经营和财务风险也较高，所以投资者对非国有企业的投资风险水平也随之升高，资本成本相应升高。这两方面共同作用导致鉴证报告对国有企业和非国有企业的资本成本的影响并不明确。

三、稳健性分析

为了增加研究结论的可靠性，本章对上述研究结果进行了以下稳健性测试：

上述对回归样本进行了 5% 和 95% 的缩尾处理，我们对样本进行 1% 和 99% 的缩尾处理后，重新对模型回归，结果与之前无实质差别。

对于资本成本的衡量，本章参考姜付秀和陆正飞(2006)的做法，将债务成本分为长期债务成本和短期债务成本。短期债务成本按照当年银行一年期贷款利率计算；长期债务成本按照当年的三至五年中长期贷款利率计算。如遇贷款利率调整，则以天数为权重，加权计算当年的短期和中长期贷款利率，然后利用加权平均资本成本法计算上市公司的总资本成本。放入模型进行回归，结果不影响本章的主要结论。

在模型(1)和模型(2)中，是否披露内控自我评价与鉴证报告和资本成本之间的关系可能会受到自选择因素的影响，导致 OLS 的回归结果具有偏差。我们首先对两个模型进行了 Hausman 检验，选择独立董事人数作为工具变量。因为独立董事人数跟资本成本没有直接的联系，但独立董事对于董事会是否披露内控自我评价报告和是否聘任审计师对内控自我评价报告进行鉴证具有表决权，即独立董事人数和资本成本不相关，但独立董事人数通过影响是否披露内控自我评价与鉴证报告进一步影响资本成本，符合统计上对工具变量的要求。Hausman 检验表明是否披露内控自我评价报告和资本成本之间存在内生性(第一阶段回归的残差在第二阶段回归中的系数在 5% 的水平上显著为正)，但是否披露内控鉴证报告和资本成本之间不存在内生性(第一阶段回归的残差在第二阶段回归中的系数不显著)。为了验证假设 1 回归结果的稳定性，我们使用 2SLS 对模型 1 进行回归，结果如表 7 所示。

表7中 $self\_eva$ 的系数为-0.019 2,并在10%的水平上显著,说明在控制了潜在的内生性问题之后,我们仍然发现披露内控自我评价报告能够降低资本成本。

表7 披露内控自我评价报告对资本成本影响的 2SLS 回归结果

变量	全样本	
	系数	t
Constant	0.167 4***	12.7
$self\_eva$	-0.019 2*	-1.69
size	-0.002 8***	-4.23
roa	0.001 8***	3.29
lev	-0.065 3***	-6.12
growth	0.000 5***	5.91
mbratio	-0.000 2***	-2.62
auditopinion	-0.000 7	-0.51
YR	yes	
IND	yes	
Adj. R^2	0.488 6	
N	455 4	

注:t 值均为按公司维度聚类调整后的结果;***、** 和 * 分别表示在1%、5%和10%的水平上显著。

由表1的描述性统计可知,和深交所相比,上交所披露内控自我评价报告的上市公司占比较小。为了防止这种系统性差异影响本章的结论,我们单独选择上交所的上市公司作为样本,重新对模型(1)和模型(2)进行回归,回归结果和之前的回归结果并无差别(篇幅所限,不再列示回归结果)。

第七节 研 究 结 论

本章通过手工收集2007—2010年上市公司披露内控自我评价与鉴证报告的数据,研究内控自我评价与鉴证报告的披露对资本成本的影响。首先,我们从整体上研究披露内控自我评价报告对资本成本的影响。研究发现,披露内控自我评价报告公司的资本成本显著低于未披露内控自我评价报告公司的资本成本,表明内控自我评价报告的披露能够降低公司的资本成本。其次,内控鉴证报告是审计师对内控自我评价报告作出的审核意见,具有更高的公信力,所以本章比较披露内控自我评价与鉴证报告对资本成本影响是否存在差异。结果发现,同时披露内控自我评价报告和内控鉴证报告公司的资本成本显著低于仅披露内控自我评价报告公司的资本成本。这说明内控鉴证报告相比内控自我评价报告更能降低公司的资本成本。以上关系无论是在国有控股企业中还是非国有控股企业中同样成立。最后,本章考察了国有股权和内控报告的交互作用,发现内控自我评价与鉴证报告的披露对国有企业和非国有企业降低资本成本的程度没有显著差别。

本章的结论不仅丰富了内部控制信息披露经济后果的研究,还对公司管理者和政策制定者有一定的参考价值。一方面,公司管理者通过披露内控自我评价报告或聘请独立的第三方出具鉴证报告来降低公司的资本成本;另一方面,政策制定者可以通过强制要求上市公司披露内控自我评价与鉴证报告,提高信息披露水平,进而提高资本市场效率。

本章的不足在于本研究只考察了内控自我评价报告是否披露对资本成本的影响,而没有考察这些报告的内容对资本成本的影响。虽然披露的内控自我评价报告绝大多数都认为公司的内部控制在所有重大方面是有效的,但也有极少数披露了内部控制存在缺陷,而这可能对研究的结果有一定的影响。

第三章

SEC 意见信与财务造假——基于中概股危机的实证分析

第一节 研究背景与研究意义

自 2010 年起,美国的"浑水""香橼"等做空机构相继对在美上市的中国公司发起攻击,质疑"绿诺科技""东南融通"等公司涉嫌财务造假,被做空的公司股价暴跌,市值缩水。美国证券交易委员会(Securities and Exchange Commission, SEC)随之介入调查。至 2011 年,针对财务造假公司的大部分质疑被证实,40 余家在美上市的中国公司被长期停牌或退市。而据 Bloomberg 报道,此次做空机构识别财务造假的重要信息来源竟然是一直未被公众注意的 SEC 公开披露的公司公告意见信。报道中提及:"美国做空机构浑水公司的分析师报告引发了中概股近 70 亿美元的损失,而在其进行研究发现做空机会时用到的一项秘密武器正是美国证券交易委员会的公开网站。浑水公司的高管表示,网站上所披露的 SEC 向公司高管发出的意见信(comment letter),包含了企业信息披露准确性和合规性的重要信息。然而由于意见信并非即时公布,其尚未引起投资者的足够关注。"(Bloomberg 2013)[①]

至此,意见信走入了我们的视野。意见信究竟是何文件?意见信真的这么有效,可以提前预测公司财务造假行为吗?要解决这些疑问,首先要了解美国资本市场的信息披露监督机制。美国证券交易委员会是美国资本市场的主要监管机构。为了保证上市公司向投资者提供的信息真实有用,符合证券法等法律法规, SEC 会审核上市公司提交的文件(如季报、年报、证券注册申请等),对其信息披

---

① 参见:http://www.bloomberg.com/news/2013-02-19/muddy-waters-secret-china-weapon-is-on-sec-website.html。

露的恰当性、完整性以及合规性予以评估，并通过意见信将发现的问题向公司进行反馈。意见信中的意见涵盖基本信息错漏、重要事项披露不完善、违背会计准则等多个方面。公司依据问题的具体情况向 SEC 予以回应。通常，SEC 与公司间会经过多轮交流，直到 SEC 提出的问题被全部解决，审核过程宣告结束。在全部审核过程完成以后的 45 天（2012 年后改为 20 天），SEC 会将意见信及回复公开披露在其网站上，供投资者查看。SEC 希望通过意见信，帮助公司及时发现财务披露上的不足，提高信息披露质量；同时为投资者评估企业价值，制定合理的投资决策提供参考。

然而，无论是在实务界还是在学术界，意见信都尚未得到足够的关注。在学术界，虽然对于企业信息披露的研究很多，对于 SEC 的文件审核流程以及意见信的研究却相对较少。而在实务中，中概股危机不仅使得中国在美上市公司成为饱受诟病的一方，作为这场危机中的监管方，SEC 发挥的作用也饱受争议。虽然 SEC 在事后对造假公司采取了起诉、叫停股票交易、提高转板门槛等措施，但是在事前 SEC 是否采取了适当的监管措施？作为 SEC 监管重要手段之一的 SEC 意见信是否为市场提供了关于企业财务状况的有效信息，帮助投资者提前预测公司财务造假行为？如果是的话，具有哪些特征的意见信有更好的信号作用？这些问题尚未得到实践的检验。

本章以中概股危机中的财务造假事件为背景，手工收集了 2005—2010 年反向并购的中国公司证券注册申请的意见信，研究 SEC 意见信对于企业财务造假的预测作用。研究发现：是否收到 SEC 意见信对于企业财务造假具有显著的预测作用。相较于没有收到 SEC 意见信的企业，收到意见信的企业更有可能成为问题公司。进一步地，当 SEC 意见信的问题数量更多，解决难度更大时，企业更有可能成为问题公司。以上结果说明，SEC 可以通过意见信提前发现企业财务报告中的问题，在财务造假出现前起到一定的监督作用。

本章的研究意义主要有以下几个方面：①本章是国内首篇对 SEC 意见信的研究，着重考察 SEC 意见信是否为市场和投资者提供了公司治理等特征之外的增量信息，填补了财务披露监管领域的这一研究空白，证明在公司治理较差、审计师约束较弱的反向并购公司中，SEC 对财务报告质量的监督能够发挥应有的作用；②拓展了反向并购的相关研究，尤其为反向并购的中国公司早期的财务报告披露质量提供了新的发现；③为监管者和投资者及时识别财务造假的公司提供了线索，以及时制止可能扩大的会计舞弊和投资失败。

第二节 相关背景及案例分析

一、相关背景

2011年中概股危机中的问题公司，大多数是通过反向并购方式在美上市的[①]。这些公司通常规模较小，财务风险或经营风险较大，难以符合海外IPO的资格要求，因此选择通过并购一家海外上市公司（壳公司）的股份控制该公司，来达到间接海外上市的目的。这些公司在上市后（通常是在OTCBB市场上挂牌），通常会向SEC提交证券注册申请（registration statement，文件类型为S-1或SB-2[②]），在申请被SEC审核通过并生效后投资者即可通过股份转售获取收益。

SEC对公司的大部分文件的审核是选择性的，如对于公司所提交的年报、季报文件，SEC每三年至少审核一次。而对所有的证券注册申请（S-1/SB-2）SEC则会全部进行审核（Ertimur和Nondorf，2006）。在公司提交第一份S-1/SB-2后大约一个月，SEC会根据审核结果向公司发出意见信。随后，应SEC的要求，公司就意见信中的问题对SEC进行回复或直接提交S-1/SB-2的修改版本。经过几轮的沟通全部问题解决后，SEC发布文件宣布S-1/SB-2文件生效。

二、案例分析

为进一步理解意见信的审核过程，我们以中国在美上市公司之一，绿诺科技（RINO）提交证券注册申请的过程为例进行分析。

绿诺科技全称大连绿诺环境工程科技有限公司，主要从事废水处理、烟气脱硫脱硝以及节能和资源循环利用新产品的研发制造等业务。该公司于2007年10月5日完成反向并购，进入OTCBB市场，并于2009年7月转板纳斯达克。2010年11月10日，美国做空机构浑水公司发布了研究报告，公开质疑绿诺科技存在欺诈行为，当日绿诺科技股价由15.52美元下跌至13.18美元。2010年12月3日，绿诺科技因合同造假和多份财务报告虚假陈述，被纳斯达克勒令退市。

[①] 在2011年6月20日，SEC公布的被调查的34家中国公司中，有30家通过反向并购方式在美国上市，另外4家通过IPO方式在美国上市。

[②] S-1适用于所有公司的证券注册申请；年收入低于2 500万美元的公司也可选择SB-2进行申请。S-1相对SB-2，披露需更详尽。

在 2007 年 11 月 19 日,即上市一个月后,绿诺科技提交了其证券注册申请 SB-2 文件。2007 年 12 月 14 日收到 SEC 发出的第一封意见信,对 SB-2 文件的 21 个部分提出了 29 个问题,问题涵盖各个方面,如反向并购细节不全、潜在风险披露不完整、流动资产激增原因缺失、现金流异常原因缺失等。2008 年 3 月 11 日,绿诺科技就第一封意见信向 SEC 提交了回复信件和修改后的证券注册申请,对意见信中的问题分别进行了解释。此后,SEC 与绿诺科技又进行了数轮沟通,其证券注册申请最终于 2008 年 10 月 2 日通过审核,SEC 发布 EFFECT 文件宣布生效。在历时 318 天的审核中,绿诺科技共收到 7 封意见信,提交了 6 封回复,以及 9 个版本的 S-1/SB-2。纵观整个证券注册申请审核过程,绿诺科技收到了较多的意见信,并对 S-1/SB-2 进行了多次修改,审核持续时间也相当长。这可能在一定程度上表明绿诺科技早在进入美国资本市场初始,其财务信息披露质量已存在较大问题。这些问题并未随着其在美国资本市场的发展而逐步解决,最终导致其在三年后财务造假被爆出,停牌退市。

第三节 文 献 回 顾

一、意见信

意见信审核机制存在已久,但由于 SEC 直到 2005 年才开始向公众公开披露意见信,因此国外对于意见信的研究起步较晚,数量较少,国内则几乎没有相关研究。早期对于意见信的研究主要关注什么样的公司更易收到意见信。如 Ertimur 和 Nondorf(2006)以 IPO 公司的 S-1/SB-2 的意见信为样本,发现 CFO 有上市公司工作经验的公司意见信问题更少,解决更顺利。Chen 和 Johnston(2008)发现曾财务报告重述的公司、小规模公司和成立更久的公司更有可能收到意见信。Lawrence 等(2010)从监督机制互补的角度对意见信的影响因素进行考察,发现意见信要求公司进行财报重述的情况一般发生在非四大审计的公司。Cassell 等(2013)以 10-K 文件的意见信为样本,发现盈利水平低、经营业务复杂、非四大审计、公司治理差的公司,会计信息质量更差,更有可能收到 SEC 的意见信,并且意见信提出的问题数量更多,修正成本更大。

此外,有部分文献讨论了投资者对意见信的反应。Gietzmann 和 Isidro (2013)发现机构投资者们会减持收到意见信的公司的股份。Chen 和 Johnston (2008)发现公司解决了意见信提出的问题后,公司的会计信息环境会显著提高,具体表现为盈余公告后盈余反应系数有所增加,非正常收益的波动性和非正常交易量有所下降。Johnston 和 Petacchi(2013)还发现其后分析师的预测更加准确,预测的离散程度更小,表明意见信能够提高公司盈余信息含量。

二、财务造假

以往文献研究了财务造假的影响因素和后果,以及发现财务造假的信号和途径。在影响财务造假的因素方面,Dechow 等(1996)发现企业操纵利润的重要动机之一是想要以低成本进行外部融资;Burns 和 Kedia(2006)检验了 CEO 的薪酬契约对企业财务信息错报的影响,发现 CEO 期权对股价的敏感性越高,财务信息错报的可能性越大;Erickson 等(2006)研究了高管股权激励与财务造假间的联系,并未发现管理层持股会提高财务造假的概率。还有文献关注公司治理对于公司财务造假的影响,如 Farber(2005)发现财务造假公司的独立董事数量更少,审计委员会开会频率更低,审计委员会的专业性更低,并且更少聘请四大审计事务所。在发现财务造假的信号和途径方面,Miller(2006)研究了新闻媒体对于发现财务造假的监督作用,发现当涉嫌造假的公司规模更大,涉及人数更广时,媒体更可能报道企业的造假行为;Dyck 等(2010)研究了发现财务造假的不同机制,发现财务造假的发现更多依赖于非传统的市场参与者,如企业员工、媒体和行业内监管机构等。

三、中概股危机与反向并购

2011 年中概股危机中的问题公司,大多数是通过反向并购方式在美上市的。Brau 等(2003)发现当公司处于高市净率、高负债行业或金融行业时,更有可能选择反向并购。Poulsen 和 Stegemoller(2008)则进一步发现信息不对称性更高的公司更有可能选择反向并购,具体表现为成长性更差,发展阶段更初期,获得的风险投资更少。Adjei 等(2008)也发现 RM 普遍规模更小、盈利能力更弱、成立时间更短,在未来停牌的可能性更高。此外以往文献还发现,在上市后,相较于 IPO 上市的公司,反向并购公司财务表现更差(Gleason 等,2005),信息不对称程度更高(Floros 和 Shastri,2009),更普遍地进行盈余管理(Chu 等,2013)。

第四节 研究假设

如前所述,企业的财务造假受公司内部控制和公司治理水平的影响。公司治理水平越低,财务造假可能性越大(Farber, 2005)。从公司角度来看,SEC 意见信中指出的问题本质上是公司信息披露的不合规,表明公司在内部控制和财务披露等方面存在缺陷,以往文献也证实了这一点。如 Ettredge 等(2011)发现,当公司的内部控制更弱,公司治理水平更低时,公司更易收到意见信。因此,收到 SEC 意见信的公司相较于其他公司在财务披露和内部控制方面存在的问题更大,更可能在未来出现财务造假行为。

而从 SEC 角度来看,SEC 实施意见信制度的目的之一是为了提高上市公司财务信息的披露质量,为投资者的理性决策提供有益信息。SEC 的文件审核人员通常由行业专家,有经验的审计师和律师组成。这些审核人员不仅具备专业的财务及法律知识,也通常有较为丰富的行业从业经验,具备识别问题的相关能力,能够及时发现公司提交文件中存在的问题,并通过意见信的形式向公司和社会公众传递信息。Johnston 和 Petacchi(2013)研究表明,意见信问题的解决显著降低了企业的信息不对称程度,分析师的预测也更加准确。这说明 SEC 意见信能够发挥其作用。基于以上两点,本章提出研究假设 1:

假设 1:SEC 意见信对于企业的财务造假具有正向的预测作用,即收到 SEC 意见信的公司未来发生财务造假的可能性更高。

进一步地,我们对 SEC 意见信的特征进行深入的探讨。不仅是否有意见信是企业财务报告质量的一个信号,意见信的问题严重程度不同,解决的难易度不同,相应地公司的财务信息披露机制的完善程度也不同。意见信的第一个重要特征即为其提出的问题数量。在一封意见信中,SEC 通常会将公司提交的文件各个方面的问题加以汇总,形成多条意见或问询。在前述的绿诺科技案例中,SEC 针对绿诺科技提交的 SB-2 申请文件共提出了 29 个问题,涵盖会计主体指代不明、反向并购细节不全、潜在风险披露不完整等多个方面。因此,意见信内的问题数量在一定程度上反映了公司财务报告问题覆盖的范围。问题数量越多,公司财务报告的质量越低。基于此,本章提出研究假设 2:

假设 2:SEC 意见信的问题数量对企业的财务造假具有正向的预测作用,即 SEC 意见信提出的问题数量越多,公司未来发生财务造假的可能性越高。

SEC 意见信的另一个重要特征是提出的问题解决的难易程度。这种难易程度可以从两个方面来反映:一份文件从首次提交到最终通过过程中 SEC 发出的意见信的总数量,和整个过程花费的时间。如果公司提交的文件存在的问题较难解决,SEC 就需要同公司进行多次沟通,指出问题并探讨解决方案,发出的意见信的数量会更多。同时,公司为了解决这一问题需要投入更多的人力物力和时间等成本,这也会使得文件通过的时间相应延后。绿诺科技的案例分析也证实了这一点。基于此,本章提出研究假设 3:

假设3：企业文件从首次提交到最终审核通过过程中SEC发出的意见信的总数量，和整个过程花费的时间，对企业的财务造假具有正向的预测作用，即总数量越多，花费时间越长，公司未来发生财务造假的可能性越高。

最后，如果企业根据SEC意见信提出的问题对文件进行的修改或补充比较重大，公司通常会选择对原文件做出修改并提交新的版本，而不发出或不仅仅发出对意见信的回复。这种修改相对于单纯的意见信回复，成本更高。因此，公司从第一次提交文件到最终文件审核通过过程中提交的文件修改版本数量也具有强烈的信号意义。绿诺科技在SB-2文件的提交审核过程中，共修改发布了9个版本的SB-2①，说明提交的文件问题较为严重。基于此，本章提出研究假设4：

假设4：企业文件从首次提交到最终审核通过过程中企业提交的文件版本数对企业的财务造假具有正向的预测作用，即同一文件的版本数越多，公司未来发生财务造假的可能性越高。

第五节　样本和数据

本章的数据来源于Deal Flow Media(DFM)的 Reverse Merger Report数据库和SEC的EDGAR披露系统②。根据DFM数据库，2000年1月至2011年12月美国共发生1 799起反向并购，其中进行反向并购的非上市公司为中国公司的共428起。由于2004年8月前的SEC意见信并未公开披露，而中概股危机集中爆发于2011年，本章选择了2005—2010年间在美反向并购的中国公司，共353家。对于财务造假公司（即问题公司），本章参照了Lee等(2014)与Darrough等(2012)的做法，并手工检索了The Stanford Securities Class-Action Clearinghouse数据库，共识别出问题公司37家。

进一步地，本章选择了这些反向并购公司的证券注册文件(S-1/SB-2)的意见信作为研究对象。选择证券注册文件的意见信的主要原因有：①很多通过反向并购在美上市的企业，在初入美国资本市场之初即存在较大问题，如公司治理水平较低、内部控制存在缺陷等。这种"先天缺陷"往往并未在之后的资本运作中逐步解决，最终以违规、造假等方式为市场所发现并淘汰。而大部分反向并购公司的S-1/SB-2文件是早于他们的第一份年报披露的，往往是他们第一次将自己

---

① 后企业规模扩大，根据相应规定更改文件类型为S-1。
② 参见：http://www.sec.gov/edgar/searchedgar/companysearch.html。

详细的财务状况向市场和监管者披露,能更好地代表这些公司在初入美国市场时的财务报告披露质量。②反向并购公司大多在 OTCBB 挂牌,而 OTCBB 公司的财务报告的披露并不如主板市场的规范,经常出现无法按时提交年度报告的情况,而证券注册文件则是转售股份所必须提交的,需经 SEC 审核通过后才能生效,因此相对于其他公司报告(如年报),SEC 在这一审核过程中起着更强更全面的监督规范作用,公司也更有可能重视 SEC 的相关意见,及时修改文件,以获得审核通过。③SEC 对其他文件如年报、季报的检查是选择性的,对这些文件的意见信进行比较,无法排除因未提交文件或未被检查到而没有意见信的情况。但 SEC 会审核所有的 S-1 和 SB-2 文件,不需考虑 SEC 选择性审核所导致的样本偏差,可以直接对公司的披露质量和 SEC 的监管作用进行探讨。

为了获得 CRM S-1/SB-2 的数据,我们在 EDGAR 手工搜索中国反向并购公司的 S-1/SB-2 文件及意见信,从中获取公司特征和意见信特征的数据。在 353 家 CRM 中,有 130 家 CRM 在样本期间提交了 S-1/SB-2,其中,26 家为问题公司,104 家为非问题公司,最终构成我们的研究样本。样本提交 S-1/SB-2 的描述性统计如表 1 所示。根据表 1 的 Panel A,可以发现大多数公司在 2007—2008 年提交了证券注册申请,这说明反向并购的活跃也带动了私募等投资者对此领域的投资和退出。表 1 的 Panel B 代表提交时间相对完成反向并购的时间,T 为完成反向并购的年份。近 60% 的样本公司在上市当年提交了第一份 S-1/SB-2,83.08% 的样本公司在上市两年内提交了 S-1/SB-2,这说明 S-1/SB-2 的文件质量代表了中国反向并购公司刚进入美国市场的财务信息披露质量。

表 1 S-1/SB-2 时间分布

Panel A:样本提交 S-1/SB-2 年份分布				
	非问题公司	问题公司	总计	百分比
2005	3	1	4	3.08%
2006	15	5	20	15.38%
2007	31	7	38	29.23%
2008	27	4	31	23.85%
2009	7	4	11	8.46%
2010	21	5	26	20.00%
总计	104	26	130	100.00%

(续表)

Panel B: 样本提交 S-1/SB-2 相对于上市的年份分布				
	非问题公司	问题公司	总计	百分比
T	59	18	77	59.23%
$T+1$	27	4	31	23.85%
$T+2$	13	2	15	11.54%
$T+3$	4	1	5	3.85%
$T+4$	1	1	2	1.54%
总计	104	26	130	100.00%

第六节 研究设计和实证结果

一、研究设计与变量选取

为了研究 SEC 意见信对于企业财务造假的预测作用,本章以公司是否为问题公司($FRAUD_{it}$)为因变量,如果公司因财务造假被起诉和停牌,则 $FRAUD_{it}$ 取 1,否则为 0。自变量即为是否收到 SEC 意见信以及意见信的特征。主要包括:虚拟变量 CL_{it},如果公司收到针对 S-1/SB-2 的意见信,则 CL_{it} 取 1,否则为 0。$ISSUES_{it}$ 表示公司收到的第一封针对 S-1/SB-2 的意见信中 SEC 提出的问题个数[①]。$ROUNDS_{it}$ 为提交第一份 S-1/SB-2 到 SEC 宣布生效的时间内,SEC 发出的意见信数量。$DAYSOLVE_{it}$ 代表从公司提交第一份 S-1/SB-2 到 SEC 宣布生效的天数,即整个审核时间的长短。$FILEVERSION_{it}$ 是从公司提交第一份 S-1/SB-2 到 SEC 宣布生效的时间内公司一共提交的 S-1/SB-2 版本数量。

为了控制其他因素对于公司未来财务造假概率的影响,本章在模型中加入了一系列控制变量,如公司规模 $SIZE_{it}$(资产的自然对数)、资产负债率 LEV_{it}(总负债与总资产之比)、利润率 ROA_{it}(息税前利润与总资产之比),以及从事的业务数量 $SEGMENT_{it}$。

以往文献发现,审计质量可以预测企业财务造假概率。因此本章加入虚拟变量 $GOINGCONCERN_{it}$,公司在 S-1/SB-2 中披露了不确定性持续经营审计意见

---

① 虽然并不是只有第一封意见信才会提出问题,但由于首封意见信代表了在没有 SEC 干预的情况下公司最初 S-1/SB-2 文件的披露质量,因此本章选择它来代表整个审核过程的问题数量。

则该值为1,否则为0;虚拟变量 $DISMISS_{it}$,公司在 S-1/SB-2 前一年内解雇了审计师则该值为1,否则为0;变量 $LITIGATION_{it}$,公司处于诉讼频繁的行业则该值为1,否则为0;变量 $INSPECTION_{it}$,当 S-1/SB-2 的签字审计师接受美国公众公司会计监督委员会的检查时该值取1,否则取0(参考 Zhang 等,2013)。

为了控制公司治理水平对财务造假的影响,本章加入了三个衡量公司治理水平的变量:虚拟变量 CEO_OWN_{it},如果公司首席执行官拥有公司股份则该值为1,否则为0;虚拟变量 CEO_CHAIR_{it},如果公司首席执行官为董事会主席则该值为1,否则为0;虚拟变量 CFO_CPA_{it},如果公司首席财务官为 CPA 则该值为1,否则为0。

最后,本章控制了转售股份占目前流通在外的普通股的比例 $AMT\%OUT_{it}$,公司成立至提交 S-1/SB-2 的年数 $FILEAGE_{it}$,以及虚拟变量 $BF10K_{it}$,如果公司在第一份年报之前提交了 S-1/SB-2 则 $BF10K_{it}$ 取1,否则取0。

为了验证假设1,本章应用以下 Probit 模型:

$$
\begin{aligned}
FRAUD_{it} =\ & \alpha_0 + \alpha_1 CL_{it} + \alpha_2 SIZE_{it} + \alpha_3 LEV_{it} + \alpha_4 ROA_{it} + \alpha_5 SEGMENT_{it} + \alpha_6 FILEAGE_{it} \\
& + \alpha_7 AMT\%OUT_{it} + \alpha_8 BF10K_{it} + \alpha_9 GOINGCONCERN_{it} + \alpha_{10} DISMISS_{it} \\
& + \alpha_{11} LITIGATION_{it} + \alpha_{12} CEO\_OWN_{it} + \alpha_{13} CEO\_CHAIR_{it} + \alpha_{14} CFO\_CPA_{it} \\
& + \alpha_{15} INSPECTION_{it} + \sum YEAR + \varepsilon_{it}
\end{aligned} \tag{1}
$$

为了验证假设2到假设4,本章应用以下 Probit 模型:

$$
\begin{aligned}
FRAUD_{it} =\ & \alpha_0 + \alpha_1 CLCHARACTER_{it} + \alpha_2 SIZE_{it} + \alpha_3 LEV_{it} + \alpha_4 ROA_{it} + \alpha_5 SEGMENT_{it} \\
& + \alpha_6 FILEAGE_{it} + \alpha_7 AMT\%OUT_{it} + \alpha_8 BF10K_{it} + \alpha_9 GOINGCONCERN_{it} \\
& + \alpha_{10} DISMISS_{it} + \alpha_{11} LITIGATION_{it} + \alpha_{12} CEO\_OWN_{it} + \alpha_{13} CEO\_CHAIR_{it} \\
& + \alpha_{14} CFO\_CPA_{it} + \alpha_{15} INSPECTION_{it} + \sum YEAR + \varepsilon_{it}
\end{aligned} \tag{2}
$$

其中,$CLCHARACTER_{it}$ 代表意见信的各项特征,即 $ISSUES_{it}$、$ROUNDS_{it}$、$DAYSOLVE_{it}$ 和 $FILEVERSION_{it}$。

二、实证结果

1. 描述性统计

对样本公司 S-1/SB-2 意见信特征的描述性统计见表2。74.6%的公司初次提交 S-1/SB-2 会收到意见信,即仅四分之一的公司的 S-1/SB-2 披露非常规范,大部分公司都要经过 SEC 的意见信交流过程。在第一封意见信中,平均每个公司会收到 31 个问题。在整个意见信审核过程中,公司平均会收到 3 封意见信,并提交 5 个版本的 S-1/SB-2。从提交第一份 S-1/SB-2 到 SEC 宣布证券注册生效,平均需要 196 天。

表 2 意见信特征的描述性统计

	均值	标准差	最小值	25%	中位数	75%	最大值
CL_{it}	0.746	0.437	0	0	1	1	1
$ISSUES_{it}$	31.408	28.361	0	2	30	55	153
$ROUNDS_{it}$	3.300	2.780	0	1	3	5	12
$FILEVERSION_{it}$	5.146	3.017	1	3	5	7	16
$DAYSOLVE_{it}$	195.608	185.549	5	82	148	260	1 007

2. 意见信对于财务造假的预测作用

为了验证假设 1,我们构建了 Model1 到 Model4,回归结果如表 3 所示。为了保证结果的稳健性,我们采用了不同的控制变量。从表 3 中 Model4 的结果可以看到,是否有意见信变量 CL_{it} 的系数为 1.884,并在 1% 水平上显著为正。这表明意见信对于公司未来财务造假有显著的预测作用,收到意见信的公司相较于未收到意见信的公司未来更有可能成为问题公司。这是由于公司提交给 SEC 的文件质量是公司财务管理水平的重要表现。公司收到意见信,表明其提交给 SEC 的文件的合规性较低,公司内部财务管理和披露上存在缺陷,因而也更容易在未来出现问题。此外,公司规模系数在 1% 水平上显著为正(0.701),说明规模较大的公司更容易出现财务披露问题。CFO_CPA_{it} 系数显著为负(-0.956),说明当公司的 CFO 是注册会计师时,公司财务造假的可能性更低,即专业人员担任 CFO 会增强公司的财务合规性,提高公司的信息披露质量。Model1 到 Model3 得到了类似的结果。

表 3 意见信对财务造假的预测作用

变量	Model1 FRAUD	Model2 FRAUD	Model3 FRAUD	Model4 FRAUD
CL_{it}	0.997**	1.094**	1.225***	1.884***
	(-2.36)	(-2.47)	(-2.73)	(-3.37)
$SIZE_{it}$	0.533**	0.535**	0.497**	0.701***
	(-2.51)	(-2.5)	(-2.24)	(-2.7)
LEV_{it}	-1.314	-1.351	-1.281	-0.996
	(-1.55)	(-1.52)	(-1.43)	(-0.99)
ROA_{it}	0.455	0.195	0.752	1.079
	(-0.47)	(-0.2)	(-0.72)	(-0.95)
$SEGMENT_{it}$	-0.365**	-0.375**	-0.432**	-0.475**
	(-2.19)	(-2.19)	(-2.44)	(-2.32)

(续表)

变量	Model1 FRAUD	Model2 FRAUD	Model3 FRAUD	Model4 FRAUD
$GOINGCONCERN_{it}$		−0.423		−0.371
		(−0.54)		(−0.44)
$DISMISS_{it}$		−0.353		−0.531
		(−0.77)		(−0.98)
$LITIGATION_{it}$		−0.019		0.268
		(−0.061)		(−0.76)
$INSPECTION_{it}$		0.652		0.349
		(−1.39)		(−0.7)
CEO_OWN_{it}			0.609	0.911
			(−0.86)	(−1.13)
CEO_CHAIR_{it}			−0.426	−0.654
			(−0.89)	(−1.22)
CFO_CPA_{it}			−0.635*	−0.956**
			(−1.88)	(−2.36)
$FILEAGE_{it}$				−0.014
				(−0.41)
$AMT\%OUT_{it}$				0.11
				(−0.35)
$BF10K_{it}$				−1.200***
				(−2.91)
Constant	−10.352***	−10.843***	−9.795**	−13.523***
	(−2.71)	(−2.78)	(−2.37)	(−2.83)
N	130	130	130	130
Pseudo R^2	0.214	0.2365	0.2493	0.3414

注：***、**和*分别表示在1%、5%和10%的水平上显著。省略年度虚拟变量回归结果。

3. 意见信的特征对于财务造假的预测作用

进一步地，本章探讨意见信的具体特征对于财务造假的预测作用。意见信的问题数量衡量了公司提交文件存在问题的范围，本章预期它对于公司未来的财务造假具有显著的预测作用。表4中的Model5列出了回归结果。与研究的预期相一致，$ISSUES_{it}$变量的系数为0.015，并在5%水平上显著，表明当SEC对公司提交文件提出更多的问题时，公司的财务信息质量更低，未来成为问题公司的可能性更大。

表 4 中的 Model6 和 Model7 分别考察从 S-1/SB-2 文件首次提交到审核通过全过程中意见信的数量和解决全部问题花费的时间对于财务造假的预测作用。从表中可以看出，$ROUNDS_{it}$ 的系数为 0.137，并在 5% 水平上显著。这说明当 SEC 就同一文件更多次与公司进行交流，提出问题或意见时，更可能传递出公司在信息披露质量上的负面信号。公司经过多次的修改才能达到 SEC 的合规性要求，这本身也暗示了公司财务信息系统的不完善和低效率，在未来也更容易导致问题的出现。$DAYSOLVE_{it}$ 变量不显著，即企业从提交第一份文件到最终文件获批所花费的时间对于财务造假没有显著的预测作用。这可能是因为花费时间受多种因素影响，而 SEC 方面的因素，如审核人员分配，审核效率等可能造成了时间的延误，而非公司的问题。

表 4 中的 Model8 列出了从文件首次提交到审核通过过程中公司提交的文件版本数对于财务造假的预测作用结果。我们发现，$FILEVERSION_{it}$ 的系数在 5% 水平上显著，即公司提交的 S-1/SB-2 修改版本数越多，财务信息质量越低，未来出现问题的可能性越大。这也与我们的预期相一致。当公司提交新的文件版本时，通常是之前的文件出现了较为重要的问题或遗漏，这也从一个角度反映了公司财务管理方面的不足。

表 4 意见信特征对财务造假的预测作用

变量	Model5 FRAUD	Model6 FRAUD	Model7 FRAUD	Model8 FRAUD
$ISSUES_{it}$	0.015**			
	(−2.35)			
$ROUNDS_{it}$		0.137**		
		(−2.35)		
$DAYSOLVE_{it}$			0.001	
			(−1.62)	
$FILEVERSION_{it}$				0.137**
				(−2.41)
$SIZE_{it}$	0.519**	0.516**	0.535**	0.501**
	(−2.31)	(−2.3)	(−2.38)	(−2.26)
LEV_{it}	−0.776	−0.729	−0.688	−0.683
	(−0.83)	(−0.78)	(−0.75)	(−0.74)

(续表)

变量	Model 5 FRAUD	Model 6 FRAUD	Model 7 FRAUD	Model 8 FRAUD
ROA_{it}	0.963	0.871	0.767	0.721
	(−0.89)	(−0.83)	(−0.68)	(−0.68)
$SEGMENT_{it}$	−0.415**	−0.363**	−0.343*	−0.358**
	(−2.21)	(−2.03)	(−1.93)	(−1.98)
Constant	−9.390**	−9.639**	−9.592**	−9.624**
	(−2.28)	(−2.36)	(−2.34)	(−2.40)
N	130	130	130	130
Pseudo R^2	0.269	0.268	0.244 4	0.270 7

注：***、**和*分别表示在1%、5%和10%的水平上显著。省略部分控制变量回归结果。

第七节 结论及意义

本章以中概股危机中的公司造假事件为背景,研究了SEC意见信对于公司财务造假的预测作用。研究发现,是否收到SEC意见信对于公司财务造假具有显著的预测作用。相较于没有收到SEC意见信的公司,收到意见信的公司更有可能成为问题公司。进一步地,SEC意见信提到的问题越多,问题的解决难度越大,公司越有可能成为问题公司。

本章的结论对于深刻理解财务信息披露监管、提高信息质量有着重要意义。对投资者来说,本章的研究能够帮助投资者理解如何解读SEC意见信,识别财务造假。虽然SEC意见信自2005年起就已公开披露,但却一直未引起投资者的关注,意见信及公司回应中可能包含的公司重要信息也一直被投资者所忽略。本章对于意见信的深入解读能够引导投资者关注并理解意见信,利用意见信中的信息识别企业的财务造假行为,从而降低投资风险。对公司来说,本章的研究能够帮助公司深入理解意见信,引导企业关注自身信息披露的盲点,了解美国资本市场信息披露的监管要求并不断完善自身的信息披露。而对资本市场监管机构来说,本章对于意见信披露制度的研究能够提供一定的政策性建议。现阶段,SEC意见信及企业的回复并非同公司的相应文件一起及时披露,而是在文件全部审核过程完成的45天后(2012年后为20天)再一同披露。有些文件由于问题较多或解决困难,经过多轮 SEC 与公司的意见沟通,意见信的披露时间与对应文件的披露时间相隔一年甚至更久。这种信息上的延迟不仅在一定程度上削弱了投资者对于意见信的关注,还使得企业的负面消息不能及时传递到资本市场,逐渐累积至一定程度突然爆发,造成投资者的损失。本章的研究也为 SEC 制定合理的意见信披露制度提供一定的政策性参考。

第五部分

研究结论与政策建议

第一章

研 究 结 论

一、主要结论

随着我国资本市场的发展,上市公司信息披露成为日益重要的信息来源。本书基于投资者的视角,首先研究 A 股市场投资者对财务报表信息的利用状况,进而研究会计准则变迁对信息披露的影响,分析师预测对信息披露质量的影响,上市公司自愿信息披露动机及中概股相关披露问题,主要得到以下结论。

1. A 股市场投资者对财务报表信息的利用状况

本书利用 2004—2014 年的季度财务报表,展示了基本面分析在中国 A 股市场的价值,发现基于季度财务报表构建的 6 组基本面指标(异常存货、异常应收款、异常其他应收款、异常预收款、异常销售管理费用和异常毛利润)能够有效预测未来盈余,并且分析师和投资者都没有充分意识到基本面指标的价值。因此,利用基本面指标不仅能够预测分析师盈余预测偏差,还能够预测未来股票收益。这些结论在横截面回归和月度投资组合检验中均显著符合预期,在一系列稳健性测试中保持不变,并且具有可观的经济意义。利用基本面综合指标构建投资策略,套利组合可获得约 12.7% 的年化收益。总结来看,本书的实证证据表明,基于季度财务报表的基本面分析在中国 A 股市场十分有效。

本书还通过实证检验了 A 股市场投资者如何利用财务报表盈余信息。研究发现,投资者在利用季度和年度盈余信息时存在显著差异。一方面,投资者对季度盈余信息反应不足,从而产生季度盈余公告后的股价漂移现象;另一方面,投资者对年度盈余信息过度反应,从而产生年度未预期盈余公告后的股价反转现象,业绩预告制度则是造成投资者对年度盈余信息过度反应的重要原因。

2. 会计准则变迁对信息披露的影响

本书发现,在新会计准则颁布以后,正式实施以前的 2005 会计年度和 2006 会计年度,上市公司平均而言并没有转回超额的长期资产减值准备,但是对于上年度计提较多减值准备的公司,在新会计准则颁布的压力下,却在 2005 年和

2006年转回了超额的减值准备。

本章的结果同时也表明,在新会计准则颁布以后,上市公司长期资产减值准备的计提远小于颁布以前,2005年平均降低了20.78%,而2006年平均降低了46.70%。也就是说,尽管没有巨额转回,但上市公司普遍通过减少计提减值准备提高净利润,这种行为使得2005年上市公司净利润平均增加1.27%,2006年上市公司净利润平均增加2.25%。另外,研究结果还说明,亏损公司的确利用减值准备进行"大清洗",新会计准则的颁布对这种现象有一定的遏制作用。这表明,尽管在2005年和2006年新会计准则还没有正式实施,但已经给上市公司的行为造成了一定影响。

同时,我们以少数股东权益和少数股东损益"移位"前后的信息含量变化为研究对象,比较母公司理论和实体理论两种合并报表理论对投资者的决策有用性,并考察在我国的本次会计准则变革中合并财务报表准则所依据的理论与国际趋同的经济后果。本书的实证研究结果表明,实体理论下的合并报表编制将少数股东权益"移位"至所有者权益项目中列示,带来了少数股东权益项目价值相关性的显著提高,且提高幅度显著高于新会计准则对净资产其他组成部分价值相关性的影响;将少数股东损益"移位"进入净利润项目中列示,带来了少数股东损益信息含量的显著增加,且该项目的信息增量显著高于盈余的其他组成部分受新会计准则影响的信息增量。本书的研究结果表明,实体理论下的合并财务报表能为投资者提供更多的决策有用信息。

3. 分析师预测对信息披露质量的影响

本书以我国2003—2008年A股上市公司为样本,研究本地优势、信息披露质量和分析师预测准确性三者之间的关系。研究结果表明,我国存在分析师本地优势的现象,相比非本地分析师,本地分析师的盈余预测更准确。此外,我们还发现公司信息披露质量和分析师预测准确性正相关,即信息披露质量越高,分析师的盈余预测越准确。同时在考虑信息披露质量和本地优势对分析师预测准确性的影响时,本书发现分析师本地优势和信息披露质量两者为互补关系,二者共同作用,提高分析师预测准确性。这表明分析师在做盈余预测时,不仅依赖公司披露的公共信息,还依赖分析师凭借本地优势获取的私有信息。在进行了一系列的稳健性检验之后,上述结论仍然成立。

本书基于信息需求理论,以2002—2009年中国A股上市公司为样本,研究了分析师选择性发布现金流预测的动因。研究结果发现,分析师倾向于对某些公司发布现金流预测。具体表现为,公司应计项目占比越大、盈余波动性越强、资本密集度越高,分析师发布现金流预测的可能性越大;当公司为非国有控股时,分析师更可能发布现金流预测。进一步研究发现,国有股权对公司应计项目、资本密集度和分析师发布现金流预测的概率之间的关系有负向边际作用。研究结果表明,投资者对应计项目占比越大、盈余波动性越强和资本密集度越高的公司更需要了解其现金流信息,因此分析师越有可能对这类公司进行现金流预测,以满足投资者的需要。考虑到我国独特的股权制度背景,由于政府的支持,国有控股公司相比非国有控股公司的盈余和经营状况都较好,分析师对国有控股公司发布现金流预测的概率相对较低。进一步研究表明,国有股权降低了公司应计项目、资本密集度和分析师发布现金流预测的概率之间的敏感度。

此外,本书基于我国特有的制度背景,以 2001—2010 年我国上市公司配股和公开增发事件为研究对象,考察出具证券分析师为什么发布有偏预测报告。研究发现,我国上市公司整体上并不存在"先扬后抑"的现象,这种现象仅仅存在于国有上市公司中。也就是说,相比出具其他盈余预测形式的证券分析师,对国有上市公司出具 OP 报告的证券分析师其后的盈余预测准确性更高,更有可能进入"《新财富》最佳证券分析师"榜单,这说明对国有上市公司出具 OP 报告的证券分析师能够获得私有信息,进而提高其预测的准确性。进一步的分析表明,这种现象在股价同步性低的国有上市公司中更加显著,说明当公司的私有信息价值较高时,证券分析师出具 OP 报告的概率增加。

4. 公司自愿信息披露的动机

本书首先全面分析了 2001—2008 年我国上市公司业绩预告制度的执行情况。分析发现,我国上市公司自愿业绩预告已经达到一定数量。样本期间,30%左右的样本公司发布了业绩预告,其中符合强制性预告标准的样本占 88.7%,而 11.3%为自愿披露样本。而事实上,业绩预告制度的执行远远说不上好,因为还有很大一部分达到预告要求的公司并未及时进行预告。

然后,本书从经典的自愿信息披露理论出发,结合我国转轨经济的特殊制度背景分析提出了我国上市公司自愿披露盈余预测信息的三类动机:资本市场交易、管理层股票收益和管理层的信号传递。以 2001—2008 年我国上市公司在强制性业绩预告规定之外、自愿披露的业绩预告作为样本,本书对此进行了检验。研究结果显示:

第一,针对资本市场交易成本假说,研究发现,公司成长性越高越有动机自愿对外披露业绩预告,而国有控股性质弱化了上市公司对外披露动机,并且预期进行股权再融资的上市公司在之前的一年中显著增加了业绩预增信息的披露。这说明公司融资需求越强,越有动机对外披露信息降低信息不对称、提升股价和降低融资成本,而国有控股上市公司相对非国有控股上市公司具有融资便利,对外披露动机减弱。

第二,针对管理者持股假说,研究发现,CEO 持股比例越高越有动机对外披露业绩信息。这说明高管持股能够发挥到利益协同作用,激励管理者更多对外披露信息。

第三,针对管理者能力信号传递假说,会计业绩 ROA 与自愿性信息披露显著正相关,未预期盈余越大,公司越有动机进行业绩预告。这说明上市公司通过披露好的业绩信息传递管理者能力的信号,假说成立。

5. SEC 意见信对分析中概股的意义

本书以中概股危机中的公司造假事件为背景,研究了 SEC 意见信对于公司财务造假的预测作用。研究发现,是否收到 SEC 意见信对于企业财务造假具有显著的预测作用。相较于没有收到 SEC 意见信的公司,收到意见信的公司更有可能成为问题公司。进一步地,SEC 意见信提到的问题越多,问题的解决难度越大,公司越有可能成为问题公司。

二、研究局限

在研究公司自愿信息披露的动机时,本章只考察了内控自我评价报告是否披露对资本成本的影响,而没有考察这些报告的内容对资本成本的影响。虽然披露的内控自我评价报告绝大多数都认为公司的内部控制在所有重大方面是有效的,但也有极少数披露了内部控制存在缺陷,而这可能对研究结果有一定的影响。

第二章

主 要 建 议

根据实证研究发现的结果,我们分别为投资者、中介机构(分析师)、监管部门提出如下建议。

一、投资者

从市场效率的角度而言,基本面指标能够预测未来股票收益,反映了我国资本市场的低效率。市场参与者缺少对季度财务报表信息的充分关注和解读,导致错误定价没有及时被套利行为所纠正。因此,投资者需要提高对季度财务报表的关注和基本面分析能力,合理构建投资组合。

本书认为投资者应当提高对季度财务报表信息的关注,充分意识到季度未预期盈余的投资价值,同时减少对年度财务报表信息的过度关注,正确解读年报和业绩预告中的信息含量。

虽然我国证券分析师由于其过度乐观和缺乏独立性受到质疑,但其作为整体而言,的确发挥了提高市场有效性、促进基本面信息传播的作用。然而,投资者既未充分意识到分析师所传递的公司未来基本面信息,也未充分意识到明星分析师和普通分析师能力的差别。本书希望监管部门和投资者能够意识到分析师信息的价值,并以实际行动促进基本面信息在市场中的传播,捕捉市场错误定价,提高市场效率。

最后,本书的研究能帮助投资者理解如何解读 SEC 意见信,识别财务造假。虽然 SEC 意见信自 2005 年起就已公开披露,但却一直未引起投资者的关注,意见信及公司回应中可能包含的公司重要信息也一直被投资者所忽略。本书对于意见信的深入解读能够引导投资者关注并理解意见信,利用意见信中的信息识别企业的财务造假行为,从而降低投资风险。

二、中介机构(分析师)

分析师不仅需要在盈余预测时考虑基于季度财务报表的基本面指标,还需要主动发布季度盈余预测，向市场传递更多的季度财务报表信息。分析师应当更多地向市场传递公司基本面信息，尤其是季度财务报表的信息，并发布季度盈余预测。

三、监管部门

监管部门需要完善监管和披露机制，以降低信息的不确定性；应当提高业绩预告的信息披露质量，更强调对单季度而非本报告期业绩变动的披露，正确引导投资者解读盈余信息。在会计准则制定的过程中，监管部门不仅要考虑到新的会计准则实施以后企业各种可能的利润操纵行为，而且要考虑到在新的会计准则颁布以后至正式实施之前的这段时间内，企业可能最后利用原先的会计准则进行利润操纵。现阶段业绩预告的执行效果并不尽如人意，还有很多应该披露业绩预告的公司却未发布业绩预告，这与我国法律环境的不够完备和证券监管的不够完善有关。因此，完善法律诉讼机制和证券监管制度显得尤为紧迫。

此外，本书发现，在私有信息价值低的公司中，证券分析师发布 OP 报告的动机较弱。在这种情况下，证券分析师与公司之间的合谋较弱，表明监管层可以加强对上市公司财务信息质量的监督和管理，提高信息披露水平，遏制证券分析师和上市公司的这种合谋现象，从而促进有效资本信息的对外传递，提高资本市场的资源配置效率。

参 考 文 献

[1] 白晓宇.上市公司信息披露政策对分析师预测的多重影响研究[J].金融研究,2009(04):92-112.

[2] 财政部会计准则委员会.资产减值会计[M].大连:大连出版社,2005.

[3] 蔡祥,李志文,张为国.2003,中国实证会计研究述评[J].中国会计与财务研究,2003(2):155-183.

[4] 曹胜,朱红军.王婆贩瓜:券商自营业务与分析师乐观性[J].管理世界,2011(07):20-30.

[5] 曾颖,陆正飞.信息披露质量与股权融资成本[J].经济研究,2006(02):69-79+91.

[6] 陈关亭,张少华.论上市公司内部控制的披露及其审核[J].审计研究,2003(06):34-38+24.

[7] 陈信元,陈冬华,朱红军.净资产、剩余收益与市场定价:会计信息的价值相关性[J].金融研究,2002(04):59-70.

[8] 戴德明,毛新述,邓璠.中国亏损上市公司资产减值准备计提行为研究[J].财经研究,2005(07):71-82.

[9] 戴德明,毛新述,姚淑瑜.合并报表与母公司报表的有用性:理论分析与经验检验[J].会计研究,2006(10):10-17+95.

[10] 戴德明,毛新述,姚淑瑜.上市公司预测盈余信息披露的有用性研究——来自深圳、上海股市的实证证据[J].中国会计评论,2005(02):253-272.

[11] 方军雄,邵红霞.我国上市公司无形资产的价值相关性研究——基于无形资产明细分类信息的再检验[J].会计研究,2006(12):25-32.

[12] 方军雄.我国上市公司信息披露透明度与证券分析师预测[J].金融研究,2007(06):136-148.

[13] 郭杰,洪洁瑛.中国证券分析师的盈余预测行为有效性研究[J].经济研究,2009,44(11):55-67+81.

［14］何卫东.上市公司自愿性信息披露的动机、策略和监管[J].深交所,2003(01M):31-32.

［15］洪剑峭,皮建屏.预警制度的实证研究——一项来自中国股市的证据[J].证券市场导报,2002(09):4-14.

［16］洪剑峭,王瑞,陈长松.分析师盈余预测准确性与投资评级的效率——基于中国证券市场的实证分析[J].投资研究,2012,31(08):30-44.

［17］胡聪慧,燕翔,郑建明.有限注意、上市公司金融投资与股票回报率[J].会计研究,2015(10):82-88+97.

［18］胡奕明,林文雄,王玮璐.证券分析师的信息来源、关注域与分析工具[J].金融研究,2003(12):52-63.

［19］黄世忠,陈箭深,张象至,王肖健.企业合并会计的经济后果分析——兼论我国会计准则体系中计量属性的整合[J].会计研究,2004(08):30-39+97.

［20］黄世忠,孟平.合并会计报表若干理论问题探讨[J].会计研究,2001(05):18-22+65.

［21］黄宇虹.证券分析师预测与价格发现[J].投资研究,2013,32(02):40-60.

［22］黄之骏,王华.经营者股权激励与企业价值——基于内生性视角的理论分析与经验证据[J].中国会计评论,2006(01):29-58.

［23］蒋义宏,童驯,杨霞.业绩预警公告的信息含量[J].中国会计与财务研究,2003,5(4):145-183.

［24］姜付秀,陆正飞.多元化与资本成本的关系——来自中国股票市场的证据[J].会计研究,2006(06):48-55+97.

［25］姜国华,李远鹏,牛建军.我国会计准则和国际会计准则盈余报告差异及经济后果研究[J].会计研究,2006(09):27-34+95.

［26］姜国华,岳衡.大股东占用上市公司资金与上市公司股票回报率关系的研究[J].管理世界,2005(09):119-126+157+171-172.

［27］姜国华.关于证券分析师对中国上市公司会计收益预测的实证研究[J].经济科学,2004(06):72-79.

［28］姜国华.基于会计信息的证券投资策略研究:分析及展望[J].会计研究,2005(11):66-71+97.

［29］孔东民,柯瑞豪.谁驱动了中国股市的 PEAD?[J].金融研究,2007(10):82-99.

［30］孔宁宁,张新民,李寅迎.成长型公司财务报表分析与股票未来收益——来

自中国上市公司的经验证据[J].会计研究,2010(06):37-43+95.

[31] 李丹,贾宁.盈余质量、制度环境与分析师预测[J].中国会计评论,2009,7(04):351-370.

[32] 李丽青.《新财富》评选的最佳分析师可信吗?——基于盈利预测准确度和预测修正市场反应的经验证据[J].投资研究,2012,31(07):54-64.

[33] 李晓强.国际会计准则和中国会计准则下的价值相关性比较——来自会计盈余和净资产账面值的证据[J].会计研究,2004(07):15-23+38-97.

[34] 李增泉,刘凤委,于旭辉.制度环境、控制权私利与流通权价值——来自我国上市公司股权分置改革的证据[J].会计与经济研究,2012,26(01):24-39.

[35] 李增泉,叶青,贺卉.企业关联、信息透明度与股价特征[J].会计研究,2011(01):44-51+95.

[36] 李增泉,余谦,王晓坤.掏空、支持与并购重组——来自我国上市公司的经验证据[J].经济研究,2005(01):95-105.

[37] 李增泉.激励机制与企业绩效——一项基于上市公司的实证研究[J].会计研究,2000(01):24-30.

[38] 李增泉.国家控股与公司治理的有效性[D].上海:上海财经大学,2002.

[39] 林斌,饶静.上市公司为什么自愿披露内部控制鉴证报告?——基于信号传递理论的实证研究[J].会计研究,2009(02):45-52+93-94.

[40] 林江辉.我国上市公司盈余预告披露研究[D].厦门:厦门大学,2003.

[41] 柳木华.业绩快报的信息含量:经验证据与政策含义[J].会计研究,2005(07):39-43+96.

[42] 陆婷.系统性定价偏误:中国A股盈余公告后的价格漂移研究[J].金融研究,2012(03):139-151.

[43] 陆璇,陈小悦,张岭松,刘慧霞.中国上市公司财务基本信息对未来收益的预测能力[J].经济科学,2001(06):53-62.

[44] 陆宇峰.净资产倍率和市盈率的投资决策有用性[D].上海:上海财经大学,1999.

[45] 陆正飞,宋小华.财务指标在股票投资决策中的有用性:基于中国证券市场的实证研究[J].南开管理评论,2006(06):31-38.

[46] 陆正飞,祝继高,樊铮.银根紧缩、信贷歧视与民营上市公司投资者利益损失[J].金融研究,2009(08):124-136.

[47] 罗玫,宋云玲.中国股市的业绩预告可信吗?[J].金融研究,2012(09):

168-180.

[48] 孟晓俊,肖作平,曲佳莉.企业社会责任信息披露与资本成本的互动关系——基于信息不对称视角的一个分析框架[J].会计研究,2010(09):25-29+96.

[49] 潘琰,陈凌云,林丽花.会计准则的信息含量:中国会计准则与IFRS之比较[J].会计研究,2003(07):7-15+65.

[50] 潘越,戴亦一,刘思超.我国承销商利用分析师报告托市了吗?[J].经济研究,2011,46(03):131-144.

[51] 饶品贵,姜国华.机构投资者行为与交易量异象[J].中国会计评论,2008,6(03):289-308.

[52] 饶品贵,岳衡.剩余收益模型与股票未来回报[J].会计研究,2012(09):52-58+97.

[53] 深圳证券交易所.2011年个人投资者状况调查报告[R].深圳:深圳证券交易所,2012.

[54] 石桂峰,苏力勇,齐伟山.财务分析师盈余预测精确度决定因素的实证分析[J].财经研究,2007(05):62-71.

[55] 宋乐,张然.上市公司高管证券背景影响分析师预测吗?[J].金融研究,2010(06):112-123.

[56] 孙铮,李增泉,王景斌.所有权性质、会计信息与债务契约——来自我国上市公司的经验证据[J].管理世界,2006(10):100-107+149.

[57] 孙铮,刘凤委,李增泉.市场化程度、政府干预与企业债务期限结构——来自我国上市公司的经验证据[J].经济研究,2005(05):52-63.

[58] 田利辉.国有产权、预算软约束和中国上市公司杠杆治理[J].管理世界,2005(07):123-128+147.

[59] 汪炜,蒋高峰.信息披露、透明度与资本成本[J].经济研究,2004(07):107-114.

[60] 王建新.长期资产减值转回研究——来自中国证券市场的经验证据[J].管理世界,2007(03):42-50.

[61] 王克敏,陈井勇.股权结构、投资者保护与公司绩效[J].管理世界,2004(07):127-133+148.

[62] 王霞,薛爽.财务重述、盈余质量与市场认知的系统性偏差[J].中国会计评论,2010,8(04):399-414.

[63] 王雄元.自愿性信息披露:信息租金与管制[J].会计研究,2005(04):25-

29+94.

[64] 王征,张峥,刘力. 分析师的建议是否有投资价值——来自中国市场的经验数据[J]. 财经问题研究,2006(07):36-44.

[65] 魏刚. 高级管理层激励与上市公司经营绩效[J]. 经济研究,2000(03):32-39+64-80.

[66] 吴爱军. 内部控制信息披露对权益资本成本影响的实证研究[D]. 北京:对外经济贸易大学,2010.

[67] 吴东辉,薛祖云. 财务分析师盈利预测的投资价值:来自深沪A股市场的证据[J]. 会计研究,2005(08):37-43+96.

[68] 吴东辉. 中国上市公司应计项目选择的实证研究[J]. 中国会计与财务研究,2001(3):48-116.

[69] 吴清华,田高良. 终极产权、控制方式与审计委员会治理需求——一项基于中国上市公司的实证研究[J]. 管理世界,2008(09):124-138+188.

[70] 吴世农,吴超鹏. 盈余信息度量、市场反应与投资者框架依赖偏差分析[J]. 经济研究,2005(02):54-62.

[71] 伍燕然,潘可,胡松明,江婕. 行业分析师盈利预测偏差的新解释[J]. 经济研究,2012,47(04):149-160.

[72] 徐焱军,刘国常. 年内各季度盈余管理程度的差异——基于中国上市公司的经验证据[J]. 山西财经大学学报,2010,32(08):110-117.

[73] 许年行,江轩宇,伊志宏,徐信忠. 分析师利益冲突、乐观偏差与股价崩盘风险[J]. 经济研究,2012,47(07):127-140.

[74] 薛爽. 预亏公告的信息含量[J]. 中国会计与财务研究,2001,000(003):117-176.

[75] 薛祖云,王冲. 信息竞争抑或信息补充:证券分析师的角色扮演——基于我国证券市场的实证分析[J]. 金融研究,2011(11):167-182.

[76] 杨德明,林斌,辛清泉. 盈利质量、投资者非理性行为与盈利惯性[J]. 金融研究,2007(02):122-132.

[77] 杨有红,陈凌云. 2007年沪市公司内部控制自我评价研究——数据分析与政策建议[J]. 会计研究,2009(06):58-64+97.

[78] 姚辉,武婷婷. 兼顾基本面与估值指标的价值投资策略实证研究——来自2000—2013年中国沪深A股市场的经验数据[J]. 投资研究,2014,33(11):123-138.

[79] 伊志宏,江轩宇. 明星VS非明星:分析师评级调整与信息属性[J]. 经济理

论与经济管理,2013(10):93-108.

[80] 于富生,张敏,姜付秀,任梦杰.公司治理影响公司财务风险吗?[J].会计研究,2008(10):52-59+97.

[81] 于李胜,王艳艳.信息不确定性与盈余公告后漂移现象(PEAD)——来自中国上市公司的经验证据[J].管理世界,2006(03):40-49+56+171-172.

[82] 于李胜.盈余公告后漂移(PEAD)现象研究综述[J].会计论坛,2011(01):35-43.

[83] 余恕莲,毛洪涛.合并报表会计方法的理论结构[J].会计研究,2001(05):23-28.

[84] 俞春江.公司透明度度量评述——兼论深交所年度信息披露考评数据[J].财会通讯(学术版),2008(06):105-106+113+129.

[85] 原红旗,黄倩茹.承销商分析师与非承销商分析师预测评级比较研究[J].中国会计评论,2007(03):285-304.

[86] 岳衡,林小驰.证券分析师VS统计模型:证券分析师盈余预测的相对准确性及其决定因素[J].会计研究,2008(08):40-49+95.

[87] 张龙平,王军只,张军.内部控制鉴证对会计盈余质量的影响研究——基于沪市A股公司的经验证据[J].审计研究,2010(02):83-90.

[88] 张然,汪荣飞.投资者如何利用财务报表盈余信息:现状、问题与启示[J].会计研究,2017(08):41-47+94.

[89] 张然,朱炜,陆正飞.中介机构信息有效性、投资策略与资源合理配置——以经济观察研究院"信任度指数"为例[J].会计研究,2007(04):61-68+96.

[90] 张昕.中国亏损上市公司第四季度盈余管理的实证研究[J].会计研究,2008(04):25-32+93.

[91] 张宗新,张晓荣,廖士光.上市公司自愿性信息披露行为有效吗?——基于1998—2003年中国证券市场的检验[J].经济学(季刊),2005(01):369-386.

[92] 张宗新,杨万成.声誉模式抑或信息模式:中国证券分析师如何影响市场?[J].经济研究,2016,51(09):104-117.

[93] 赵良玉,李增泉,刘军霞.管理层偏好、投资评级乐观性与私有信息获取[J].管理世界,2013(04):33-45+47+46+187-188.

[94] 周建波,孙菊生.经营者股权激励的治理效应研究——来自中国上市公司的经验证据[J].经济研究,2003(05):74-82+93.

[95] 周开国,应千伟,陈晓娴. 媒体关注度、分析师关注度与盈余预测准确度[J]. 金融研究,2014(02): 139-152.

[96] 祝继高,陆正飞. 产权性质、股权再融资与资源配置效率[J]. 金融研究,2011(01): 131-148.

[97] ABAD C, LAFFARGA J, GARCÍA-BORBOLLA A, et al. An evaluation of the value relevance of consolidated versus unconsolidated accounting information: evidence from quoted Spanish firms[J]. Journal of International Financial Management & Accounting, 2000, 11(3): 156-177.

[98] ABARBANELL J S, BUSHEE B J. Abnormal returns to a fundamental analysis strategy[J]. Accounting Review, 1998: 19-45.

[99] ABARBANELL J S, BUSHEE B J. Fundamental analysis, future earnings, and stock prices[J]. Journal of Accounting Research, 1997, 35(1): 1-24.

[100] ABOODY D, LEV B. The value relevance of intangibles: The case of software capitalization[J]. Journal of Accounting Research, 1998, 36: 161-191.

[101] ADAMS M B, Zou H. Debt capacity, cost of debt and corporate insurance[J]. Journal of Financial and Quantitative Analysis, 2008, 43(2): 433-466.

[102] ADJEI F, CYREE K B, WALKER M M. The determinants and survival of reverse mergers vs IPOs[J]. Journal of Economics and Finance, 2008, 32(2): 176-194.

[103] AJINKYA B, BHOJRAJ S, SENGUPTA P. The association between outside directors, institutional investors and the properties of management earnings forecasts[J]. Journal of Accounting Research, 2005, 43(3): 343-376.

[104] ALI A, KLEIN A, ROSENFELD J. Analysts' use of information about permanent and transitory earnings components in forecasting annual EPS[J]. Accounting Review, 1992: 183-198.

[105] ANDERSON M C, BANKER R D, Janakiraman S N. Are selling, general, and administrative costs "sticky"? [J]. Journal of Accounting Research, 2003, 41(1): 47-63.

[106] ASHBAUGH-SKAIFE H, COLLINS D W, KINNEY JR W R. The discovery and reporting of internal control deficiencies prior to SOX-mandated audits[J]. Journal of Accounting and Economics, 2007, 44(1-2): 166-192.

[107] ASNESS C S, FRAZZINI A, PEDERSEN L H. Quality minus junk[J]. Review of Accounting Studies, 2019, 24(1): 34-112.

[108] AUER K V. Capital market reactions to earnings announcements: empirical evidence on the difference in the information content of IAS-based earnings and EC-Directives-based earnings[J]. European Accounting Review, 1996, 5(4): 587-623.

[109] BAE K H, JEONG S W. The value-relevance of earnings and book value, ownership structure, and business group affiliation: evidence from Korean business groups[J]. Journal of Business Finance & Accounting, 2007, 34(5-6): 740-766.

[110] BAE K H, STULZ R M, TAN H. Do local analysts know more? A cross-country study of the performance of local analysts and foreign analysts[J]. Journal of Financial Economics, 2008, 88(3): 581-606.

[111] BAGINSKI S P, HASSELL J M, KIMBROUGH M D. The effect of legal environment on voluntary disclosure: evidence from management earnings forecasts issued in US and Canadian markets[J]. Accounting Review, 2002, 77(1): 25-50.

[112] BALL R, BARTOV E. How naive is the stock market's use of earnings information[J]. Journal of Accounting and Economics, 1996, 21(3): 319-337.

[113] BALL R, BROWN P. An empirical evaluation of accounting income numbers[J]. Journal of Accounting Research, 1968: 159-178.

[114] BANZ R W. The relationship between return and market value of common stocks[J]. Journal of Financial Economics, 1981, 9(1): 3-18.

[115] BARBER B, LEHAVY R, MCNICHOLS M, et al. Can investors profit from the prophets? Security analyst recommendations and stock returns[J]. The Journal of Finance, 2001, 56(2): 531-563.

[116] BARRON O E, KIM O, LIM S C, et al. Using analysts' forecasts to measure properties of analysts' information environment[J]. Accounting

Review, 1998: 421-433.

[117] BARTH M E, BEAVER W H, LANDSMAN W R. Relative valuation roles of equity book value and net income as a function of financial health [J]. Journal of Accounting and Economics, 1998, 25(1): 1-34.

[118] BARTH M E, CLINCH G. International accounting differences and their relation to share prices: Evidence from UK, Australian, and Canadian firms[J]. Contemporary Accounting Research, 1996, 13(1): 135-170.

[119] BARTH M E, LANDSMAN W R, LANG M H. International accounting standards and accounting quality[J]. Journal of Accounting Research, 2008, 46(3): 467-498.

[120] BARTOV E, GIVOLY D, HAYN C. The rewards to meeting or beating earnings expectations[J]. Journal of Accounting and Economics, 2002, 33(2): 173-204.

[121] BEAVER W H. Financial ratios as predictors of failure[J]. Journal of Accounting Research, 1966: 71-111.

[122] BENEISH M D, BILLINGS M B, HODDER L D. Internal control weaknesses and information uncertainty[J]. Accounting Review, 2008, 83(3): 665-703.

[123] BERNARD V L, THOMAS J K. Evidence that stock prices do not fully reflect the implications of current earnings for future earnings[J]. Journal of Accounting and Economics, 1990, 13(4): 305-340.

[124] BERNARD V L, THOMAS J K. Post-earnings-announcement drift: delayed price response or risk premium? [J]. Journal of Accounting Research, 1989, 27: 1-36.

[125] BOTOSAN C A, Stanford M. Managers' motives to withhold segment disclosures and the effect of SFAS No. 131 on analysts' information environment[J]. The Accounting Review, 2005, 80(3): 751-772.

[126] BOWEN R M, DAVIS A K, MATSUMOTO D A. Do conference calls affect analysts' forecasts? [J]. Accounting Review, 2002, 77 (2): 285-316.

[127] BRADSHAW M T, RICHARDSON S A, SLOAN R G. Do analysts and auditors use information in accruals? [J]. Journal of Accounting Research, 2001, 39(1): 45-74.

[128] BRADSHAW M T, RICHARDSON S A, SLOAN R G. Pump and dump: An empirical analysis of the relation between corporate financing activities and sell-side analyst research[J]. Social ence Electronic Publishing, 2003.

[129] BRAU J C, FRANCIS B, KOHERS N. The choice of IPO versus takeover: Empirical evidence[J]. Journal of Business, 2003, 76(4): 583-612.

[130] BROWN L D, HAGERMAN R L, GRIFFIN P A, et al. Security analyst superiority relative to univariate time-series models in forecasting quarterly earnings[J]. Journal of Accounting and Economics, 1987, 9(1): 61-87.

[131] BRYAN S H, LILIEN S B. Characteristics of firms with material weaknesses in internal control: an assessment of Section 404 of Sarbanes Oxley[J]. SSRN Electronic Journal, 2005.

[132] BURGSTAHLER D, DICHEV I. Earnings management to avoid earnings decreases and losses[J]. Journal of Accounting and Economics, 1997, 24(1): 99-126.

[133] BURNS N, KEDIA S. The impact of performance-based compensation on misreporting[J]. Journal of Financial Economics, 2006, 79(1): 35-67.

[134] BYARD D, SHAW K W. Corporate disclosure quality and properties of analysts' information environment[J]. Journal of Accounting, Auditing & Finance, 2003, 18(3): 355-378.

[135] CALL A, CHEN S, TONG Y. Are earnings forecasts accompanied by cash flow forecasts more accurate[J]. Review of Accounting Studies, 2009, 14(2-3): 358-91.

[136] CARROLL C, WEI K C J. Risk, return, and equilibrium: an extension [J]. Journal of Business, 1988: 485-499.

[137] CASSELL C A, DREHER L M, MYERS L A. Reviewing the SEC's review process: 10-K comment letters and the cost of remediation[J]. Accounting Review, 2013, 88(6): 1875-1908.

[138] CHAN L K C, JEGADEESH N, LAKONISHOK J. Momentum strategies[J]. The Journal of Finance, 1996, 51(5): 1681-1713.

[139] CHEN C J P, CHEN S, SU X, et al. Incentives for and consequences of

initial voluntary asset write-downs in the emerging Chinese market[J]. Journal of International Accounting Research, 2004, 3(1): 43-61.

[140] CHEN C X, LU H, SOUGIANNIS T. The agency problem, corporate governance, and the asymmetrical behavior of selling, general, and administrative costs[J]. Contemporary Accounting Research, 2012, 29(1): 252-282.

[141] CHEN R, JOHNSTON R M. Securities and Exchange Commission comment letters: Enforcing accounting quality and disclosure[J]. SSRN Electronic Journal, 2008.

[142] CHEN S, MATSUMOTO D A. Favorable versus unfavorable recommendations: The impact on analyst access to management-provided information[J]. Journal of Accounting Research, 2006, 44(4): 657-689.

[143] CHEN S, WANG Y. Evidence from China on the value relevance of operating income vs. below-the-line items[J]. The International Journal of Accounting, 2004, 39(4): 339-364.

[144] CHENG Q, LO K. Insider trading and voluntary disclosures[J]. Journal of Accounting Research, 2006, 44(5): 815-848.

[145] CHENG Y, LIU M H, QIAN J. Buy-side analysts, sell-side analysts, and investment decisions of money managers[J]. Journal of Financial and Quantitative Analysis, 2006, 41(1): 51-83.

[146] CHU C, GOTTI G, SCHUMANN K M. Reverse mergers and earnings quality[J]. SSRN Electronic Journal, 2012.

[147] CLEMENT M B. Analyst forecast accuracy: Do ability, resources, and portfolio complexity matter? [J]. Journal of Accounting and Economics, 1999, 27(3): 285-303.

[148] COLLINS D W, MAYDEW E L, WEISS I S. Changes in the value-relevance of earnings and book values over the past forty years[J]. Journal of Accounting and Economics, 1997, 24(1): 39-67.

[149] COVAL J D, MOSKOWITZ T J. The geography of investment: Informed trading and asset prices[J]. Journal of Political Economy, 2001, 109(4): 811-841.

[150] DARROUGH M, HUANG R, ZHAO S. The spillover effect of Chinese reverse merger frauds: Chinese or reverse merger? [J]. SSRN Electronic

Journal, 2012.

[151] DECHOW P M, DICHEV I D. The quality of accruals and earnings: The role of accrual estimation errors [J]. Accounting Review, 2002, 77(s-1): 35-59.

[152] DECHOW P M, SLOAN R G, SWEENEY A P. Causes and consequences of earnings manipulation: An analysis of firms subject to enforcement actions by the SEC [J]. Contemporary Accounting Research, 1996, 13(1): 1-36.

[153] DEFOND M L, HUNG M. An empirical analysis of analysts' cash flow forecasts [J]. Journal of Accounting and Economics, 2003, 35(1): 73-100.

[154] DEFOND M L, HUNG M. Investor protection and analysts' cash flow forecasts around the world [J]. Review of Accounting Studies, 2007, 12(2-3): 377-419.

[155] DESAI H, HENNING S L, KRISHNAMURTHY S, et al. Does the Choice of Accounting Method Matter in Mergers? [J]. The Cox School of Business. Dallas, Texas: Southern Methodist University, 2002.

[156] DiCHEV I D, SKINNER D J. Large-sample evidence on the debt covenant hypothesis [J]. Journal of Accounting Research, 2002, 40(4): 1091-1123.

[157] DING Y, ZHANG H, ZHANG J. Private vs state ownership and earnings management: evidence from Chinese listed companies [J]. Corporate Governance: An International Review, 2007, 15(2): 223-238.

[158] DOYLE J T, LUNDHOLM R J, SOLIMAN M T. The extreme future stock returns following I/B/E/S earnings surprises [J]. Journal of Accounting Research, 2006, 44(5): 849-887.

[159] DOYLE J, GE W, MCVAY S. Determinants of weakness in internal control over financial reporting and the implications for earnings quality [J]. Salt Lake City, UT: University of Utah, 2005.

[160] DYCK A, MORSE A, ZINGALES L. Who blows the whistle on corporate fraud? [J]. The Journal of Finance, 2010, 65(6): 2213-2253.

[161] EASTON P D. Accounting earnings and security valuation: empirical evidence of the fundamental links [J]. Journal of Accounting Research,

1985: 54-77.

[162] ELLIOTT J A, SHAW W H. Write-offs as accounting procedures to manage perceptions[J]. Journal of Accounting Research, 1988: 91-119.

[163] ERICKSON M M, HEITZMAN S M, Zhang X F. Tax-motivated loss shifting[J]. Accounting Review, 2013, 88(5): 1657-1682.

[164] ERICKSON M, HANLON M, MAYDEW E L. Is there a link between executive equity incentives and accounting fraud? [J]. Journal of Accounting Research, 2006, 44(1): 113-143.

[165] ERTIMUR Y, NONDORF M. IPO firms and the SEC comment letter process[J]. Working Paper, 2006.

[166] ERTIMUR Y, SUNDER J, SUNDER S V. Measure for measure: The relation between forecast accuracy and recommendation profitability of analysts[J]. Journal of Accounting Research, 2007, 45(3): 567-606.

[167] ETTREDGE M, JOHNSTONE K, STONE M, et al. The effects of firm size, corporate governance quality, and bad news on disclosure compliance[J]. Review of Accounting Studies, 2011, 16(4): 866-889.

[168] FAMA E F, FRENCH K R. A five-factor asset pricing model[J]. Journal of Financial Economics, 2015, 116(1): 1-22.

[169] FAMA E F, FRENCH K R. The cross-section of expected stock returns [J]. the Journal of Finance, 1992, 47(2): 427-465.

[170] FAMA E F. Market efficiency, long-term returns and behavioral finance [J]. CRSP working papers, 1998, 49(3): 283-306.

[171] FARBER D B. Restoring trust after fraud: Does corporate governance matter? [J]. Accounting Review, 2005, 80(2): 539-561.

[172] FLOROS I V, SHASTRI K. A comparison of penny stock initial public offerings and reverse mergers as alternative mechanisms to going public [J]. Social Science Electronic Publishing, 2009.

[173] FOSTER G. Quarterly accounting data: Time-series properties and predictive-ability results[J]. Accounting Review, 1977: 1-21.

[174] FRANCIS J R, KHURANA I K, PEREIRA R. Disclosure incentives and effects on cost of capital around the world[J]. Accounting Review, 2005, 80(4): 1125-1162.

[175] FRANCIS J, HANNA J D, VINCENT L. Causes and effects of

discretionary asset write-offs[J]. Journal of Accounting Research, 1996, 34: 117-134.

[176] FRANCIS J, PHILBRICK D. Analysts' decisions as products of a multi-task environment[J]. Journal of Accounting Research, 1993, 31(2): 216-230.

[177] FRANCIS J, SOFFER L. The relative informativeness of analysts' stock recommendations and earnings forecast revisions [J]. Journal of Accounting Research, 1997, 35(2): 193-211.

[178] FRANKEL R, MCNICHOLS M, WILSON G P. Discretionary disclosure and external financing[J]. Accounting Review, 1995: 135-150.

[179] FRIDSON M S. Financial Shenanigans: How to detect accounting gimmicks and fraud in financial reports[J]. Financial Analysts Journal, 1993, 49(3): 87.

[180] GHOSH D, OLSEN L. Environmental uncertainty and managers' use of discretionary accruals[J]. Accounting, Organizations and Society, 2009, 34(2): 188-205.

[181] GIETZMANN M B, ISIDRO H. Institutional investors' reaction to SEC concerns about IFRS and US GAAP reporting[J]. Journal of Business Finance & Accounting, 2013, 40(7-8): 796-841.

[182] GIVOLY D, HAYN C, LEHAVY R. The quality of analysts' cash flow forecasts[J]. Accounting Review, 2009, 84(6): 1877-1911.

[183] GLEASON C A, LEE C M C. Analyst forecast revisions and market price discovery[J]. Accounting Review, 2003, 78(1): 193-225.

[184] GLEASON K C, ROSENTHAL L, WIGGINS III R A. Backing into being public: an exploratory analysis of reverse takeovers[J]. Journal of Corporate Finance, 2005, 12(1): 54-79.

[185] HARRIS M S, MULLER III K A. The market valuation of IAS versus US-GAAP accounting measures using Form 20-F reconciliations[J]. Journal of Accounting and Economics, 1999, 26(1-3): 285-312.

[186] HARRIS M S. The association between competition and managers' business segment reporting decisions [J]. Journal of Accounting Research, 1998, 36(1): 111-128.

[187] HAYES R M. The impact of trading commission incentives on analysts'

stock coverage decisions and earnings forecasts[J]. Journal of Accounting Research, 1998, 36(2): 299-320.

[188] HEALY P M, PALEPU K G. Information asymmetry, corporate disclosure, and the capital markets: a review of the empirical disclosure literature[J]. Journal of Accounting and Economics, 2001, 31(1-3): 405-440.

[189] HIRST D E, KOONCE L, VENKATARAMAN S. Management earnings forecasts: a review and framework[J]. Accounting Horizons, 2008, 22(3): 315-338.

[190] HONG H, KUBIK J D, SOLOMON A. Security analysts' career concerns and herding of earnings forecasts[J]. The Rand Journal of Economics, 2000: 121-144.

[191] HOU K, VAN DIJK M A, ZHANG Y. The implied cost of capital: a new approach[J]. Journal of Accounting and Economics, 2012, 53(3): 504-526.

[192] HUTTON A P, MARCUS A J, TEHRANIAN H. Opaque financial reports, R2, and crash risk[J]. Journal of Financial Economics, 2009, 94(1): 67-86.

[193] JAYARAMAN S. Earnings volatility, cash flow volatility, and informed trading[J]. Journal of Accounting Research, 2008, 46(4): 809-851.

[194] JEGADEESH N, KIM J, KRISCHE S D, et al. Analyzing the analysts: When do recommendations add value? [J]. The Journal of Finance, 2004, 59(3): 1083-1124.

[195] JIANG G, LEE C M C, Yue H. Tunneling through intercorporate loans: The China experience[J]. Journal of Financial Economics, 2010, 98(1): 1-20.

[196] JIN G Z. Competition and disclosure incentives: an empirical study of HMOs[J]. The Rand Journal of Economics, 2005: 93-112.

[197] JOHNSTON R, PETACCHI R. Regulatory oversight of financial reporting: Securities and Exchange Commission comment letters[J]. Contemporary Accounting Research, 2017, 34(2): 1128-1155.

[198] JONES J J. Earnings management during import relief investigations[J]. Journal of Accounting Research, 1991, 29(2): 193-228.

[199] KASZNIK R, LEV B. To warn or not to warn: Management disclosures in the face of an earnings surprise[J]. Accounting Review, 1995: 113-134.

[200] KE B, YU Y. The effect of issuing biased earnings forecasts on analysts' access to management and survival[J]. Journal of Accounting Research, 2006, 44(5): 965-999.

[201] KERSTEIN J, KIM S. The incremental information content of capital expenditures[J]. Accounting Review, 1995: 513-526.

[202] KLEIN A. A direct test of the cognitive bias theory of share price reversals[J]. Journal of Accounting and Economics, 1990, 13(2): 155-166.

[203] KORMENDI R, LIPE R. Earnings innovations, earnings persistence, and stock returns[J]. Journal of Business, 1987: 323-345.

[204] KOTHARI S P. Capital markets research in accounting[J]. Journal of Accounting and Economics, 2001, 31(1-3): 105-231.

[205] KROSS W, RO B, SCHROEDER D. Earnings expectations: The analysts' information advantage[J]. Accounting Review, 1990: 461-476.

[206] LANG M H, LUNDHOLM R J. Corporate disclosure policy and analyst behavior[J]. Accounting Review, 1996: 467-492.

[207] LANG M H, LUNDHOLM R J. Voluntary disclosure and equity offerings: reducing information asymmetry or hyping the stock?[J]. Contemporary Accounting Research, 2000, 17(4): 623-662.

[208] LANG M, LUNDHOLM R. Cross-sectional determinants of analyst ratings of corporate disclosures[J]. Journal of Accounting Research, 1993, 31(2): 246-271.

[209] LAWRENCE J, LEI G, SMITH D B. SEC comment letters and financial statement restatements[J]. SSRN Electronic Journal, 2010.

[210] LEE C M C, LI K K, ZHANG R R. Shell games: Are Chinese reverse merger firms inherently toxic?[M]. Stanford Graduate School of Business, 2014.

[211] LEE C M C. Market efficiency and accounting research: a discussion of "capital market research in accounting" by SP Kothari[J]. Journal of Accounting and Economics, 2001, 31(1-3): 233-253.

[212] LEONE A J, WU J S. What does it take to become a superstar? evidence from institutional investor rankings of financial analysts[J]. Evidence from Institutional Investor Rankings of Financial Analysts (May 23, 2007). Simon School of Business Working Paper No. FR, 2007: 02-12.

[213] LEUZ C. IAS versus US GAAP: a "New Market" based comparison[J]. Working Paper, 2001.

[214] LIBBY R, HUNTON J E, TAN H T, et al. Relationship incentives and the optimistic/pessimistic pattern in analysts' forecasts[J]. Journal of Accounting Research, 2008.

[215] LIM T. Rationality and analysts' forecast bias[J]. The Journal of Finance, 2001, 56(1): 369-385.

[216] LIN H, MCNICHOLS M F. Underwriting relationships, analysts' earnings forecasts and investment recommendations[J]. Journal of Accounting and Economics, 1998, 25(1): 101-127.

[217] MALLOY C J. The geography of equity analysis[J]. The Journal of Finance, 2005, 60(2): 719-755.

[218] MATSUMOTO D A. Management's incentives to avoid negative earnings surprises[J]. Accounting Review, 2002, 77(3): 483-514.

[219] MAYEW W, SHARP N, VENKATACHALAM M. Using earnings conference calls to identify analysts with superior private information[J]. Review of Accounting Studies, 2013,18(2):386-413.

[220] MCINNIS J, COLLINS D W. The effect of cash flow forecasts on accrual quality and benchmark beating[J]. Journal of Accounting and Economics, 2011, 51(3): 219-239.

[221] MCNICHOLS M, O'BRIEN P C. Self-selection and analyst coverage[J]. Journal of Accounting Research, 1997, 35: 167-199.

[222] MIKHAIL M B, WALTHER B R, WILLIS R H. Does forecast accuracy matter to security analysts?[J]. Accounting Review, 1999, 74(2): 185-200.

[223] MILLER G S. Earnings performance and discretionary disclosure[J]. Journal of Accounting Research, 2002, 40(1): 173-204.

[224] MILLER G S. The press as a watchdog for accounting fraud[J]. Journal of Accounting Research, 2006, 44(5): 1001-1033.

[225] MOHANRAM P S. Separating winners from losers among low book-to-market stocks using financial statement analysis[J]. Review of Accounting Studies, 2005, 10(2-3): 133-170.

[226] MYERS S C, MAJLUF N S. Corporate financing and investment decisions when firms have information that investors do not have[R]. National Bureau of Economic Research, 1984.

[227] NAGAR V, NANDA D, WYSOCKI P. Discretionary disclosure and stock-based incentives[J]. Journal of Accounting and Economics, 2003, 34(1-3): 283-309.

[228] NOVY-MARX R. The other side of value: The gross profitability premium[J]. Journal of Financial Economics, 2013, 108(1): 1-28.

[229] OGNEVA M, SUBRAMANYAM K R, RAGHUNANDAN K. Internal control weakness and cost of equity: evidence from SOX Section 404 disclosures[J]. Accounting Review, 2007, 82(5): 1255-1297.

[230] OHLSON J A. Earnings, book values, and dividends in equity valuation [J]. Contemporary Accounting Research, 1995, 11(2): 661-687.

[231] OHLSON J A. Financial ratios and the probabilistic prediction of bankruptcy[J]. Journal of Accounting Research, 1980: 109-131.

[232] OU J A, PENMAN S H. Financial statement analysis and the prediction of stock returns[J]. Journal of Accounting and Economics, 1989, 11(4): 295-329.

[233] PENMAN S H. Return to fundamentals[J]. Journal of Accounting, Auditing & Finance, 1992, 7(4): 465-483.

[234] PENMAN S. Financial Statement Analysis and Security Valuation McGraw-Hill Irwin New York[J]. 2001.

[235] PIOTROSKI J D. Value investing: The use of historical financial statement information to separate winners from losers[J]. Journal of Accounting Research, 2000: 1-41.

[236] POULSEN A B, STEGEMOLLER M. Moving from private to public ownership: selling out to public firms versus initial public offerings[J]. Financial Management, 2008, 37(1): 81-101.

[237] PREVITS G J, BRICKER R J, ROBINSON T R, et al. A content analysis of sell-side financial analyst company reports[J]. Accounting

Horizons, 1994, 8(2): 55.

[238] QIAN Y. A Theory of Shortage in Socialist Economies Based on the "Soft Budget Constraint"[J]. The American Economic Review, 1994: 145-156.

[239] RAMNATH S, ROCK S, SHANE P. The financial analyst forecasting literature: A taxonomy with suggestions for further research[J]. International Journal of Forecasting, 2008, 24(1): 34-75.

[240] REES L, ELGERS P. The market's valuation of nonreported accounting measures: Retrospective reconciliations of non-US and US GAAP[J]. Journal of Accounting Research, 1997, 35(1): 115-127.

[241] RENDLEMAN JR R J, JONES C P, LATANÉ H A. Further insight into the standardized unexpected earnings anomaly: Size and serial correlation effects[J]. Financial Review, 1987, 22(1): 131-144.

[242] RICHARDSON S, TEOH S H, WYSOCKI P D. The walk-down to beatable analyst forecasts: The role of equity issuance and insider trading incentives[J]. Contemporary Accounting Research, 2004, 21(4): 885-924.

[243] RIEDL E J. An examination of long-lived asset impairments[J]. Accounting Review, 2004, 79(3): 823-852.

[244] ROGERS J L, STOCKEN P C. Credibility of management forecasts[J]. Accounting Review, 2005, 80(4): 1233-1260.

[245] ROYCHOWDHURY S. Earnings management through real activities manipulation[J]. Journal of Accounting and Economics, 2006, 42(3): 335-370.

[246] SCHIPPER K. Commentary on Analysts[J]. Accounting Horizons, 1991, 5(4): 105-121.

[247] SKINNER D J. Earnings disclosures and stockholder lawsuits[J]. Journal of accounting and economics, 1997, 23(3): 249-282.

[248] SOLOMON D, FRANK R. "You don't like our stock? You are off the list"—SEC sets new front on conflicts by taking aim at companies that retaliate against analysts[J]. The Wall Street Journal, 2003: C1-C13.

[249] STICKEL S E. Common stock returns surrounding earnings forecast revisions: more puzzling evidence[J]. Accounting Review, 1991:

402-416.

[250] STICKEL S E. Predicting individual analyst earnings forecasts[J]. Journal of Accounting Research, 1990, 28(2): 409-417.

[251] STICKNEY C P, BROWN P R. Financial reporting and statement analysis: a strategic perspective[M]. The Dryden Press, 1999.

[252] STRONG J S, MEYER J R. Asset writedowns: managerial incentives and security returns[J]. The Journal of Finance, 1987, 42(3): 643-661.

[253] STRONG N, WALKER M. The explanatory power of earnings for stock returns[J]. Accounting Review, 1993: 385-399.

[254] THEIL H. Principles of econometrics[R]. 1971.

[255] TRUEMAN B. Why do managers voluntarily release earnings forecasts?[J]. Journal of Accounting and Economics, 1986, 8(1): 53-71.

[256] VERRECCHIA R E. Discretionary disclosure[J]. Journal of Accounting and Economics, 1983, 5: 179-194.

[257] VERRECCHIA R E. Essays on disclosure[J]. Journal of Accounting and Economics, 2001, 32(1-3): 97-180.

[258] WANGI Y. Private earnings guidance and its implications for disclosure regulation[J]. Accounting Review, 2007, 82(5): 1299-1332.

[259] WATTS R L, ZIMMERMAN J L. Positive accounting theory[J]. 1986.

[260] WOMACK K L. Do brokerage analysts' recommendations have investment value?[J]. The Journal of Finance, 1996, 51(1): 137-167.

[261] ZHANG R, CHEN S, WANG J. PCAOB inspections, auditor reputation, and Chinese reverse merger frauds[J]. China Journal of Accounting Studies, 2013, 1(3-4): 221-235.

[262] ZHANG R, REZAEE Z, ZHU J. Corporate philanthropic disaster response and ownership type: evidence from Chinese firms' response to the Sichuan earthquake[J]. Journal of Business Ethics, 2010, 91(1): 51.

[263] ZOU H, ADAMS M B. Debt capacity, cost of debt, and corporate insurance[J]. Journal of Financial and Quantitative Analysis, 2008, 43(2): 433-466.

[264] ZUCCA L J, CAMPBELL D R. A closer look at discretionary writedowns of impaired assets[J]. Accounting Horizons, 1992, 6(3): 30.